V&R

H. FABER · E. VAN DER SCHOOT

Praktikum des
seelsorgerlichen Gesprächs

Siebte Auflage

Mit einem Anhang
von Hans-Christoph Piper

VANDENHOECK & RUPRECHT
IN GÖTTINGEN

Berechtigte Übersetzung aus dem Niederländischen von Hans-Christoph Piper. Titel des Originals: Het pastorale gesprek, een pastoraal-psychologische studie. © Verlag Erven J. Bijleveld in Utrecht/Niederlande 1962

CIP-Kurztitelaufnahme der Deutschen Bibliothek

Faber, Heije:
Praktikum des seelsorgerlichen Gesprächs / H. Faber ; E. van der Schoot. Mit e. Anh. von Hans-Christoph Piper. [Berecht. Übers. aus d. Niederländ. von Hans-Christoph Piper]. – 7. Aufl. – Göttingen : Vandenhoeck & Ruprecht, 1987.
Einheitssacht.: Het pastorale gesprek ⟨dt.⟩

ISBN 3-525-62145-0

NE: Schoot, Ebel van der:

7. Auflage 1987

Deutsche Ausgabe: © Vandenhoeck & Ruprecht, Göttingen 1968. — Printed in Germany. Alle Rechte vorbehalten. Ohne ausdrückliche Genehmigung des Verlages ist es nicht gestattet, das Buch oder Teile daraus auf foto- oder akustomechanischem Wege zu vervielfältigen. Gesamtherstellung Hubert & Co., Göttingen

Vorwort

Es geht in diesem Buch um die Psychologie des Gesprächs und die besondere Art des seelsorgerlichen Gesprächs. Dabei ist es so, daß beide Verfasser dieses Buches von den Problemen der Seelsorge in unserer modernen Gesellschaft aus zum Studium der Psychologie gekommen sind. Als Pastoralpsychologen möchten sie der Seelsorge in einer sich rasch verändernden Welt dienen. Sie haben darum einerseits fortwährend den Pfarrer und seine Arbeit vor Augen gehabt, glauben aber andererseits, daß auch viele andere, die auf Grund des im Evangelium gegründeten Auftrags mit Menschen Gespräche führen, davon lernen können. Das sind also diejenigen, die in einem Amt oder Auftrag stehen (Kirchenvorsteher, kirchliche Mitarbeiter, Gemeindehelferinnen, Fürsorgerinnen, Jugendleiter usw.) und die, die in anderen Berufen arbeiten, in denen nach ihrer Meinung die Botschaft Gottes durchklingen muß.

Heije Faber und Ebel van der Schoot

Vorwort zur 2. Auflage

Wenige Tage vor dem ersten Erscheinen der deutschen Ausgabe dieses Buches ist Dr. Ebel van der Schoot einem Verkehrsunglück zum Opfer gefallen. Er gehörte zu den Pionieren einer Seelsorge-Bewegung, die immer weiter um sich greift und nun auch — nicht zuletzt durch seinen Beitrag in diesem Buch — in Deutschland Wurzeln zu schlagen beginnt.
Wie sehr das Anliegen des „Praktikums des seelsorgerlichen Gesprächs" Beachtung und Aufnahme gefunden hat, beweist die Tatsache, daß schon nach einem Jahr eine zweite Auflage notwendig wurde. Es konnte aber — dem Ansatz des Buches entsprechend — nicht bei seiner Lektüre allein bleiben; Dr. Faber fand sich — gemeinsam mit niederländischen Kollegen — bereit, in einer Reihe von Kursen deutschen Pastoren, Kandidaten und Studenten Gelegenheit zum „learning by doing it" zu geben. Für diese ökumenische Hilfe soll ihm an dieser Stelle herzlich gedankt werden.
So hat dies Buch bereits ein Stück Geschichte gemacht, die sich aus einem verheißungsvollen Anfang hoffentlich rasch weiterentwickelt. Es besteht

die Aussicht, daß das erste deutsche Zentrum für Clinical Pastoral Training nach niederländischem Muster bereits im Jahre 1970 in Hannover seine Arbeit aufnimmt.

Der Anhang ist ein deutscher Beitrag zu diesem Buch und ein Zeichen sich anbahnender ökumenischer Zusammenarbeit auf dem Gebiet der Seelsorge.

Hans-Christoph Piper

Vorwort zur 4. Auflage

Die im Vorwort zur 2. Auflage ausgesprochene Hoffnung, daß die klinische Seelsorgeausbildung in Deutschland eigene Wurzeln schlagen würde, hat sich erfüllt. Das Pastoralklinikum Hannover ist in die Aus- und Fortbildung von Pfarrern und kirchlichen Mitarbeitern in der hannoverschen Landeskirche integriert; seine enge Fühlung mit der niederländischen Seelsorgebewegung hat sich in seiner (gastweisen) Mitgliedschaft im niederländischen „Raad voor Klinisch Pastorale Vorming" niedergeschlagen. Seit Anfang 1972 wird auch im „Seminar für therapeutische Seelsorge" in Frankfurt/M. und im Zusammenhang der Betheler Kurse für Krankenhauspfarrer klinische Seelsorgeausbildung (Clinical Pastoral Education) angeboten; weitere Zentren befinden sich im Stadium der Planung. Im November 1971 konstituierte sich ein Arbeitskreis für klinische Seelsorgeausbildung, der zugleich eine Sektion in der Deutschen Gesellschaft für Pastoralpsychologie bildet. Das vorliegende Buch aber möge weiterhin der ersten Einführung in Methoden der klinischen Seelsorgeausbildung dienen.

Hannover, im Juni 1972   Hans-Christoph Piper

Inhalt

Erster Teil

Von H. Faber

A. Zur Methodik des seelsorgerlichen Gesprächs

Das Gespräch

Was ist eigentlich ein Gespräch? Äußerlich gesehen ein Kontakt zwischen Menschen, die Worte miteinander wechseln. Diese Worte haben einen Inhalt, und der eine Mensch scheint auf den Inhalt der Mitteilungen des anderen zu reagieren. Der Käufer im Laden fragt, wie teuer der Spinat heute sei, und der Verkäufer antwortet, indem er einen bestimmten Preis nennt. Etwa in diesem Sinn denken wir über das Gespräch: wir haben verschiedene Dinge miteinander besprochen, wir sind uns einig geworden, wir haben gemeinsam einen Beschluß gefaßt. Wenn wir an das Gespräch denken, denken wir also an den Inhalt, an die Worte, die dabei geäußert wurden, und an die Folgen, die der Wortwechsel gehabt hat.

Bei näherem Hinsehen bemerkt man freilich, daß selbst im einfachen Gespräch der Hausfrau mit dem Kaufmann mehr geschieht, etwa im folgenden: Die Hausfrau ist dem Kaufmann bekannt; sie ist die Mutter einer großen Familie und muß sparsam wirtschaften, während der Spinat in diesen Wochen noch sehr teuer ist. Ist es nicht wahrscheinlich, daß der Mann, aus einer gewissen Sympathie für diese Frau heraus, etwas in der Richtung von: „Junges Gemüse ist noch teuer, das Wetter war noch nicht danach, der Spinat kostet soundso viel" sagen wird, ja, daß er vielleicht sogar noch hinzufügen wird: „Doch ich habe auch gutes anderes Gemüse"?

Oder ist nicht noch ein anderer Fall denkbar? Der Mann kennt die Kundin als jemanden, der gerne das Neuste und Teuerste kauft, aber ungern bezahlt. Wird er dann nicht etwa so sagen: „Ich habe heute nur einen kleinen Posten bekommen können, und der ist heute morgen bereits telefonisch für ein Diner bestellt"?

Diese Beispiele zeigen, daß in einem Gespräch nicht allein sachlich auf den Inhalt der Worte des anderen reagiert wird, sondern daß der andere mit seinen Worten, ja selbst ohne Worte durch alle möglichen Assoziationen Gefühle in uns weckt, und daß wir von diesen Gefühlen beeinflußt auf den Inhalt der Worte des anderen reagieren. Im ersten Fall färbte ein Gefühl der Sympathie die Wortwahl; im zweiten Fall brachte ein Angstgefühl einen bestimmten Inhalt zuwege, der sachlich nicht zu verantworten war. — Ja, wir können vielleicht sogar noch mehr sagen. Die Fragen, die die beiden Frauen stellen, sind auch nicht von bestimmten Gefühlen in ihnen selbst getrennt. Es ist gar nicht so unwahrscheinlich, daß sich die erste Frau schon mit einer inneren Unruhe nach dem Spinatpreis erkundigt: „Mein Mann ißt so gerne junges Gemüse, wird es aber nicht wieder zu teuer sein? Und blamiere ich mich nicht wieder, wenn ich es nicht kaufe?" Dadurch, daß der Verkäufer auf diese oder jene Weise mit ihr mitgedacht — oder vielleicht besser: mitgefühlt — hat, findet er eine Antwort und auch einen Ton in seiner Antwort, die sie trotz der Enttäuschung angenehm berühren.

In dem zweiten Gespräch ist es nicht unwahrscheinlich, daß die Frau schon im voraus mißtrauisch ist und erwartet, daß der Mann ihr mit einer Ausflucht kein junges Gemüse wird verkaufen wollen, so daß sie nach seiner Antwort so gut wie sicher mit einer spitzen Bemerkung reagieren wird.

Es dürfte aus diesen Beispielen deutlich geworden sein, daß jenes „mehr", über das wir eben sprachen und das die Wortwahl, ja selbst den Fortgang eines Gespräches so einschneidend beeinflussen kann, auf dem Gebiet der Gefühle liegt. Der andere, seine Person, seine Worte, tun uns etwas, wir werden durch sie berührt, wir sind mit unseren Affekten auf den anderen bezogen.

Im allgemeinen brauchen wir darüber nicht traurig zu sein. Es macht das Leben, auch das Leben miteinander, fesselnd und farbig, daß wir unsere Gefühle von Freude, Trauer, Sympathie, aber auch Antipathie, von Liebe und Haß haben und in unseren Kontakten mit unseren Mitmenschen eine Rolle spielen lassen. Allein, es ist merkwürdig, daß wir uns so wenig bewußt sind, wie tief sie unsere Kontakte mit anderen, vor allem auch unsere Gespräche mit anderen, färben und bestimmen. Wir achten meistens lediglich auf den Inhalt der Worte und vergessen, daß sowohl bei dem anderen als auch bei uns selber die Worte in dem Zusammenhang bestimmter Gefühle ihre Funktion haben. Wir würden ein Stück weiter kommen, wenn wir nicht immer wieder vergäßen, daß das Glücken oder Mißglücken eines Gepräches in der Regel nicht von unseren Worten, sondern von unseren Gefühlen abhängt.

Auf allen möglichen Gebieten bekommt man dies zunehmend in den
Blick, und das ganze Studium der „Gesprächstechnik" findet hierin
seinen Ursprung. Es ist überraschend, wenn man sich vor Augen hält,
auf welchen Gebieten dieses Studium in den letzten Jahren voran-
gegangen ist[1]. Jeder, der in dieser Sache einigermaßen orientiert ist, weiß
von der Betriebskader-Schulung, von den Experimenten mit neuen
Methoden im Unterricht und von anderen Entwicklungen, die alle mit
diesem tieferen Aspekt des Gespräches und dem menschlichen Kontakt
zusammenhängen.

Von hier aus bis zum seelsorgerlichen Gespräch ist also nur ein kleiner
Schritt. Man kann in der Tat sagen, daß das neue Interesse für das
pastorale Gespräch aus dem Bewußtsein herrührt, daß man auch in der
seelsorgerlichen Arbeit mit der einseitigen Betonung des Inhalts nicht
auskommt, sondern daß offenbar oft am seelsorgerlichen Kontakt als
solchem etwas fehlt, was eine echte Mitteilung der „Verkündigung", des
Kerygmas, möglich macht. Es würde sich lohnen, zu untersuchen, welche
Faktoren zu diesem Notstand — denn in vielen Fällen darf dieses Wort
m. E. wohl gebraucht werden — geführt haben. Ich habe selber den
Eindruck, daß eine tiefgreifende Verschiebung in unserer Gesellschaftsstruktur hier eine wichtige Rolle gespielt hat[2]. Ich will hier nur an Hand
eines Beispiels zeigen, wie der Gang eines seelsorgerlichen Gesprächs —
und damit sein Erfolg oder Mißerfolg — nicht nur von den Worten
abhängt, die gewechselt werden, sondern auch von den Gefühlen beider
Gesprächspartner gegeneinander und in bezug auf sich selbst.

In einer der Gesprächsanalysen, die ich in den letzten Jahren mit
Pastoren erarbeitet habe, kam einer von ihnen mit einem Beispiel aus
seiner eigenen Praxis, mit dem er mehr oder weniger ratlos war. Er
fragte sich, wie das Gespräch so hatte laufen können und wie er seine
Rolle in diesem Gespräch, aber auch den Mann, mit dem er es gehabt
hatte, beurteilen müsse. Sein Problem war die Frage, ob dieser Mann
„unverbesserlich" war oder ob er selber irgendwo einen Fehler begangen

---

[1] Ich nenne hier nur zwei kleine Werke, die auch eine Reihe wertvoller Bemerkungen
für Pastoren bieten, eines aus dem Gebiet der Fürsorge von Ann Garrett: Gespreks-
techniek. Beginselen en methoden, Sociale Academie, Amsterdam; und: The Medical
Interview, eine sehr lehrreiche Schrift eines australischen Arztes, Ainslie Meares, mit
dem Untertitel: A study of clinically significant interpersonal reactions. Der Verlag
sagt im Begleittext, es zeige „how to help patients by the procedure of talking with
them" (Charles C. Thomas, Publisher, Springfield).
[2] In der Sammlung: Pastoraal psychologische opstellen (N. V. Het Boekencentrum,
Den Haag 1961) habe ich dieses ausführlicher behandelt und darf darauf verweisen.

hatte, durch den er sich den richtigen Kontakt mit diesem Mann verstellt hatte.

Es ging um das Gespräch mit einem begüterten Geschäftsmann, der sich aus seinem Geschäft zurückgezogen hatte und nach Meinung des Pfarrers ein sehr egozentrisches Leben führte. Er lebte mehr oder weniger für sein Auto, seinen Garten und seine schöne Einrichtung. Er war in kinderloser Ehe mit einer Frau verheiratet, die in den letzten Jahren leidend gewesen war. Der Pastor hatte sie oft besucht. Jetzt war sie in eine psychiatrische Klinik eingeliefert worden, in der sie sehr wahrscheinlich bis zu ihrem Lebensende würde bleiben müssen. Er war kein schlechter Ehemann gewesen, hatte sich aber nach dem Urteil des Pfarrers zu wenig in das mitleiderregende Los seiner Frau hineinversetzt. Einen knappen Monat nach dem Fortzug seiner Frau suchte ihn der Pastor einmal auf. Der Mann klagte über die Leere in seinem Haus und auch über die Leere in seinem Leben. Darauf reagierte der Pastor mit den Worten: „Diese Leere können Sie füllen, wenn Sie versuchen, etwas für andere Menschen zu tun und zu sein." Die Antwort des Mannes war: „Mal sehen . . ." Wir wollen übergehen, was der Pastor, der über diese Antwort sehr erschrocken war, hierauf gesagt hat, und versuchen, wie wir es seinerzeit bei der Gesprächsanalyse getan haben, dem nachzugehen, was eigentlich in dieser sicher nicht ungewöhnlichen seelsorgerlichen Situation geschehen ist. Wenn man lediglich auf die Worte achtet, die in dieser Unterhaltung geäußert werden, muß man zu dem Schluß kommen, daß man es hier mit einem besonders verstockten Menschen zu tun hat; der Pastor selber war nach einigem Zögern auch zu diesem pessimistischen Schluß gekommen. Das Merkwürdige ist allerdings, daß die Gruppe, die sich in aller Ruhe die Zeit nahm, gemeinsam mit ihrem Kollegen das Gespräch zu zerlegen, zu wesentlich anderen Schlußfolgerungen kam, die auch von ihm selber akzeptiert wurden.

Wir gingen bei unserer Analyse von dem oben entwickelten Gedanken aus, daß nicht nur die Worte, sondern auch die Gefühle wichtig sind, und versuchten gemeinsam mit dem Pastor, etwas über diese Gefühle zu erfahren. Wir fragten uns zunächst, welche Gefühle bei dem Pastor eine Rolle gespielt hatten, als er diese Worte äußerte, und kamen auf folgende:

1. Dieser Mann hat einen Rat nötig,
2. dieser Mann ist egozentrisch,
3. die Frau ist das Opfer der Egozentrik des Mannes,
4. das muß ich ihm einmal deutlich sagen.

Als wir uns fragten, welche Gefühle wir aufgrund dieser Analyse bei dem Mann erwarten konnten, kamen wir ohne viel Mühe zu den folgenden:

1. Der Pastor will mich in eine bestimmte Richtung lenken,
2. ich habe nicht darum gebeten und reagiere negativ auf diese „Bemühung",
3. aus seinen Worten und im Klang seiner Stimme höre ich einen Vorwurf,
4. dieser Pastor steht nicht bei mir, sondern mir gegenüber.

Unsere Schlußfolgerung war, daß als Folge der gegebenen Gefühlssituation eine abweisende Reaktion des Mannes zu erwarten war. Ja, wir fragten uns angesichts seiner Worte, ob er nicht ein Notsignal hißte („Mal sehen...", also: „Ich habe schon so viele schlechte Erfahrungen mit meinen Mitmenschen gemacht..."), worauf der Pastor positiv hätte reagieren können, so daß das Gespräch doch noch eine fruchtbare Richtung hätte nehmen können. Im nächsten Kapitel will ich die Frage behandeln, auf welche Weise der Pastor positiv auf dieses Notsignal hätte reagieren können. Ich will hier nur feststellen, daß also auch von dem seelsorgerlichen Gespräch gilt, daß nicht allein die Worte, die geäußert werden, sondern gerade die Gefühle, die die beiden Partner haben und äußern (oder vielleicht verbergen!), den Fortgang des Gesprächs bestimmen. Es muß also von dem, der die Leitung des Gesprächs hat — in diesem Fall der Pastor —, erwartet werden, daß er dafür ein Auge hat.

Erste Erkundung

Wir wollen im folgenden Kapitel eine erste Erkundung auf dem Gebiet der Gesprächsanalyse wagen. Ohne uns noch zu weit in technische Besonderheiten zu vertiefen oder uns mit bestimmten Begriffen und Formulierungen zu belasten, wollen wir einen gleichsam ungeübten Blick auf das Gespräch eines Pfarrers mit einem seiner Gemeindeglieder werfen, wie Pfarrer es beinahe täglich führen. Es handelt sich um ein Gespräch mit einer Frau, die telefonisch um eine Unterredung gebeten hatte. Als sie hereinkommt, ist sie deutlich nervös. Der Pastor kennt sie als treue Gottesdienstbesucherin. Sie ist Mutter von vier Kindern. Es sind äußerlich gesehen normale Familienverhältnisse. Der Vater ist Geschäftsmann. Keiner von beiden, weder Mann noch Frau, haben zu dem Pastor ein persönliches, enges Verhältnis. Die Frau betritt das Amtszimmer mit den Worten: „Herr Pastor, ich hoffe, daß ich Sie nicht störe. Ich weiß, daß Sie viel zu tun haben."

Diejenigen, die sich bei einer Gesprächsanalyse im Finden einer richtigen Antwort auf eine solche Gesprächseröffnung hin geübt haben, wissen, wie besonders fruchtbar es ist, in einer Gruppe die verschiedenen Möglichkeiten, die sich hier dem Pastor öffnen, miteinander zu besprechen. Wir können dies in einem Buch wie diesem natürlich nicht nachahmen. Ich kann nur vorschlagen, daß der Leser die Aufgabe übernimmt, die bei derartigen Übungen den Teilnehmern gestellt wird, nämlich auf einem Blatt Papier zwei Sätze (vollständige Sätze!) aufzuschreiben; einen Satz, den der Pastor nach seiner Auffassung nicht sagen dürfte, und einen, der seiner Meinung nach richtig sein würde. Es ist dabei von Nutzen, daß er zugleich aufschreibt, warum er die eine Antwort für falsch, die andere für richtig hält.

Ich will hier einige Antworten, die man möglicherweise geben kann, besprechen. Der Leser kann daran prüfen, was er von seinen aufgezeichneten Sätzen halten darf. Vielleicht wird er sich gedrungen fühlen, seine Meinung zu korrigieren. Vielleicht sind wir einer Meinung, aber natürlich ist es auch möglich, daß er nicht mit mir übereinstimmt und seine Sicht behaupten will. Ich hoffe, daß beim Lesen dieses Buches letzteres hie und da der Fall ist. Die Absicht dieser Arbeit geht nicht dahin, eine bestimmte Sicht des seelsorgerlichen Gesprächs dem Leser aufzudrängen, sondern ihn zum Denken anzuregen, zum Zweifeln zu bringen und zu kritischen Erwägungen zu reizen. Von hier aus, so hoffe ich, werden wir dann zu einem Stil seelsorgerlicher Arbeit kommen, sozusagen zu einem „Habitus", der im guten Sinn des Wortes „pastoral" und zugleich doch auch durch und durch persönlich und echt ist. Wir werden auf den folgenden Seiten mehr als einmal die Gelegenheit haben, auseinanderzusetzen, was wir mit diesen Worten meinen.

Ich wiederhole noch einmal den Satz: „Herr Pastor, ich hoffe, daß ich Sie nicht störe. Ich weiß, daß Sie viel zu tun haben." Zunächst: Was darf der Pastor nicht sagen? Ich vermute, daß bei dieser ersten Frage die Meinungen nicht sehr auseinandergehen werden. Falsch wären m. E. folgende Antworten:

a) „Ich bin in der Tat recht beschäftigt, aber nehmen Sie nur Platz." Ich setze den günstigsten Fall voraus, nämlich daß der Pastor mit dieser Antwort die Wahrheit sagt. Trotzdem dürfte er sie nicht aussprechen. Warum nicht? Ganz deutlich kann man das nicht sagen. Aber jeder fühlt, daß bei einer derartigen Antwort die richtige Atmosphäre für ein mehr oder weniger vertrauliches Gespräch fehlen würde. Der Pastor darf nicht sagen, daß er die Besucherin vielleicht als störend empfindet oder wenig Zeit hat. Nicht nur, weil ja eine telefonische Verabredung erfolgt ist, auf die sich die Frau berufen kann, sondern vielleicht mehr noch, weil die Frau auf die Aufmerksamkeit und das Mitfühlen des Pfarrers zählen können muß. Denn dafür ist er Pastor. Wer gut hinhört, hört aus den Worten der Frau das Gefühl heraus: „Ich hoffe, daß Sie Zeit und Aufmerksamkeit für mich haben", und jene Antwort des Pfarrers wäre eine Negation dieses Gefühls und erschwerte es ihr besonders, unbefangen weiterzusprechen.

b) „Ich scheine ein schlechter Pastor zu sein; ich höre diese Bemerkung praktisch jeden Tag ein- oder zweimal." Mit dieser Antwort zeigt sich der Pastor deutlich pikiert. Die richtige Atmosphäre für ein seelsorgerliches Gespräch wird hier nicht entstehen. Er hat nicht bemerkt, daß die Frau aus einer Unsicherheit heraus diese Worte äußert, und läßt seinem eigenen Gefühl freien Lauf. Es entsteht kein gefühlsmäßiger Kontakt. Im Gegenteil: Die Frau wird sich unverstanden oder gar mißverstanden fühlen.

c) „Wir wollen uns nicht lange bei Vorreden aufhalten. Sie haben sich telefonisch angemeldet. Wo drückt der Schuh?" Auch wenn diese Antwort nicht in barschem Ton, sondern sachlich gegeben würde — was einige vielleicht veranlassen könnte, dieser Antwort ihre Zustimmung zu geben — müßte ich sie mißbilligen. Aus den Worten der Frau spricht auch ein deutliches Zögern: sie hat etwas auf dem Herzen, womit sie nicht sogleich herauskommen kann. Sie würde sich durch diese Antwort brüskiert fühlen. Es scheint, als ob der Pastor nicht weiß, daß ein anderer auch Angst vor einem Gespräch haben kann.

Ich will an dieser Stelle anmerken, daß bei der Eröffnung dieses gar nicht ungewöhnlichen Gesprächs deutlich wird, daß ein Gespräch nicht nur ein Wortwechsel ist, sondern oft tiefgreifend durch Gefühle bestimmt wird. Diese Erwägung muß uns nun helfen, eine richtige Antwort zu finden.

Wir gehen davon aus, daß die Besucherin mit ihren Worten vagen Gefühlen Ausdruck verleiht. Sie ist unsicher, sie hat Angst, daß der Pastor keine Zeit (d. h. keine Aufmerksamkeit, keine Offenheit) für sie haben wird; sie fühlt offenbar, daß das, was sie erzählen will, nicht so leicht zu erzählen sein wird. Für sie ist es etwas sehr Wichtiges, aber was wird

der Pastor davon halten? Sie hat durch ihren Anruf und die Verabredung gewiß die Zeit des Pfarrers beansprucht, aber kann sie das angesichts ihres Anliegens wohl verantworten? Der Pastor muß nun eine
Antwort geben, an der sie spürt, daß er begreift, was in ihr umgeht.
Er darf ihre Gefühle nicht brüskieren oder mehr oder weniger negieren,
sondern muß etwas sagen, wodurch sie fühlt, daß er Kontakt sucht und
daß er sich neben sie stellt, ihr also im wahren Sinn des Wortes beisteht.
Eine allzu einfache, sachliche Antwort würde nicht ausreichen, aus ihr
muß ein gewisses Mitgefühl sprechen. Eine Antwort wie: „Sie stören
nicht, ich habe nach unserer Verabredung Zeit für Sie freigehalten",
bleibt m. E. zu sehr in Distanz, ist also zu wenig seelsorgerlich.
Ich möchte nun gerne einige Möglichkeiten zur Erwägung anbieten:

a) „Sie wissen nicht recht, ob Sie die Zeit eines Pfarrers beanspruchen
dürfen."

b) „Sie wissen nicht recht, ob Sie mit ihren Fragen jemanden aufsuchen sollen, von dem Sie vermuten, daß er viel zu tun hat."

c) „Ich habe mir diese Stunde freigehalten. Ich hoffe, daß wir also Zeit
haben, um ruhig miteinander zu reden."

Ich will schon jetzt sagen, daß ich die Antworten a und b vorziehen
würde. Ich hoffe, später verdeutlichen zu können, warum. Es ist aber
gut, das schon jetzt zu vermerken. Vielleicht darf ich auch hinzufügen,
daß bei allen drei Antworten ein ruhiger, verstehender Ton vorausgesetzt
wird. Wenn man sie auf verschiedene Weise ausspricht, wird man merken, welch eine große Rolle die Gefühle im menschlichen Kontakt spielen. Man kann die Worte nämlich auch so aussprechen, daß die Gefühle
des anderen negiert werden.
Das Gespräch findet seine Fortsetzung. Die Frau sagt: „Ich habe da
ein schwieriges Problem, ich weiß eigentlich gar nicht, wie ich es erzählen soll", und schweigt. Was soll der Pastor sagen, was nicht? Wir
wollen, wie beim ersten Satz, verschiedenen Möglichkeiten nachgehen.
Auch jetzt schlage ich vor, daß der Leser wieder für sich einen richtigen
und einen falschen Satz (mit Begründung) aufschreibt. Nach meiner Meinung wären folgende Antworten falsch: a) „Meiner Erfahrung nach geht
es meistens von selbst, wenn man einmal im Erzählen ist. Ich würde
also vorschlagen, daß Sie einfach anfangen." Auf den ersten Blick liegt
diese Antwort auf der Hand. Und doch ist sie meiner Meinung nach
nicht richtig. Es scheint so, als ob der Pastor sein Bestes tut, dem anderen
in seiner Unsicherheit zu helfen — und nach seinem eigenen Empfinden

tut er es auch —, und doch steht er im Grunde nicht neben ihr. Die Situation droht sich zu verfahren, weil die Frau unter Druck gesetzt wird, indem der Pfarrer ihre Schwierigkeiten nicht in der gleichen Weise ernst nimmt wie sie selbst. Die Frau muß das als einen Mangel an wirklichem Verständnis für ihre Lage empfinden und wird nun Mühe haben, auszusprechen, was sie bedrückt. Oder sie wird vielleicht mit dem Mut der Verzweiflung einen Anlauf nehmen. Für ein wirklich gutes Gespräch wäre das allerdings ein wenig verheißungsvoller Anfang. Ich könnte mir sogar vorstellen, daß empfindliche Naturen plötzlich aufstehen und sagen: „Nein, Herr Pastor, es geht nicht; es tut mir leid, daß ich Sie gestört habe."

b) „Darf ich Sie fragen: Haben Sie vielleicht Probleme mit Ihren Kindern?" — Wenn die Frau schweigt, steht der Pastor vor der Aufgabe, einen „Zug" zu tun, durch den das Gespräch wieder in Gang kommt. Es ist verständlich, daß er versucht, durch eine direkte Frage etwas über ihre Probleme zu erfahren. Natürlich kann alles Mögliche ihr Kummer bereiten, worüber sie mit dem Pastor sprechen will: ihre Ehe, Schwierigkeiten mit ihrem Mann, ein eigener Fehltritt vielleicht, schlechte Zeugnisse, das Suchen nach einem Heim für ein Kind, weil es zu Hause nicht mehr geht. Aber es kann auch etwas ganz anderes sein: ein Gespräch mit ihrem Arzt, der ihr eine ernste Auskunft geben mußte, eine bevorstehende Operation, vor der sie Angst hat und die ihren Glauben ins Wanken bringt. Ich stelle mir vor, daß der Pastor dies alles in wenigen Sekunden an sich vorüberziehen läßt und daß er, um ihr in ihrem doch bereits labilen Gleichgewicht nicht zu nahe zu treten, das am unschuldigsten scheinende Thema, die Kinder, auswählt und danach fragt, um sie zum Sprechen zu bringen. Aber hilft er damit der Frau wirklich? Falls es die Kinder betrifft, kommt er ihr damit vielleicht entgegen — vor allem, wenn es sich um nichts Ernstes mit einem von ihnen handelt —, was aber, wenn es um ihren Mann geht oder die Furcht, daß sie vielleicht Krebs hat, oder wenn eines der Kinder etwas wirklich Schlimmes getan hat? Dann ist der Pfarrer mit seiner Frage um nichts weitergekommen. Denn das, was es ihr schwer macht, sich auszusprechen, ist nicht fortgenommen. Vielmehr wird sie empfinden: ‚Der Pastor begreift mich nicht ganz, er erwartet nicht das Schlimme, was ich sagen muß; ist er, der glücklich verheiratete Mann mit seinen normalen Kindern, wohl derjenige, der mich wirklich verstehen kann?' So genau, wie ich es hier ausdrücke, wird sie sich dessen nicht bewußt sein, aber es ist unleugbar, daß eine Frage, die sie von dem, was sie als

besonders schwierig empfindet, ablenkt, etwas wie Enttäuschung entstehen läßt. Es ist immer fruchtbar, sich in die Lage des anderen hineinzuversetzen. Wenn ich das in diesem Fall tue, fühle ich in mir etwas
von der Enttäuschung der Frau aufsteigen.

An dieser Stelle in unserer Analyse des Gesprächsverlaufs erwarte ich
bei dem Leser eine mehr oder weniger negative Reaktion. Er fängt
vielleicht an zu fragen: Was tun wir hier eigentlich? Ist es möglich, auf
diese Weise ein Gespräch zu führen? Wo bleibt die Intuition, durch die
man deutlich fühlt, was man in einem bestimmten Augenblick sagen
darf und was nicht? Und unterschätzen wir hier auch nicht den Ton,
mit dem etwas gesagt wird? Macht nicht gerade der Ton die Musik,
läßt er nicht das, was wir eigentlich meinen, durchklingen?

Ich würde eine derartige Reaktion begrüßen. Denn nur dann, wenn wir
solche Einwendungen äußern und miteinander durchsprechen, kommen
wir weiter. Eigentlich ist die Form einer Publikation nur ein sehr un-
vollkommenes Mittel, um auf diesem Gebiet etwas Positives zu erreichen.
Eine wirkliche Diskussion, in der Wort und Widerwort ihren Ort haben,
ist viel ergiebiger. Es ist einer der großen Vorteile des „clinical training",
daß dort in Gruppen- oder Einzelgesprächen reichlich Gelegenheit geboten wird, auf diese Punkte einzugehen und so, gemeinsam denkend
und diskutierend, zu einer communis opinio zu kommen. Ich sehe die
Aufgabe dieses Buches großenteils darin, daß dem Leser der Wert dieses
„clinical training" bewußt wird.

Durch die eben formulierten Fragen veranlaßt, will ich hier nur folgendes
sagen. Erstens: Ich stimme dem völlig zu, daß in der Aktualität eines
Gespräches alle die Erwägungen, die bisher breit ausgesponnen wurden,
keine Rolle spielen können. Es würde ein Gespräch vollkommen unmöglich machen, wenn der Pastor bei jedem Satz des anderen sich alle
diese Dinge bewußt überlegen würde. In der Tat muß er sich verlassen
auf das, was man vielleicht Intuition nennen kann. Nur sehe ich in diesen
Einwendungen eine Unterstützung unserer Ausgangsthese, daß ein Gespräch mehr ist als ein Wortwechsel und daß die Gefühle in einer Kon-
taktnahme wie dieser eine entscheidende Rolle spielen. Es wäre in
unserer Erörterung m. E. ein wichtiger Schritt vorwärts, wenn wir im
Verfolg dieses Buches ohne weiteres davon ausgehen dürfen. Zweitens:
Ich hoffe, daß dem Leser dieses Buches deutlich wird, daß mit dem Wort
Intuition noch nicht alles gesagt ist. Ich persönlich glaube, daß wir uns
nicht auf unsere Intuition verlassen dürfen, sondern vielmehr auf unseren
„Habitus", auf unsere seelsorgerliche Einstellung, die dann ihrerseits

— so könnte man es vielleicht ausdrücken — unsere Intuition, die natürlich vorhanden und wirksam ist, schärft. Wie wir später noch sehen werden, zeigt es sich bei Gesprächsanalysen, daß die große Schwierigkeit darin liegt, daß wir zu schnell aktiv reagieren, während unsere „Intuition", unser wirkliches Einfühlen in eine Gesprächssituation, zu träge arbeitet oder nicht genügend geschärft ist. Man kann auch sagen, daß unsere seelsorgerliche Haltung, unser Habitus, zu wenig unser innerer Besitz geworden ist. Wir wissen zu wenig über unsere „Rolle" im Gespräch, wir leben zu wenig mit einem deutlichen „Bild" unseres Pastor-Seins. Ich hoffe, daß es mir gelingt, im Verfolg dieses Buches diesen etwas vagen Ausführungen mehr Inhalt zu geben.

Wir wollen nun aber zu unserem Gespräch zurückkehren. Die Frau hat gesagt: „Ich habe da ein schwieriges Problem, ich weiß eigentlich gar nicht, wie ich es erzählen soll." Dann schweigt sie. Was soll der Pastor nun machen? Es ist sicher deutlich, daß er es der Frau erleichtern muß, nun doch zu sagen, was sie auf dem Herzen hat. Es wird nicht helfen, ihre Schwierigkeit auf die eine oder andere Weise zu bagatellisieren, im Gegenteil, das macht es nur noch schwieriger. Dies gilt in doppelter Hinsicht, einmal, sofern die Schwierigkeit im Finden der richtigen Worte liegt — etwa bei einer einfachen Frau, was in unserem Fall nicht zutreffen wird — und zum andern, sofern es in ihr einen Widerstand gibt, der sie hindert, sich auszusprechen.

Man könnte sich vorstellen, daß der Pastor in einer verständnisvollen Weise schweigt und ruhig wartet. Die Furcht, die viele vor einer Stille im Gespräch haben, ist unbegründet. Schweigen und auf das Schweigen eines anderen hören, kann hilfreich sein. Doch hier, am Anfang des Gesprächs, wäre die Möglichkeit, daß dies Schweigen lediglich eine Verlegenheit ist, so groß, daß mir scheint, der Seelsorger muß ein paar Worte finden, die der Frau helfen. Ehrlich gesagt, weiß ich nur einen Satz, der mir geeignet erscheint: „Sie finden es schwierig, es zu sagen." Man mag nach einer anderen Formulierung suchen, aber m. E. muß dieser Sinn gewahrt werden. Der Pastor muß die Worte in einem Tonfall sprechen, aus dem die Frau spürt, daß er sie begreift. Ich greife jetzt etwas auf Dinge vor, die ich eingehender im nächsten Kapitel besprechen werde, will aber hier doch soviel sagen: Die Frau hat zunächst nur eines nötig, nämlich das Gefühl, daß sie vom Pastor in ihrem Zögern verstanden und akzeptiert wird. Sie wartet, bis die Atmosphäre so ist, daß sie mit sehr vertraulichen und persönlichen Mitteilungen kommen kann. Durch eine Formulierung wie die vorgeschlagene zeigt der Pastor, daß

„Es ist etwas für Sie sehr Persönliches"

er die Frau versteht und daß er sie nicht drängen will. Auf diese Weise
schafft er die erforderliche Atmosphäre. Wenn man sich diesen Gesichtspunkt gut vor Augen hält, versteht man, worum es Carl Rogers, dessen
Gedanken über die Gesprächsführung wir im folgenden Kapitel besprechen wollen, in seinem „System" geht.
Wir fahren mit dem dritten Satz der Frau fort. Nach den Worten des
Pastors sagt sie mit einer gewissen Heftigkeit: „Ich habe entdeckt, daß
mein Mann schon seit zwei Jahren ein Verhältnis mit seiner Sekretärin
hat." Weinend: „Was sagen Sie dazu?"
Auch hier wieder die Frage: Was darf der Pastor bestimmt nicht sagen
und was wohl? Der Pastor darf nicht sagen:

a) „Wann haben Sie denn das entdeckt?" — Eine derartige Frage gehört
zweifellos zu den naheliegenden Möglichkeiten. Es ist nötig, daß der
Pastor, wenn er helfen oder einen Rat geben will, mehr über den Fall
weiß; und doch ist die Frage in diesem Augenblick nicht richtig. Die
Frau ist noch nicht so weit, sich auf diese Art sachlicher Einzelheiten
einzulassen, offensichtlich haben sich in ihr eine ganze Reihe Gefühle
angestaut. Und auf die eine oder andere Weise müssen diese erst an die
Reihe gekommen sein. An dieser Stelle des Gespräches kann ein Pastor
sich vielleicht dessen bewußt werden, daß er die sachliche Frage nach dem
Zeitpunkt der Entdeckung der Untreue des Mannes stellt, weil er im
Geheimen den Fortgang des Gespräches fürchtet, in dem vielleicht alle
möglichen unbeherrschten Gefühle zum Ausbruch kommen werden. Er
fühlt ein leichtes Unbehagen in sich aufsteigen und biegt deshalb das
Gespräch lieber ab.
Wir berühren hier ein Problem, das ein seelsorgerliches Thema für sich
ist. Sind Seelsorger im Gespräch auch wohl einmal unsicher oder ängstlich, vielleicht sogar aggressiv oder auf andere Weise durch ihre Gefühle
bestimmt? Und wenn ja, wie kommt das? Oder noch wichtiger: Ist das
erlaubt? Wenn nein, wie schaffen wir Abhilfe? Wir werden noch ausführlicher davon reden, aber ich darf hier vielleicht feststellen, daß der
Pastor sich selbst nicht der Tatsache bewußt ist, daß er dabei ist, das
Gespräch unter dem Einfluß eigener Gefühle der Unsicherheit oder
des Ressentiments abzubiegen. Aber der andere, in unserem Fall diese
Frau, spürt es wohl, wenn sie auch nicht deutlich formulieren könnte,
was ihr in den Worten des Pastors widerstrebt. Wir können es vielleicht
so ausdrücken: Sie bringt in ihren Worten sehr deutlich ein starkes Gefühl, ja fast eine Koppelung von Gefühlen hervor, und nun negiert der

Pastor mit seiner Frage diese Gefühle; die Folge ist, daß sie sich nicht verstanden und gewissermaßen zurückgewiesen fühlt. Sie wird etwas Zeit nötig haben, sich von der Enttäuschung zu erholen und wird ängstlich vermeiden, im weiteren Verlauf des Gesprächs ihre Gefühle auf eine ebenso natürliche Weise zu äußern, um sich nicht bloßzustellen. Vielleicht darf ich hier auch bemerken, daß der Pastor nach einigem Schweigen, durch das er der Frau Zeit läßt, sich von ihrem Weinkrampf zu erholen, die Worte: „Wann haben Sie denn das entdeckt?" auch in leisem, mitempfindendem Tonfall sagen kann, wodurch er die Frau sozusagen in einer verständnisvollen Art einlädt, ihren Bericht fortzusetzen. Dann gelten die eben geäußerten Einwände natürlich in geringerem Maße, obgleich ich mir doch eine glücklichere Reaktion denken kann.

b) „O, wie schlimm!" — Diese Worte, die aus dem Mund einer guten Freundin vielleicht angebracht sein würden, sind im Laufe dieses seelsorgerlichen Gesprächs falsch. Mit diesen Worten identifiziert sich der Pastor voll und ganz mit dieser Frau, aber er steht nicht neben oder bei ihr. Diese Worte wecken kein Gefühl des Verstandenwerdens und der Stütze bei der Frau. Sie sind ein Ausruf, der keinen wirklichen Beitrag für das Gespräch bedeutet. Man kann hinzufügen, daß der Pastor hier nicht genug Abstand bewahrt.

c) „Ich finde das schlecht von Ihrem Mann." — Der Pastor antwortet auf die Frage, die die Frau ihm stellt. Er gibt sein Urteil ab über eheliche Untreue, ein Urteil, das für ihn unter allen Umständen gilt und das er also auch hier abgeben kann. Alle Menschen — auch Pastoren — haben eine Neigung zum gradlinigen Denken. Es wird ihr Urteil erwartet, und sie sprechen es aus, doch ohne den konkreten Menschen, um den es geht, vor Augen zu haben. Irre ich sehr, wenn ich behaupte, daß dieses gradlinige Denken eines der großen Hindernisse in unserer pastoralen Seelsorge ist, in der wir es in erster Linie mit Menschen und erst dann mit ihrem Konflikt mit Sitte und Gebot zu tun haben? Wir brauchen doch — dafür ist die Geschichte von der Ehebrecherin in Joh. 8 ein erhabenes Beispiel — die Heiligkeit von Sitte und Gebot nicht aus dem Auge zu verlieren, wenn wir diese nie ohne den konkreten Menschen sehen. Sobald der Pastor sagt: „Ich finde das schlecht", steht er meiner Meinung nach in den Schuhen der Schriftgelehrten und Pharisäer, die die Frau zu Jesus bringen. Auch jene sahen allein die Übertretung des Gebotes und nicht den konkreten Menschen, d. h. die Frau und sich selbst.

Doch abgesehen davon ist die Antwort für den Fortgang des Gesprächs gefährlich. Der Pfarrer nimmt Partei in dem Konflikt zwischen Mann und Frau. Die Frage der Frau ist ja eigentlich eine Art „Fallstrick": Sie hat gegenüber ihrem Mann Hilfe nötig, von jemandem, der ihr recht gibt. Vielleicht hat sie recht, und es ist ein gemeiner Streich ihres Mannes. Aber wie, wenn es sich um eine Ehe handelt, in der die Frau der wesentlich schuldige Partner ist, der durch sein Verhalten den Mann sozusagen in die Arme einer Frau getrieben hat, die ihn besser versteht und die nun vielleicht selbst mit allen möglichen Schuldgefühlen herumläuft? Es kann sein, daß die Frau ihr eigenes Gewissen beruhigen will, indem sie sich von dem Pastor sagen läßt, daß ihr Mann eigentlich der große Schuldige ist. Sie braucht sich dessen nicht einmal bewußt zu sein, wenn sie diese Frage so plötzlich auf ihn abschießt. Doch wie dem auch sei, indem der Pastor auf diese Weise parteiisch urteilt, schneidet er sich jede Möglichkeit ab, seelsorgerlich für alle Parteien zu wirken. Ja, noch mehr: durch diese Antwort schneidet er zugleich die Möglichkeit ab, ein Gespräch fortzusetzen, in dem die Frau zu einer tieferen Erkenntnis ihrer selbst kommt und vielleicht auch ihren eigenen Anteil an Schuld in dieser festgefahrenen Situation einsieht. Er bestätigt sie in ihrer ersten aggressiven Reaktion auf ihre Entdeckung. Die Erfahrung lehrt, daß der Mensch zu einer tieferen Selbsterkenntnis kommt, wenn das Gespräch Gelegenheit bietet, alle Gefühle, auch verdrängte Gefühle, zu äußern, und daß dann auch der Seelsorger auf einmal viel deutlicher sieht, wo der wunde Punkt in diesem Menschenleben ist, an dem er seelsorgerliche Arbeit zu verrichten hat. Es ist offenbar für Seelsorger, ja, für alle, die in irgendeiner Funktion Menschen helfen müssen, eine schwer zu lernende Lektion, daß sie nicht zu früh mit einem Rat oder einem Urteil bei der Hand sein sollen und den anderen wirklich ganz ausreden lassen. Fosdick, der berühmte Prediger aus New York, soll einmal gesagt haben: „Ein seelsorgerliches Gespräch ist wie das Vorhaben einer Landung auf einer Insel: man muß erst die ganze Insel umfahren haben, ehe man sicher weiß, daß man den guten Landungsplatz gefunden hat."

Es sind noch mehr falsche Antworten denkbar. Es kann eine gute Übung sein, die wir auch in unserem „clinical training" regelmäßig praktizieren, so viele wie möglich aufzuspüren und sich selber zu fragen, warum sie unangebracht sind.

Ich will nun aber versuchen, eine richtige Antwort zu suchen. Was gibt uns in einer Situation wie dieser eine Richtschnur, woher wissen wir, was wir mit Sicherheit nicht tun dürfen? Wir können nicht erst verschiedene Möglichkeiten vor unserem geistigen Auge vorbeiziehen lassen und dann aussuchen, welche am passendsten erscheint. Ich glaube, wir müssen mit einer bestimmten Grundhaltung dieser Frau gegenübersitzen, mit einem seelsorgerlichen „Habitus“. Wir müssen uns einer bestimmten Rolle, einer bestimmten Aufgabe bewußt werden, und aus diesem Bewußtsein heraus müssen wir handeln. Es kommt nicht nur auf die Worte an, die wir gebrauchen, sondern in erster Linie auf die Tatsache, daß wir zum anderen und seinen Problemen die richtige innere Einstellung haben und daß wir von daher wie von selbst die richtigen Worte finden. Wir müssen, wie man heute oft sagt, im richtigen Verhältnis (engl.: „relation“) zum anderen stehen. Wir müssen dem anderen im echten Sinne des Wortes beistehen und ein „Pastor“ für ihn sein wollen, in echter Aufmerksamkeit und Liebe, ohne das Bedürfnis, ihn zu bevormunden und zu bekritteln, in Respekt vor seiner Freiheit und seiner eigenen Verantwortlichkeit, tolerant hinsichtlich der Dinge, die wir vielleicht unsympathisch finden. Diese Frau offenbart nach einigem Zögern ihre große Not. Wie diese Not bei näherer Einsicht auch aussehen und welche Rolle sie selber in diesem Ehedrama auch gespielt haben mag, aus ihrer Frage ergibt sich, daß sie Halt sucht. Der Halt darf aber nicht dadurch entstehen, daß der Seelsorger Partei ergreift. Sie braucht nur jemanden, der bereit ist, lebendigen Anteil zu nehmen und, wenn sie das wünscht, mit ihr eine Lösung zu suchen. Ich würde also vorschlagen, daß der Pastor etwa sagt: „Sie sind sehr erschrocken über diese Entdeckung“, oder „Sie haben das Gefühl, daß Sie vor einer Situation stehen, die fast zuviel für Sie ist.“

Wir kommen nun zu dem letzten Satz, den wir aus diesem Gespräch behandeln wollen. Die Frau sagt mit Leidenschaft: „Es ist alles die Schuld dieser kleinen Hexe!“ — Was darf der Pastor nicht sagen?

a) „Ja, das kommt öfter vor in Büros, zwischen Chef und Sekretärin.“ Wer einmal seine eigenen Gespräche ein wenig unter die Lupe nimmt, wird sich dabei ertappen, wie oft er ein Gespräch mit einer derartigen verallgemeinernden Bemerkung abbremst. Denn wir müssen uns gut vor Augen halten, wie sehr wir durch derartige Bemerkungen den anderen in seinem „Gefühlsstrom“ bremsen. Die Spur, in der das Gespräch bis jetzt verlief und die ihm bestimmte Struktur, Fahrt und Tiefe gab, wird durch eine derartige Antwort unnötig verbreitert. Lauf und Struktur des Gespräches werden unsicherer, und der andere fühlt sich meistens nicht wirklich verstanden, geschweige denn, daß ihm geholfen wird.

Dasselbe gilt von Bemerkungen wie „Die Menschen sind heutzutage schlecht ..." oder „So kann eine Ehe plötzlich in eine Krise geraten ..." und dergleichen.

b) „Haben Sie sich einmal gefragt, ob Sie es in Ihrem Verhältnis zu Ihrem Mann nicht auch an etwas haben fehlen lassen?"
— Es ist deutlich, was der Pastor mit einer solchen Frage, die an sich nicht unerklärlich ist (s. o.), meint. Er stellt die Frage nicht, um lediglich eine Information für ein deutlicheres Bild der Situation zu bekommen. Soweit ist er noch nicht. Die Frau hat sich noch lange nicht ausgesprochen und hat das, was sie emotional bewegt, noch nicht vollständig hervorgebracht. Eine solche Frage wird nur gestellt, um zu „moralisieren". Unter dem an sich richtigen Gesichtspunkt, daß meistens auf beiden Seiten eine Schuld liegt, versucht er, die Frau zu einer Art Schuldbekenntnis zu bringen. Aber in einem wirklich guten seelsorgerlichen Gespräch hat der andere irgendwann von selbst das Bedürfnis, sich zu fragen, wieweit er Schuld an der jetzt entstandenen Situation hat. Dann zeigt es sich, daß er im allgemeinen viel mehr „lernt" aus dem, was er selbst im vertraulichen Gespräch enthüllt, als aus dem, was wir ihm sagen oder ihn fragen. Außerdem bedeutet Moralisieren, daß man sich dem andern gegenüberstellt und den engen Kontakt des wirklichen Beistehens verliert, ja man bekommt auch leicht etwas Bedrohendes in den Augen des anderen. Die Reaktion ist dann auch meistens nur halb positiv, etwa: „Ja, vielleicht haben Sie ein bißchen recht", oder „Natürlich, es haben immer beide Schuld, aber ...". Der andere fühlt sich durch Moralisieren zurückgestoßen und unverstanden.
Wie verhält sich der Pastor richtig?
Er muß mit der Frau mitempfinden und mitdenken und ihr auf diese Weise Gelegenheit geben, sich ganz auszusprechen. Der Gefühlsstrom darf nicht eingedämmt werden, sondern muß durch unser Beistehen die richtige Richtung finden. Wir geben weder ein zustimmendes noch ein abwertendes Urteil. Wir weisen nichts zurück, sondern akzeptieren, was sie sagen will, und bringen sie dazu, deutlich zu sehen, was sie hervorgebracht hat, wenn wir mit unseren Worten wiederholen, was sie an Gefühlen geäußert hat. Mein Vorschlag wäre, ihr zu sagen: „Sie haben den Eindruck, daß die Sekretärin die Ursache von allem ist ..." Die Frau kann jetzt jede Richtung einschlagen, die für sie in dieser Situation wichtig ist: Sie kann die Rolle der Sekretärin schildern, sich Rechenschaft über den Anteil des Mannes an der Situation geben usw.

Wir stehen nun vor der Frage, ob das, was wir an Erläuterung zu den verschiedenen Antworten gegeben haben, nicht methodischer und systematischer formuliert werden kann. Meiner Überzeugung nach müssen wir uns mit dieser Frage an die Psychotherapie wenden. Alle Entdeckungen auf dem Gebiet der modernen Gesprächstechnik — auch auf dem des seelsorgerlichen Gesprächs — sind nur möglich geworden durch die Arbeit, die auf psychotherapeutischem Gebiet geleistet worden ist. Wir können dies hier nicht in aller Ausführlichkeit behandeln. Ich möchte im nächsten Kapitel nur etwas näher auf das „System" von Carl R. Rogers eingehen, der dies alles auf eine Weise formuliert hat, die wir ohne viel Mühe für unser Gebiet übernehmen können. Wir haben es bei Rogers mit einem Psychotherapeuten zu tun, und als solcher kann er zum seelsorgerlichen Gespräch nicht das letzte Wort sprechen. Wir können nur das eine oder andere von ihm übernehmen und verwenden. Und Rogers vertritt nur *ein* „System" der Psychotherapie und hat auf diesem Gebiet am allerwenigsten das letzte Wort gesprochen. Im Gegenteil, man hat auf seinem Fachgebiet allerlei schwerwiegende Einwände gegen ihn. Es gibt viele andere Psychotherapeuten, die uns ebenfalls wichtige Gesichtspunkte bieten. Ich will in unserer Darstellung nur von seinen Gedanken als einer Arbeitsbasis ausgehen.

Die Gesprächsführung nach Carl R. Rogers und das seelsorgerliche Gespräch

Es kann hier nicht unsere Arbeit sein, Rogers' Werk in ganzer Breite zu referieren und für die pastorale Psychologie auszuwerten[3]. Ich will lediglich eine Reihe von grundlegenden Begriffen und Gedanken, mit denen Rogers arbeitet, einführen, um daran die Struktur und die Probleme des seelsorgerlichen Kontaktes zu durchleuchten[4].
Eigentlich darf man bei Rogers nicht von einem „System" oder von einer „Methode" reden. Was man so bezeichnen möchte, oder was man vielleicht auch seine „Technik" nennen kann, ist lediglich Hilfsmittel, um eine gute Beziehung zwischen Psychotherapeut und Klient her

[3] Das habe ich in einem Aufsatz über Rogers in dem Buch „Pastoraal psychologische opstellen" (Haag, 1961) unternommen.
[4] Eine umfassende Einführung in seine Gedanken bildet seine eigene Veröffentlichung „Client-centered Therapy", Boston 1951. Die Methode von Rogers ist in Deutschland durch Reinhard Tausch, Gesprächspsychotherapie, Göttingen ²1968 aufgenommen worden.

zustellen. Im Laufe der Jahre hat sich der Schwerpunkt in seinem Arbeiten und Denken immer mehr auf diese Beziehung, auf die Aufmerksamkeit, die Offenheit, das Vertrauen und die Liebe seitens des Psychotherapeuten, und auf die Reaktion des Patienten verlagert. Es ist ein Irrtum, der leider ab und an noch unterläuft, wenn man den Nachdruck auf die „Technik" des Zurückspiegelns legt, oder wenn man den Abstand, den er für wesentlich hält, als einen Mangel an christlichem Mitleben mit dem Patienten auslegt. Er tritt gerade immer für eine warme, liebevolle Beziehung ein. Ich verstehe, daß man von psychotherapeutischer Seite Einwände gegen die klinische Psychologie im Sinne Rogers hat — ich selber teile eine Reihe dieser Einwände —, aber diese müssen dann auf einem anderen Gebiet erhoben werden, etwa gegen seine konsequente Ablehnung von Diagnose und Interpretation und damit die Indikation der Behandlungsweise.

Wir dürfen hier nicht vergessen, daß Rogers kein Pastor ist, wenn auch durch seine anfängliche Vorliebe für die Theologie eine Anzahl religiöser Gedanken in seinem Denken eine Rolle spielen. Es geht ihm um die Gesundheit seiner Patienten, nicht um ihr Verhältnis zu Gott. Er ist ein „counselor", ein Arzt, und nicht ein Pastor. Der seelsorgerlichen Arbeit wäre also nicht damit gedient, wenn wir alle Schüler von Rogers würden und in seinen Fußstapfen mit „counseling" anfingen und damit die Seelsorge in eine bestimmte Art von Psychotherapie umsetzten. Wir wollen lediglich einen Blick auf die Methode werfen, mit deren Hilfe Rogers eine psychotherapeutische Relation herstellt.

In einer seiner ersten großen Veröffentlichungen, „Counseling and Psychotherapy", Boston 1942, bietet Rogers eine Beschreibung seiner Methode: „The counseling relationship is one in which warmth of acceptance and absence of any coercion or personal pressure on the part of the counselor permits the maximum of expression of feelings, attitudes and problems by the counselee ... In this unique experience of complete emotional freedom within a well defined framework the client is free to recognize and understand his impulses and patterns, positive and negative as in no other relationship" (S. 113)[5].

Der Akzent liegt also sehr deutlich auf der guten *Beziehung* (relation-

---

[5] „Die ‚counsel'-Beziehung erlaubt durch die warme Anteilnahme („Annahme") des Beraters, der jede Art von Nötigung und persönlichem Druck vermeidet, dem Ratsuchenden äußerste Ausdrucksmöglichkeiten für seine Gefühle, Haltungen und Probleme. In dieser einzigartigen Erfahrung völliger emotionaler Freiheit in einem gut abgegrenzten Rahmen vermag der Klient seine Impulse und Vorstellungen positiv und negativ so frei zu erkennen und zu verstehen wie in keiner anderen Beziehung."

ship). In dieser Beziehung öffnet sich der Klient und erreicht dadurch ein „gesunderes" Leben. Wir lassen die Frage offen, in welchem Verhältnis eine solche therapeutische Methode zu der Arbeit des Seelsorgers steht und fragen, mit welchen Begriffen Rogers diese Beziehung kennzeichnet und auf welche wichtigen Gesichtspunkte er für ein solches Gespräch hinweist. Einer der wichtigsten Aspekte dieser Methode ist, daß der Therapeut in seiner Beziehung zum Patienten „non-directive" sein muß. Ich glaube, daß es gut ist, wenn wir uns bei diesem Wort deutlich bewußt sind, daß Rogers es im Rahmen einer therapeutischen Beziehung gebraucht. Was Rogers mit „non-directive" meint, ist gegen die Schulen der Psychotherapie gerichtet, in denen der Therapeut Diagnosen stellt und Interpretationen von Symptomen mitteilt. Rogers lehnt eine Beziehung ab, in der der Ratsuchende „Patient" ist und zum Objekt gemacht wird[6]. Auf derselben Basis lehnt er es auch ab, daß der Psychotherapeut „moralisiert" oder „dogmatisiert". Der Ratsuchende muß für sein eigenes Leben verantwortlich bleiben. Von Druck oder Zwang irgendwelcher Art darf keine Rede sein.

Es ist vielleicht gut, wenn wir uns von Anfang an deutlich machen, daß die seelsorgerliche Beziehung eine eigene, von der therapeutischen sehr wohl zu unterscheidende Dimension besitzt und daß wir versuchen, festzustellen, worin das Eigene dieser Beziehung besteht. Äußerlich gesehen scheint es nämlich so, als ob der Pastor in seiner Arbeit „directive" ist, wenn er verkündigt, tröstet oder eventuell — mit dem alten Ausdruck — vermahnt. Ich persönlich glaube, daß dafür das Wort „directive", wie Rogers es meint, nicht angemessen ist, daß aber im seelsorgerlichen Gespräch vermieden werden muß, was er darunter versteht. Um das zu verdeutlichen, wollen wir zunächst versuchen, dem nachzugehen, was das Kennzeichnende der seelsorgerlichen Beziehung ist, um dann festzustellen, ob Rogers' Einwände gegen eine „directive attitude" vielleicht auch für den Pastor gelten.

Ich habe an anderem Ort das Besondere der pastoralen Seelsorge als Hilfe zu einem guten Gottesverhältnis definiert. Ich meine damit nichts anderes, als daß er es innerlich akzeptiert, daß er im Lichte Gottes steht. Ich will versuchen, an drei Texten deutlich zu machen, was echte Seelsorge ist und um welche grundsätzlichen Gesichtspunkte es in ihr geht.

---

[6] Wie bei Rogers wird auch in der niederländischen Originalausgabe dieses Buches die Bezeichnung „Patient" überhaupt vermieden und durch „Klient" ersetzt. Anm. d. Übers.

Der erste Text ist das Wort, mit dem nach dem Markus-Evangelium Jesus seine Predigt eröffnet: „Das Reich Gottes ist nahe herbeigekommen. Tut Buße!" Der zweite ist das Wort, das Jeremia nach dem 7. Kapitel im Tor des Tempels predigen muß: „Höret das Wort des Herrn, ihr alle aus Juda, die ihr durch diese Tore hineingeht, den Herrn anzubeten! So spricht der Herr der Heerscharen, der Gott Israels: Bessert euren Wandel und eure Taten, so will ich euch an diesem Orte wohnen lassen." Der dritte ist das berühmte Trostwort aus Jesaja 40: „Tröstet, tröstet mein Volk! spricht euer Gott. Redet Jerusalem zu Herzen und ruft ihr zu, daß ihr Frondienst vollendet, daß ihre Schuld bezahlt ist; denn sie hat von der Hand des Herrn Zwiefältiges empfangen um all ihrer Sünde willen." Ich meine, daß diese drei Texte zusammen die großen Aspekte der Seelsorge vergegenwärtigen: den Aufruf zur Bekehrung, die Ermahnung und die Verheißung von Trost und Vergebung.

Was lernen wir aus diesen Texten? — Zuerst, daß in der echten Seelsorge auch nicht „moralisiert" oder „dogmatisiert" wird in dem Sinn, in dem Rogers es versteht. Auch wird in ihr nicht eine Diagnose gestellt oder eine Interpretation einer bestimmten Verhaltensweise gegeben. Der andere ist für den Propheten oder den Pastor nicht ein Objekt, über das er sich ein Urteil bildet, sondern ein Subjekt, jemand, der als verantwortlicher Gesprächspartner angeredet wird, dem etwas zugerufen wird, an den also im echten Sinn des Wortes ein Appell gerichtet wird. Anders gesagt: Das Volk behält die Freiheit, das Wort des Propheten anzunehmen oder abzulehnen. Der Prophet läßt das Volk erkennen, daß es im Licht Gottes steht, und nun ist es seine Sache, ob es dies akzeptiert oder nicht. Meiner Meinung nach geschieht hier etwas prinzipiell anderes als in dem Wort, das der Pastor (S. 14) an den Geschäftsmann richtete, den er „herumkriegen" wollte. Das Wort „herumkriegen" ist an sich schon bezeichnend. Der Prophet kriegt nicht herum, sondern er ruft zu.

Die prophetische oder seelsorgerliche Beziehung ist also eine Beziehung von Subjekt zu Subjekt. Der Prophet ist nicht der Sachverständige oder Besserwissende, der mehr oder weniger von oben herab den anderen betrachtet und „behandelt", sondern er ist im Gegenteil derjenige, der vollkommen mit dem anderen „lebt". Jesus, Jeremia und Jesaja sind eins mit ihrem Volk. Sie leben mitten unter ihm, haben aber auch manchmal gezögert oder sogar widerstrebt, ehe sie ihre Aufgabe auf sich nahmen.

Wir werden später dem nachgehen müssen, wie diese seelsorgerliche Erziehung in der praktischen Arbeit sich zu der „Methode" von Rogers verhält. Wir ziehen jetzt nur den grundsätzlichen Schluß, daß im seelsorgerlichen Gespräch alles unterlassen werden muß, was den anderen zu einem Objekt macht, also das, was Rogers „directive" nennt. Die Beziehung muß stets eine von Subjekt zu Subjekt bleiben. Ich will hier zweierlei anmerken, um Mißverständnissen vorzubeugen. Zunächst dies: Es kann natürlich Umstände geben, unter denen der andere zum Objekt gemacht werden muß. Ich denke an die normale psychotherapeutische Beziehung in der Psychoanalyse, wo Diagnose und Interpretation eine wichtige Rolle spielen; Rogers sieht hier die Dinge bestimmt zu einfach. Zum anderen ist es unvermeidlich, daß auch der Pastor sich ein Urteil über den Menschen bildet, den er vor sich hat. Es erscheint mir jedoch nicht richtig, die Diagnose oder die Interpretation zu einem wesentlichen Teil unserer Seelsorge zu machen. Wir überschreiten dann die Grenze zur Therapie, und das ist nur ausnahmsweise und allein dann, wenn wir genau wissen, warum wir es tun, erlaubt.

Entscheidend erscheint mir der Schluß, zu dem Rogers uns verhilft, daß zur Seelsorge kein „Moralisieren" oder „Dogmatisieren" gehört. Was haben wir darunter zu verstehen? — Rogers definiert „moralisation" als „to pass some type of evaluative judgement upon the client"[7], in diesem Fall ein moralisches Urteil. Er sagt: „It is the therapist's function not to pass judgement, but to clarify and objectify the client's basic attitudes"[8].

Wir haben in den vorigen Kapiteln gesehen, wie ein Urteil dem anderen das Gefühl gibt, daß der Therapeut oder der Pastor nicht neben ihm, sondern ihm gegenübersteht, und er selbst dadurch eigentlich abgewiesen, ja, als Objekt statt als Subjekt behandelt wird[9]. Unvermeidlich drängt sich hier die Frage auf, ob das überhaupt möglich ist. Darf der Pastor sich eines moralischen Urteils enthalten? — Viele finden es bei einem Arzt angebracht, daß er seine Patienten ohne Ansehen der Person behandelt, finden das aber bei einem Pastor problematisch. Ich frage mich, ob das richtig ist. Christus hat sich ausdrücklich an Sünder, Zöllner und Huren gewendet. Er machte keinen Unterschied zwischen moralisch an-

---

[7] „Eine bestimmte Art von berechnendem Urteil über den Klienten aussprechen."
[8] „Es ist die Aufgabe des Therapeuten, nicht ein Urteil auszusprechen, sondern die grundlegenden Einstellungen des Klienten zu erhellen und bewußt zu machen."
[9] In der tieferdringenden Psychoanalyse mit ihrer Interpretation kommt es zu einem subtilen Wechselspiel von Objekt und Subjekt. Dies gilt von jeder Beziehung des Arztes zu seinen Patienten. Vgl. mein „Problemen rond het ziekbed", Assen 1958.

fechtbar und moralisch rein; im Gegenteil, er mißtraute dem moralisch Reinen. In jedem Fall nahm er die Sünder an, nicht, weil ihn ihre Sünde gleichgültig ließ, sondern weil er auch sie im Lichtkreis der Liebe Gottes sah. Er nahm sie in einem tiefen Sinn in Gottes Namen an. Es scheint so, als ob die paulinische Paränese mit ihren Mahnungen zu moralisch richtigem Handeln als Gegenargument gebraucht werden kann, doch ist dies bei näherem Hinsehen nicht der Fall. Paulus erinnert in seiner Paränese seine Gemeindeglieder daran, daß sie im Licht stehen und daß sie das nicht vergessen dürfen.

Wir müssen hier in der Linie von Rogers stehen. Urteilen wir als Pastoren von unpersönlicher Warte aus über unsere Gemeindeglieder, dann versagen wir seelsorgerlich. Wir weisen sie ab, anstatt sie unserer Aufgabe gemäß in Gottes Namen anzunehmen. Und überdies versuchen wir, sie an die eine oder andere moralische Schablone zu binden, anstatt sie in ihrer problematischen Einstellung gegenüber dem Licht Gottes zu sehen, das in ihrem Leben durchdringen will. Ich will damit nicht sagen, daß Moral und Glaube nichts miteinander zu tun haben — hier hat Paulus wohl die entscheidenden Worte gesprochen —, sondern wir müssen als Pastoren wissen, wo der Hauptakzent liegt und wo wir unsere spezifische Aufgabe als Diener des Evangeliums — nicht des Gesetzes! — haben. Ebenso verhält es sich mit dem „Dogmatisieren", das Rogers selbst nicht nennt, das wir hier aber erwähnen müssen. Dogmatisieren bedeutet, ein Urteil über die religiösen Worte fällen, die jemand gebraucht und ihn damit in seinem Kampf, im Licht zu stehen oder nicht, loslassen. Oft bedeutet es auch, in eine Diskussion mit dem anderen verstrickt zu werden, was meistens an seinen Gefühlen vorbeigeht und nichts Positives einträgt. Ich will nicht sagen, daß die Dogmatik nicht ihre große Bedeutung hat, doch wer in einem seelsorgerlichen Gespräch versucht, jemandem mit einem theologisch-dogmatischen Urteil beizustehen, steht nicht neben oder bei ihm, sondern ihm gegenüber — wie bei einem moralischen Urteil — und hilft ihm höchstens auf der rationalen Ebene. Meistens bedeutet dies, daß er das Gespräch von dem, worauf es ankommen muß, ablenkt und dem anderen also nicht hilft. In diesem Sinn des Wortes wird in der Bibel eigentlich nie dogmatisiert. Es wird prophezeit und verkündigt, doch was wir theologische Diskussion nennen würden — bei Paulus finden wir sie beispielsweise —, ist eigentlich exegetische Aufhellung, die dazu dient, den Weg für die Botschaft, für die Verkündigung und damit für den Glauben, frei zu machen.

Doch zurück zu Rogers. Wir haben einige Grundbegriffe von Rogers
kennengelernt, die mit der Grundhaltung des Therapeuten gegenüber
seinem Klienten zusammenhängen. Der Therapeut muß den Klienten annehmen, wie er ist, und darf sich nicht durch ein Vorurteil — in der
eigentlichen Bedeutung des Wortes — leiten lassen. Es ist die „acceptance", auf die Rogers im Laufe der Jahre immer mehr den Nachdruck
gelegt hat und die wie von selbst dazu führt, daß der Therapeut „non-
directive" ist, daß er nicht moralisiert oder dogmatisiert, daß er dem
anderen die Freiheit und Verantwortlichkeit für seine Existenz lassen
muß und ihn nicht durch Diagnose oder Interpretation zum Objekt
machen darf, sondern ihn immer als Subjekt erleben muß. Nach meiner
Überzeugung muß der Pastor ebenso von dieser Haltung des Annehmens
ausgehen und die gleichen Konsequenzen daraus ableiten. Ja, ich würde
die These wagen, daß Rogers' „Annahme" des Klienten — und überhaupt die ärztliche Einstellung gegenüber dem Patienten — in der christlichen Annahme jedes Menschen im Namen Gottes ihre Wurzeln hat.
Allein, diese Haltung des Annehmens ist nicht der einzige, wenn auch
ein sehr wesentlicher, unentbehrlicher und manchmal ausreichender Gesichtspunkt der seelsorgerlichen Aufgabe. Der Pastor muß sich als Christi
Diener wissen und hat darin eine prophetische Aufgabe. Er muß zurufen
und aufrufen.
Bis jetzt haben wir die therapeutische Beziehung von der negativen
Seite her betrachtet: Der Psychotherapeut muß „non-directive" sein.
Doch es muß auch die Frage gestellt werden: Was tut der Psychotherapeut
positiv? Rogers weist ihm eine spezielle Aufgabe zu, für die im Deutschen der nicht ganz passende Ausdruck „zurückspiegeln" gebraucht
werden kann. Er selbst definiert die positive Aufgabe des Therapeuten
als „reflection". Was ist damit gemeint, und welche Bedeutung hat es
für das seelsorgerliche Gespräch?
Wenn der Therapeut auf keine Art und Weise „directive" sein will,
sondern bei dem anderen stehen will, und zwar so, daß der andere das
Gefühl bekommt, daß er mit Wärme akzeptiert und verstanden wird,
so kann er dies erreichen, indem er vor dem anderen die durch ihn oft
etwas undeutlich und mit einem gewissen Widerstand geäußerten Gefühle
neu formuliert. Vielleicht erinnern wir uns noch gewisser Gespräche aus
unserer Jugend, wo wir mit einem nicht ganz reinen Gewissen und einem
Gefühl von Schuld und Angst vor einem unserer Lehrer oder vor den
Eltern standen. Wir hörten damals mit gesenktem Blick die Stimme des
anderen, die nichts anderes sagte als: „Du warst unehrlich, und es tut

dir leid, aber du hast Angst, daß ich böse bin." Wir fühlten auf einmal, daß da jemand war, der uns in unserer Verlassenheit verstand und uns gerade dadurch nicht losließ. Was tat dieser Lehrer bzw. was taten unsere Eltern, wenn sie so zu uns sprachen? Im Wesen nichts anderes, als das Gefühl, das undeutlich in uns lebte, mit echtem, aber zugleich distanziertem Mitgefühl uns „zurückzuspiegeln". Es ist nicht genau zu formulieren, was in diesem Augenblick mit uns geschah, aber auf diese Weise und in dieser Beziehung fiel unser Bedürfnis, uns zu verteidigen oder zu entschuldigen, von uns ab; wir wagten, uns unseren Fehlern zu stellen und sie zu erkennen, ja notfalls auch sie auszusprechen. Kurz, uns wurde geholfen, nicht kindisch, sondern als Menschen zu reagieren, die auf eine „erwachsene" Art und Weise ihre eigenen Taten verantworten.

Ich glaube, sagen zu dürfen, daß Rogers dies unter Psychotherapie versteht. Er selbst sagt es so: „In the therapeutic experience, to see one's own attitudes, confusions, ambivalences, feelings, and perceptions accurately expressed by another, but stripped of their complication of emotion, is to see oneself objectively, and paves the way for acceptance into the self of all those elements which are now more clearly perceived. Reorganisation of the self and more integrated functioning of the self are thus furthered[10]."

Im Unterschied zu dem Gespräch aus unserer Jugendzeit, in dem wir nichts zu sagen brauchten, während der andere sich in uns hineinversetzte und unsere Gefühle für uns formulieren konnte, muß sich der Klient im normalen psychotherapeutischen Gespräch äußern. Dieser Unterschied zeigt, daß „Zurückspiegeln" nicht heißt, mit anderen Worten das, was der andere bereits ausgesprochen hat, noch einmal sagen, sondern sich in die Gefühle hineinzuversetzen, die der andere in seinen Worten „hervorgebracht" hat und *diese* mit unseren Worten zu ihm zurückzuspiegeln. Zwei Begriffe sind in diesem Zusammenhang für Rogers besonders wichtig. An erster Stelle der Begriff „Empathie". Er will sagen, daß wir uns in die Gefühle des anderen hineinversetzen. Wir gehen nicht darin auf, sondern unter Beachtung einer gesunden Distanz fühlen wir

---

[10] „In der therapeutischen Erfahrung, die die eigenen Einstellungen, Konfusionen, Ambivalenzen, Gefühle und Vorstellungen vom andern präzise, aber entkleidet von ihren gefühlsmäßigen Komplikationen in Worte gefaßt sehen läßt, sieht man sich selbst objektiv und bereitet den Weg, alle diese Elemente in das Selbst aufzunehmen, da sie nun klarer wahrgenommen werden. Reorganisation des Selbst und stärkere Integration der Verhaltensweisen des Selbst werden auf diese Weise unterstützt."

seine Gefühle mit, richten uns auf seine Gefühle aus. Dabei suchen wir nicht ein bestimmtes undeutliches Grundgefühl, sondern folgen dem anderen im Wechsel und in der Folge seiner Gefühle. Er muß den echten Eindruck haben, daß wir mit ihm mitleben. Wir stoßen hier auf den weiteren Begriff der Psychologie, der auch für Rogers wichtig ist: „frame of reference", das Bezugssystem der Gefühle und Gedanken des anderen in einem bestimmten Augenblick. Fallen wir da heraus, weil wir uns nicht richtig in den anderen hineinversetzt haben, dann fühlt dieser sich nicht verstanden, und die Beziehung ist für den Augenblick unterbrochen. In einem „guten" Gespräch stellt sie sich schnell wieder her, aber ein häufiges oder allzu krasses Verlassen des „frame of reference" *Bezugssystem* kann den Erfolg eines Gespräches besonders erschweren. Hier liegt für Rogers z. B. einer der Fehler der Interpretation. Es kann sein, daß der Psychotherapeut den anderen besser durchschaut als dieser sich selbst. Er darf ihm das dennoch nicht mitteilen, weil er damit aus dem „frame of reference" gerät und das Gespräch, das ein dynamischer Prozeß ist, gestört wird. Wenn die Zeit „reif" ist, wird der andere diese Einsicht selber finden, und dann bedeutet dies auch für ihn eine Befreiung. Mit seinem Widerstand gegen jede Interpretation befindet sich Rogers in einem gewissen Gegensatz zur traditionellen Psychotherapie, aber er ist in dieser Hinsicht nur konsequent. Er meint, daß bei der Interpretation dem Subjekt-Sein des anderen Abbruch getan wird, und dies darf nicht geschehen. Ich sagte bereits, daß nach meiner Meinung Rogers sein Prinzip in diesem Punkt zu doktrinär anwendet. Für das seelsorgerliche Gespräch scheint es mir jedoch richtig zu sein: Interpretieren in der technischen Bedeutung des Wortes ist die Arbeit eines Sachverständigen, und der Pastor muß an diesem Punkt größtmögliche Enthaltung üben.

Ehe wir uns Rechenschaft ablegen über die Frage, wie und wieweit wir die Begriffe und Gedanken von Rogers im seelsorgerlichen Gespräch gebrauchen können, wollen wir das bis jetzt Gesagte an einem Beispiel erläutern. Um das Zurückspiegeln mit seinen damit verknüpften beiden Prinzipien der Empathie und des „frame of reference" zu verdeutlichen, zitiere ich aus dem Werk „Client-Centered Therapy" ein Stück aus einer Gesprächswiedergabe:

Client: ... I could see what I thought was needed in the situation and what was the idea I thought might be interjected to make people feel happy, and I'd do that.

3*

Counselor: In other words, what you did was always in the direction of trying to keep things smooth and to make other people feel better and to smooth the situation.

Cl.: Yes. I think that's what it was. Now the reason why I did it probably was ... I mean, not that I was a good little Samaritan going around making other people happy, but that was probably the role that fell easiest for me to play. I'd been doing it around home so much. I just didn't stand up for my convictions, until I don't know whether I have any conviction to stand up for.

Co.: You feel that for a long time you've been playing the role of kind of smoothing out the frictions or differences or what not ...

Cl.: Hmm.

Co.: Rather than having any opinion or reaction of your own in the situation. Is that it?

Cl.: That's it. Or that I haven't been really honestly being myself, or actually knowing what my real self was, and that I've just been playing a sort of false role. Whatever role no one else was playing, and that needed to be played at the time, I'd try to fill it in.

Co.: Whatever kind of person that was needed to kinda help out that situation you'd be that kind of person rather than being anything original or deeply your own[11].

----

[11] „Klient: ... Ich konnte sehen, was meiner Meinung nach in der Situation nötig war und welche Idee meiner Meinung nach noch ausgesprochen werden sollte, um den Leuten ein glückliches Gefühl zu vermitteln, und ich wollte das tun.
Counselor: Mit anderen Worten, was Sie taten, lag immer in der Richtung, zu versuchen, die Dinge reibungslos zu gestalten, die Leute sich angenehmer fühlen zu lassen und die Situation zu glätten.
Kl.: Ja, ich denke, das war es, und der Grund, warum ich es tat, war wahrscheinlich ... ich meine, nicht, daß ich ein guter kleiner Samariter war, der umherging und andere Leute glücklich machte, aber das war vermutlich die Rolle, die ich meiner Meinung nach am leichtesten spielen konnte. Ich hatte es in meinem heimischen Umkreis so oft getan. Ich erhob mich einfach nicht für meine Überzeugungen, so daß ich kaum noch weiß, ob ich überhaupt eine Überzeugung habe, für die ich mich erheben könnte.
Co.: Sie empfinden, daß Sie lange Zeit die Rolle spielten, Spannungen und Differenzen oder dergleichen zu glätten ...
Kl.: Hm.
Co.: Anstatt eine Meinung oder eine persönliche Reaktion in der Situation zu haben. Ist das so?
Kl.: So ist es. Oder daß ich nicht wahrhaftig ich selbst war oder genau wußte, was mein wirkliches Selbst war, und daß ich einfach gewissermaßen eine falsche Rolle spielte. Eine

Wer diesen Gesprächsabschnitt, der auf Band aufgenommen wurde und darum so wörtlich wiedergegeben werden kann, genau liest, bemerkt, daß der counselor dem Klienten folgt. Er steht neben ihm, aber dirigiert ihn nirgendwo. Und in dieser ruhigen, aufmerksamen Beziehung kommt der Klient zu einer tieferen Selbsterkenntnis. Er bringt von Satz zu Satz „wichtigeres" Material über sich selbst hervor. Wir erkennen an diesem Abschnitt auch, was Empathie ist. Man kann es am besten durch Mitfühlen oder Mitleben übersetzen. Und durch diese Empathie bleibt der counselor auch in dem „frame of reference". Er hätte beispielsweise am Anfang bereits sagen können: „Als Sie so damit beschäftigt waren, die Situation angenehm zu machen, waren Sie eigentlich nicht Sie selbst, es war mehr eine Rolle, die Sie spielten." Aber hiermit hätte er sich außerhalb des „frame of reference" begeben. Er hätte eine Interpretation gegeben, durch die sich der Patient beurteilt und nicht mehr als Subjekt, sondern als Objekt behandelt gefühlt hätte. Er hätte dann das Gefühl bekommen, daß der counselor nicht mehr neben ihm, sondern ihm gegenüber stand und daß er sich sozusagen von ihm entfernt hatte. Angesichts dieser Beispiele ist es nicht schwierig, sich einige Reaktionen des counselor auszudenken, die auf die eine oder andere Weise directive gewesen wären und die Rogers also abgelehnt hätte. Ich gebe ein paar Beispiele. Nach dem ersten zitierten Satz des Patienten hätte der counselor antworten können:

a) „Sie müssen sich darüber im klaren sein, daß Sie sich auf diese Weise selber schaden und daß Sie sich nicht weiter so ausbeuten lassen dürfen." Diese Antwort ist „directive" in der reinsten Form. Der counselor übt jetzt einen gewissen Druck aus, um den anderen die Richtung, die er für gut befindet, einschlagen zu lassen. Freiheit und Verantwortlichkeit des Patienten werden außer acht gelassen. Der counselor vergißt sozusagen, daß der andere die Verantwortung für sein eigenes Leben trägt. In vielen normalen Gesprächen — oft auch im seelsorgerlichen Gespräch — nehmen wir leicht diese Haltung anderen gegenüber ein. Es ist deutlich, daß der „Gefühlsstrom" des Gesprächs hier vollständig unterbrochen wird. Die Erfahrung lehrt auch, daß diese Art Ratschläge meistens Widerspruch seitens des Patienten hervorrufen, obgleich er

---

Rolle, die sonst niemand spielte und die jeweils gerade gespielt werden mußte, versuchte ich auszufüllen.
Co.: Welche Art von Person auch immer zu einer Art von Aushilfe in der Situation benötigt wurde, Sie waren lieber diese Art von Person als irgend etwas, das unverwechselbar und tief im Ich gegründet ist."

vielleicht einige Augenblicke später, wenn der counselor „non-directive"
bleibt, selbst auf diesen Gedanken gekommen wäre.

b) „Sie hatten also einen Mangel an gesundem Selbstwertgefühl."
Das ist eine Diagnose. Der counselor stellt sich dem Patienten gegenüber,
denkt und fühlt nicht mehr mit ihm, sondern hat ihn zum Objekt einer
Untersuchung gemacht und teilt ihm nun das Ergebnis seines Befundes
mit. An diesem Punkt ist Rogers, wie wir oben sahen, angesichts des
Verfahrens in der normalen Psychotherapie unnötig doktrinär. Eine
solche Diagnose *kann* so mitgeteilt werden, daß die Beziehung nicht
unterbrochen, sondern vielleicht sogar vertieft wird. Nur handelt es sich
dann um die typische Arzt-Patient-Beziehung, die Beziehung des Sachverständigen gegenüber dem Ratlosen. Und gerade diese Beziehung will
Rogers nicht gelten lassen. Er geht vom Vertrauen zu den integrieren-
den Kräften des Patienten selbst aus. Das Problem wird also eigentlich
ein Problem der Indikation: „Verfügt jeder Mensch, der Psychotherapie
nötig hat, über genügend innere Kraft? Oder muß bei bestimmten Patienten der Weg zu dieser Kraft durch sachverständige Hilfsmittel
(Interpretation, Suggestion, eventuell Hypnose) freigelegt werden?" Wie
dem auch sei, es ist deutlich, daß, gemessen an der Methode von Rogers,
der Gefühlsstrom unterbrochen und die Beziehung einen Augenblick gestört wird.

c) „So etwas scheint mir ein Zeichen von innerer Unreife zu sein."
Dies könnte man eine Interpretation nennen, ein Bestandteil diagno-
stischer Haltung. Alles, was wir eben unter b gesagt haben, gilt auch
hier.

d) „Ist es nicht falsch, wenn man so wenig an sich selbst denkt?" Der
counselor will dem Patienten helfen und fängt an zu moralisieren. Auch
hier wird der Gefühlsstrom unterbrochen; der Patient wird sich vielleicht
für einen Augenblick irritiert fühlen, weil er nicht weitersprechen darf,
sondern mit seinen Gefühlen beiseite geschoben wird. Wie gut es auch
gemeint ist: Die Subjekt-Subjekt-Beziehung ist dahin, und der Patient
fühlt sich wieder als Objekt einer — nun moralischen — Beurteilung.
Das Gespräch stockt und nimmt, wenn es weitergeht, eine Wendung in
eine andere Richtung. Meistens wird es unmöglich sein, es wieder in
seinen alten Lauf zurückzulenken. Wir haben dann denselben Fall wie
S. 14 vor uns und müssen darum auf eine negative Reaktion des anderen
vorbereitet sein. Es ist nun merkwürdig, daß dies auch immer zu einer
negativen Reaktion von seiten des Pastors führt, wodurch das Gespräch

unvermeidlich in eine Diskussion ausartet und seelsorgerlich unproduktiv wird. Wenn man sich in einem seelsorgerlichen Gespräch in eine Diskussion verwickelt, so ist das ein Zeichen dafür, daß man den richtigen Kontakt zueinander verloren hat. Man ist dann nicht mehr „bei dem anderen", von Beistand kann keine Rede mehr sein.

e) „Muß man so etwas nun Nächstenliebe oder eine verfeinerte Form von Eigenliebe nennen?"

Man könnte sagen, daß dies eine Form des „Dogmatisierens" ist. Der Pastor fängt eine Diskussion darüber an, wie dieses Gebaren „christlich" angesehen werden muß. An sich kann es durchaus sinnvoll sein, darüber zu sprechen, aber nicht in einem seelsorgerlichen Gespräch wie diesem. Der Gefühlsstrom des Ratsuchenden wird unterbrochen, er fühlt sich abgewiesen und irritiert. Sein Wunsch weiterzureden erlischt, und seine Erwartung, daß dies Gespräch für ihn innerlich etwas bedeuten wird, schwindet. Überdies fühlt er aus der Frage eine verdeckte, in diesem Stadium des Gesprächs unpassende Zurechtweisung.

Ich hoffe, daß damit die Methode oder das „System" von Rogers ein wenig deutlich geworden ist. Wir wollen jetzt versuchen, den Wert des „counseling" für das seelsorgerliche Gespräch näher zu bestimmen. Es hat sich in unserer Darstellung gezeigt, daß diese Methode versucht, dem andern durch den Aufbau einer warmen Subjekt-Subjekt-Beziehung zu helfen, die sich in einer „non-directive"-Haltung und einer Technik, Gefühle „zurückzuspiegeln" verwirklicht. Der andere erfährt, daß er Beistand erhält, über sich selbst zu innerer Klarheit zu gelangen. Wir erinnern uns, daß Rogers ausdrücklich von einer Methode der Psychotherapie spricht, und wir akzeptieren sie als eine wichtige Sicht der Gesprächsführung, bei der ein Mensch einem anderen hilft. Auch das seelsorgerliche Gespräch hat die Absicht, dem anderen zu helfen.

Wir haben oben einige Beispiele von seelsorgerlichen Gesprächen in ihrer reinsten Gestalt angeführt. Christi Ruf zur Buße, Jeremias Ermahnung und Deutero-Jesajas Trostwort enthalten alle Aspekte der Seelsorge und sind Beispiele für seelsorgerliches Reden eines Menschen mit dem anderen. Sie wollen den Mitmenschen helfen zu sehen, daß sie im Licht Gottes stehen. In dieser Seelsorge wird nichts mit Moralisieren und Dogmatisieren, Drängen oder „pushing" versucht. Der andere ist Subjekt und kann, was gesagt wird, in Freiheit annehmen. Der Prophet ist kein Sachverständiger, sondern Diener der großen Botschaft.

Ich möchte nun noch die Punkte näher beleuchten, in denen der seelsorgerliche mit dem psychotherapeutischen Kontakt, wie Rogers ihn
sieht, verglichen werden kann. Wir wollen zunächst feststellen, daß die
eigene Dimension des seelsorgerlichen Kontaktes bei Rogers fehlt. Seelsorge ist etwas anderes als Psychotherapie. Aber zugleich gibt es schon
auf den ersten Blick Übereinstimmungen: Ein Subjekt-Subjekt-Verhält-
nis, das Nicht-„directive"-Sein, das Bei-dem-anderen-Sein usw.

Meiner Meinung nach geht aus den Beispielen deutlich hervor, daß Seelsorge nicht nur die Angelegenheit des Überbringens einer Botschaft ist
— ich denke hier an ein Bild von Barth, der das Prediger-Sein einmal
mit der Arbeit eines Briefträgers verglichen hat —, sondern auch die
einer Begegnung mit dem Boten. Derjenige, der die Botschaft überbringt,
hat eine Verantwortung für die, denen er sie bringt, auf sich genommen.
Er leidet mit ihnen oder trägt Leid um sie, kurz, er handelt aus Liebe
zu den anderen. Und derjenige, der der Botschaft zuhört, gerät ebenso
sehr unter den Anspruch dieser Liebe wie der Botschaft. Ich möchte behaupten, daß Botschaft und Botschafter nicht zu scheiden sind, und daß
die Wirkung der Botschaft nicht allein abhängt von der Tatsache, daß
sie ausgesprochen wird, sondern ebenso sehr von dem Umstand, daß es
dieser Botschafter ist, der sie bringt. Daß Christus nicht nur zu den
Sündern *sagt*, daß das Himmelreich auch für sie bestimmt ist, sondern
daß er mit ihnen ißt und umgeht, daß die Botschaft also Teil einer bestimmten Beziehung ist, das bestimmt die Wirkung seines Auftretens.
Ich meine, daß das, was wir in der Dogmatik das „testimonium spiritus
sancti" nennen, psychologisch gesehen mit dieser Tatsache zusammenhängt. Auch die Erfolge der Sekten in unserer Zeit wird man so verstehen dürfen. Die innere Befreiung, die die Botschaft zuwege bringt,
und das Annehmen dessen, daß man im Licht Gottes steht, finden ihre
Ursache nicht allein in Worten, sondern auch in dem Umstand, daß
die Worte in einer bestimmten Beziehung (relation), die durch Liebe
gekennzeichnet ist, gesprochen werden. Ja, es kann sein, daß ohne Worte
die Beziehung an sich schon eine befreiende Wirkung hat. Ich habe oben
unterstrichen, daß bei Rogers die Beziehung primär ist. Er sieht vor
allem beim Therapeuten die Notwendigkeit einer warmen Haltung, die
beim anderen nicht nur bestimmte sympathische Seiten akzeptiert, und
er fordert ein großes Maß von „unconditional positive regard", das
wohl mit der Liebe im Sinne des Evangeliums verglichen werden kann.
Folglich können wir von Rogers für die Führung eines seelsorgerlichen
Gesprächs einige sehr wichtige Dinge lernen.

1. Das *Bei-dem-anderen-Sein* in psychologischer Hinsicht. Wir haben gesehen, daß dieses Bei-dem-anderen-Sein für den guten Ausgang eines seelsorgerlichen Gesprächs eine conditio sine qua non ist. Ich glaube aber, daß hier eine der großen Schwächen unseres Pfarramts liegt. Bei Gesprächsanalysen — wir werden darauf im nächsten Kapitel noch ausführlich eingehen — zeigt es sich immer wieder, daß unsere Ausbildung Sachverständige hervorbringt, deren amtsmäßige Neigung zum Moralisieren und Dogmatisieren der Seelsorge im Wege steht, weil sie das Bei-dem-andern-Sein erschwert. Den anderen mit Wärme anzunehmen, ihn im Licht der Liebe Gottes zu sehen und in seinem „frame of reference" zu stehen, im Habitus des mitfühlenden und mitdenkenden, also nicht autoritären Zuhörens, in innerer Entspanntheit und Freiheit, kurz in gutem seelsorgerlichem Kontakt — das alles zu erfüllen, kostet uns in der seelsorgerlichen Praxis immer wieder besonders viel Mühe.

Ich glaube, sagen zu dürfen, daß die Einwände, die Rogers in seinen Veröffentlichungen gegen die „directive" Gesprächsführung entwickelt hat, uns Pastoren von einer moralisierenden und autoritären Gestaltung unseres Pfarramtes befreien können zu einer echten, biblischen, an Christus orientierten Seelsorge. Wir könnten Rogers' Therapie gewissermaßen einen bestimmten Modus der Seelsorge nennen. Er will Menschen helfen, in das Licht eines innerlich befreiten Lebens zu treten und ist davon überzeugt, daß die Kraft einer integeren, nicht autoritären Liebe dem Menschen wesentlich dazu helfen kann. Wir können vielleicht von einer säkularisierten Form der Seelsorge sprechen. Der Unterschied zwischen Rogers und pastoraler Seelsorge besteht darin, daß Rogers dem Menschen helfen will, sich selbst zu helfen — vielleicht besser: zu sich selber zu kommen —, während der Seelsorger dem anderen helfen will, die rechte Beziehung zu Gott zu finden bzw. zu realisieren, daß er im Licht Gottes steht. Der Pastor begegnet in seiner Arbeit zwei Problemen: Er sieht nicht, daß das Lebensproblem vieler Menschen, mit deren Schwierigkeiten er in Berührung kommt, darin liegt, daß sie nicht das rechte Verhältnis zu Gott haben, weil sie nicht genügend sich selbst gefunden haben. Hilft man ihnen — nach Rogers' Regeln — sich auszusprechen, dann beginnen sie selbst, das rechte Verhältnis zu Gott zu sehen und anzunehmen. Wir brauchen nichts anderes zu tun, als zuzuhören und mitzudenken. Ihnen wird in der Tat durch uns geholfen, sich selber zu helfen, wenn sie nicht beten können, sich gegen das Leid auflehnen, Angst vor Zweifeln sie quält usw. Es ist also auch in der unmittelbar seelsorgerlichen Arbeit Platz für „counseling" in Rogers' Sinn, und jedes andere Anpacken dieser Probleme wäre „directive" im verkehrten Sinn und führte nicht zum Ziel. Eine andere Schwierigkeit: Ehe wir in einem seelsorgerlichen Gespräch „verkündigen" können, müssen wir beim anderen sein, dort, wo bei ihm die Perspektive auf Gott deutlich wird, wo begriffen werden kann, daß das Licht der Liebe Gottes auch hierhin strahlt und wo zum Glauben aufgerufen werden kann. Ich erinnere hier an das Bild von Fosdick, man solle nicht auf der Insel zu landen versuchen, ehe man sie umfahren und mit Sicherheit den richtigen Landeplatz entdeckt hat. Wir müssen sicher sein, daß wir nicht „directive" sind in der falschen Bedeutung des Wortes. Das, was wir sagen, soll eine wesentliche Befreiung bedeuten, auch wo wir es dem anderen vielleicht schwer machen. Liebe zum anderen und Gehorsam gegenüber dem Auftrag müssen unsere Richtlinien sein.

Wir müssen dem etwas hinzufügen, was bei Rogers nicht besprochen wird und was die eigene Dimension des seelsorgerlichen Gesprächs ausmacht. Wenn wir dem Menschen helfen, zu sich selbst zu kommen, wird zweifellos eine Integration stattfinden. Aber das bedeutet nicht immer eine Auflösung der Schwierigkeiten, mit denen sich der Mensch abplagt, sondern manchmal nur eine Reduktion auf das bzw. eine Intensivierung dessen, was Jaspers die Grenzsituationen genannt hat: Tod, Leiden, Kampf, Schuld. Es sind Situationen, deren Erleben häufig mit neurotischen Reaktionen verknüpft sein mag, die aber trotzdem normale existentielle Konflikte sind, die durch Psychotherapie nicht erleichtert werden können. Aber der Glauben kann helfen, sie zu bestehen. Es besteht die Möglichkeit, daß eine Psychotherapie in Rogers' Sinn den Menschen zu einem echten Annehmen seiner Schuld gegenüber einem Nächsten und gegenüber Gott bringt. — Es kann auch geschehen, daß in existentieller „Finsternis" die „Verkündigung" des Seelsorgers den anderen zum Glauben bringt, d. h. zu vertrauender Hingabe an Gottes Liebe. Seelsorge an Kranken ist eigentlich immer ein „Prozeß", der, technisch formuliert, als Psychotherapie beginnt und als Seelsorge endigt. Es scheint mir, die amerikanische Auffassung, man müsse „clinical training" in Krankenhäusern und psychiatrischen Anstalten lernen, ist richtig, weil man dort in „stress-situations" — wir würden sagen können: Grenzsituationen — die „sensitivity" erwirbt, die für alle Seelsorge nötig ist.

Die Menschen, die einen Psychotherapeuten um Rat fragen, erwarten keine religiöse Antwort von ihm. Sie sehen ihn in der Rolle des „counselor", nicht in der des Seelsorgers. Wahrscheinlich werden also Menschen in Grenzsituationen nicht ihn, sondern einen Pfarrer aufsuchen, sofern sie dies nicht umgehen wollen, um nicht vor die religiöse „Dimension" gestellt zu werden. Die Rolle, die der Pfarrer in den Augen der Menschen spielt, bestimmt großenteils sein Verhältnis zu ihnen und steckt Grenzen, die wir nicht überschreiten können. Brächte Rogers in einer solchen „existentiellen" Situation seinen Glauben zur Sprache, dann täte er es als Mitglaubender und nicht als Psychotherapeut. Es gibt zwar Ärzte, die unter bestimmten Umständen aus ihrer Arztrolle heraustreten und als Mitglaubende mit ihren Patienten sprechen, und das kann unter Umständen für sie ein Segen sein, aber für einen Psychotherapeuten ist dies oft nicht ratsam. Im seelsorgerlichen Kontakt gilt ähnliches. Das Gemeindeglied nähert sich dem Seelsorger mit bestimmten Erwartungen. Es kann darum eine Enttäuschung für den Betreffenden bedeuten, wenn wir in dem Augenblick, da er es von uns erwarten darf, unsere Rolle nicht spielen und — aus welchen Motiven auch immer — nicht die erwartete „Seelsorge" (ein Gebet, ein Wort von der Vergebung) geben. Ein deutliches Wissen um unsere Rolle, um unsere Aufgabe als Seelsorger, ist also bei jedem Gespräch, das wir führen, notwendig. Wir müssen wissen, was der andere von uns erwartet — oder fürchtet. Es können sich aber auch Umstände ergeben, in denen der Seelsorger sich fragen muß, ob er den Erwartungen des anderen entsprechen *darf*. Wenn er ohne weiteres einer fast abergläubischen Gewohnheit folgen soll — z. B. bei der Bitte, ein Gebet zu sprechen —, wird er sich selbstverständlich diese Frage stellen. Aber es kann auch tiefer liegen und schwieriger sein. Ich habe in seelsorgerlicher Hinsicht schon jemanden enttäuschen müssen, weil ich sah, daß er eine psychotherapeutische Behandlung nötig hatte und er eigentlich zu mir gekommen war, um den Entschluß, diese zu beginnen, nicht fassen zu müssen. Ich denke an bestimmte Versklavungen, die man als Pastor nicht mit einem Verweis auf das Gebet oder das Evangelium der Vergebung „sanktionieren" darf, wenn auch der andere natürlich andererseits nicht den Eindruck bekommen darf, daß wir nicht vollkommen neben ihm stehen. In keinem Fall wird aber die besondere seelsorgerliche Dimension im psychotherapeutischen Kontakt explizit zur Sprache kommen. Der Psychotherapeut wird dann als Psychotherapeut zurücktreten und den Patienten im Anschluß an seine eigene „Tradition" seinen eigenen Weg suchen lassen. Er ist nun erwachsen geworden, und an der Grenze infantiler, neurotischer Konflikte hört die Aufgabe des Psychotherapeuten auf. Trotzdem ist in vielen Fällen während der psychotherapeutischen Behandlung ein verschwiegener religiöser Aspekt vorhanden. Das Zu-sich-selber-Kommen des Patienten kann durch den Psychotherapeuten wie durch den Patienten bereits als religiöser Prozeß erlebt werden. Nur kommt es dann zu einem Typ von religiösem Humanismus, den z. B. Erich Fromm in seinem Werk „Psychoanalyse und Religion" verteidigt und der, wie mir scheint, bei vielen Psychotherapeuten und bei vielen sonstigen Ärzten eine größere Rolle spielt, als man im allgemeinen annimmt. Es ist ein Typ von Religion, der gerade auf dem Gebiet der „Grenzsituationen" im Sinne von Jaspers eine andere „Botschaft" hat als das Christentum; Jaspers selbst ist ein nobler Repräsentant dieses Typs von Religion.

2. Rogers lehrt, wie das Bei-dem-andern-Sein sich vertieft. Er zeigt, daß unter dem Einfluß des „positive regard" im Patienten ein dynamischer Prozeß in Gang kommt, durch den dieser in der tiefsten Bedeutung des Wortes zu sich selber kommt. Das empathische Zurückspiegeln der Gefühle oder das aufmerksame Mitdenken und Mitfühlen mit dem Patienten bringt diesen so weit, daß er Entscheidungen adäquat treffen kann, weil er „kongruent" mit seinem tiefsten Streben geworden ist. Der Begriff „kongruent" stammt von Rogers und meint nach ihm dasselbe wie integriert, redlich, echt. Oder mit anderen Worten: Der Mensch lebt nun sozusagen aus einer fundamentalen Entscheidung, weil er sich akzeptiert hat, so wie er wirklich ist, so daß er künftig aus dieser wesentlichen Bejahung heraus handelt. Mit anderen Worten, er handelt nun nicht mehr aus neurotischen Motiven wie Angst oder Selbstbehauptung mit Hilfe von allerlei Verteidigungsmechanismen, sondern er ist entspannt und im wirklichen Sinn des Wortes sachlich, er ist nun in Freiheit er selbst. Natürlich ist dies ein Idealziel der Psychotherapie. Kein Mensch kann in Wirklichkeit diesen Endpunkt ganz erreichen. Denken wir in Rogers' Richtung, so können wir Glaube nun definieren als ein Sich-selbst-Bejahen, wie man im Licht Gottes steht. Seelsorge wird dann die Gemeinschaft mit dem anderen, die diese Entscheidung des Glaubens ermöglichen hilft. Dazu gehören zwei Dinge: Erstens der Hinweis auf die Perspektive zu Gott, das prophetische Zeugnis, und dann, daß man so bei dem anderen steht, daß ein Funke überspringen kann, so daß das „testimonium spiritus sancti", wie wir oben sagten, sein erleuchtendes und befreiendes Werk tun kann.

Wir wissen von dem psychologischen Prozeß, der sich hier abspielt, und von den Bedingungen dieses Prozesses wenig. Aber eine Untersuchung der aus der Psychoanalyse bekannten Erscheinung der Identifikation wird uns hier weiterbringen.

Es wird aus der näheren Analyse des dynamischen Prozesses im
anderen deutlich, daß von echter Seelsorge erst gesprochen werden kann
und darf, wenn der Prozeß des Selbst-Werdens und der Selbstbejahung
vollendet ist, wenn also der Pastor den anderen vollständig auf seinem
Weg dorthin begleitet hat. Geht er zu früh zu dem über, was er für
die eigentliche Seelsorge hält, dann moralisiert und dogmatisiert er, anstatt Zeuge zu sein, d. h. er ist „directive" in verkehrtem Sinn. Rogers
schärft unsere Selbstkritik und ruft uns ins Bewußtsein, daß wir meistens
zu früh mit „Verkündigung" oder „Ermahnung" bei der Hand sind.
Der große Wert des „clinical training", so wie es in Amerika im Laufe
von einigen Jahrzehnten zu einem gut organisierten und durchdachten
System seelsorgerlicher Ausbildung gewachsen ist, liegt darum vielleicht
nicht so sehr in dem, was man dort positiv lernt, als in dieser Selbstkritik, in der Gewöhnung an einen Habitus behutsamen, aufmerksamen,
liebevollen, aus dem Evangelium genährten Mitdenkens und Mitfühlens
mit dem anderen, und in der Bereitschaft, ihn bis zu der Stelle zu begleiten, wo er am Scheidewege zwischen Licht und Finsternis steht.
„Clinical training" lehrt den Pastor, auf sich selbst und auf den anderen
so zu horchen, bis das Horchen auf Gott sich daraus wie von selbst
ergibt.
Wir könnten schematisch und verallgemeinernd sagen, daß ein seelsorgerliches Gespräch in zwei Etappen verläuft. Erst erfolgt ein mehr
oder weniger langer Anlauf, in dem der Pastor durch sein empathisches
Mitdenken dem anderen hilft, seine Situation zu überblicken, und in
einer zweiten Phase öffnet sich die persönliche Perspektive auf Gott,
wenn der Ratsuchende bemerkt, daß er im Licht steht und daß er dies
bisher noch nicht oder nur unzureichend gesehen hat. Seitens des Seelsorgers erfordert dies vor allem Demut, Kraft, Gehorsam und Liebe.
Psychotherapeut wie Seelsorger müssen im Kontakt mit dem anderen,
wie Rogers es ausdrückt, integriert sein. Wir können auch sagen, sie
müssen innerlich frei und entspannt dem anderen gegenüberstehen. Er
hat vielleicht eigene Probleme, aber die dürfen ihn in diesem Augenblick
nicht daran hindern, dem anderen ganz zur Verfügung zu stehen. Er
muß auch Gefühle der Unsicherheit oder der Angst, die er während des
Gesprächs bei sich aufsteigen fühlt, nicht verdrängen, sondern sie sich
eingestehen, um nicht vor dem anderen eine künstliche Fassade aufzurichten, was natürlich nicht zu bedeuten braucht, daß er sie dem anderen
mitteilt. Er sollte sie aber nach dem Gespräch einem anderen, etwa einem
„supervisor" mitteilen. Einer der Vorteile des Arbeitens unter supervisio,

also auch des „clinical training", ist, daß man seinen eigenen Unsicher-
heitsgefühlen gegenüber freier wird und die Integration während des
Gesprächs besser wahren kann.

Für Pastoren steckt in diesem Prinzip von Rogers der wichtige Hinweis,
in einem seelsorgerlichen Gespräch vorsichtig zu sein mit persönlichen
Mitteilungen. Es kann für den anderen eine Befreiung bedeuten, zu erfahren, daß er mit seinen Schwierigkeiten nicht allein steht. Wenn diese
Mitteilung allerdings so erfolgt, daß der andere seinen Halt an unserer
Integration, an unserem liebevollen Zur-Verfügung-Stehen verliert, weil
wir ihm unsere Unsicherheit derart offenbaren, daß wir ihn noch unsicherer machen, so ist von Seelsorge keine Rede mehr. Es wird erzählt,
daß Luther einmal von einem jungen Kollegen Besuch bekam, der ihm
erzählte, daß er große Mühe mit dem Predigen hatte. Oft wüßte er am
Sonnabend noch nicht, ob er am kommenden Tag wieder imstande sein
würde, zu verkündigen. Luther soll ihn angeschaut und gesagt haben:
„Bruder, kennst du das auch?" — Nicht befreiend, sondern beklemmend
wäre die Antwort gewesen, wenn er gesagt hätte: „Ich habe darüber
neulich mit einem Kollegen gesprochen, denn ich habe auch Mühe damit,
und bin eigentlich noch nicht viel weitergekommen."

Ich will dieses Kapitel mit einem kleinen Rückblick auf den bisher zu-
rückgelegten Weg schließen.

Im ersten Kapitel haben wir sehr allgemein gesagt, daß ein Gespräch
mehr ist als ein Wortwechsel. Es ist ein Prozeß, der wesentlich durch
Gefühle bestimmt ist. Im zweiten Kapitel haben wir ein seelsorgerliches
Gespräch konstruiert und dabei einen Blick bekommen für das Zu-
sammenspiel der Gefühle, das die Dynamik des Gesprächs ausmacht. Das
dritte Kapitel brachte uns in Berührung mit den Gedanken von Carl
Rogers, der auf dem Gebiet der Psychotherapie eine eigene „Methode"
entwickelt hat. Diese „Methode" kann unsere Augen für wichtige
Aspekte des seelsorgerlichen Gesprächs öffnen, die wir manchmal undeutlich fühlen, meistens aber nicht klar genug erkennen oder formulieren können. Er lehrt uns mit seiner Abweisung eines „directive
approach" und mit seiner Forderung, empathisch im „frame of reference"
zu sein, daß auch das seelsorgerliche Gespräch nur in einer bestimmten
Beziehung (relation) glücken kann und daß die besondere Dimension der
Seelsorge sich allein entfalten kann, wenn dem eine passende Vorbereitung voraufgegangen ist. Unserer Meinung nach liegt Rogers' Bedeutung
für die seelsorgerliche Gesprächsführung einerseits in der Selbstkritik, zu
der er uns reizt, und andererseits in der Einsicht, zu der er uns zwingt,

daß bei einer Säuberung unserer Gesprächsführung im Bad seiner „Kritik" die Seelsorge sich besser in Richtung auf ihre eigentliche Intention entfalten kann.

Wir wollen nun versuchen, an Hand von Beispielen die Richtigkeit dieser Gedanken nachzuweisen.

Methodische Probleme

Nachdem wir die „Methode" von Rogers kennengelernt haben, wollen wir nun wieder, ähnlich wie schon im 2. Kapitel, an Hand eines konstruierten Besuches die wichtigsten Aspekte des seelsorgerlichen Gesprächs beleuchten. Unsere inzwischen erworbene Kenntnis ermöglicht uns nun eine systematischere Darlegung. Wir wählen die keineswegs ungewöhnliche Situation eines Krankenhausseelsorgers, der bei einem Besuch in einem Saal von Bett zu Bett geht, ohne viel von den dort liegenden Patienten zu wissen. Er kommt u. a. zu einer Frau, die er vorher noch nicht gesehen hat. Sie ist erst vor kurzem aufgenommen worden, um sich operieren zu lassen. Wir wählen ein solches Beispiel, weil wir — wie wir sahen — aus Gesprächen mit Menschen in „stress-situations" für die normalen Gespräche viel lernen können. Die wichtigen Elemente der Seelsorge kommen darin meistens deutlicher zum Vorschein.

Der Pastor kommt also an das Bett und stellt sich kurz vor. Er erzählt, daß er der Krankenhauspfarrer ist, und fragt sie, woher sie kommt. Dann läßt er sich über ihre Krankheit informieren. Um dem Gespräch eine deutliche Struktur zu geben und nicht allzuviel Zeit mit Einzelheiten zu verlieren, die der Sache nicht dienlich sind, sagt er: „Kann ich irgend etwas für Sie tun?" Wir stellen uns vor, daß bei der inzwischen zustande gekommenen „relation" dies die beste Formulierung ist. In anderen Fällen wird man andere Formulierungen gebrauchen müssen. Er stellt diese Frage absichtlich in dieser Form, um sich nicht aufzudrängen und der Frau die Gelegenheit zu geben, sein Angebot abzuschlagen oder eventuell, wenn sie nicht ein direktes Bedürfnis nach Seelsorge hat, ihn um einen Dienst, wie beispielsweise das Überbringen einer Botschaft, zu bitten.

Kranke (etwas unsicher, ängstlich): „Ich möchte gerne, daß Sie mit mir beten . . ."

Was soll der Pastor auf diese Bitte antworten und was nicht? Es ist vielleicht wieder fruchtbar, wenn der Leser, ehe er weiterliest, für sich selbst wörtlich eine richtige und eine falsche Antwort aufschreibt und

eventuell die Motive, die er dafür anführen würde, hinzufügt. Ich werde
ebenfalls einen Vorschlag machen und hoffe, daß der Leser mit mir
gleichsam in eine Diskussion eintreten wird. Gerade, weil das Gespräch
ein dynamischer Prozeß ist, in dem die Gefühle eine große Rolle spielen,
hat es immer etwas von einem schöpferischen, nicht ganz logischen, in-
dividuell gefärbten Ganzen an sich. Meine Absicht mit dieser Art von
Analysen ist nicht, bestimmte Rezepte zu formulieren, sondern unsere
Intuition zu schärfen. Dies geschieht am besten durch einen Gedanken-
austausch, durch Wort und Widerwort. Gerade nach dem letzten Kapitel
dürften die Richtlinien, die beim seelsorgerlichen Gespräch vor Augen
stehen müssen, deutlich geworden sein. Wie diese Richtlinien in der
Praxis verfolgt werden, bleibt immer weitgehend den Einfällen des
Augenblicks überlassen. Wir haben gelernt, daß der Pastor auf die Gefühle achten muß, die der andere unter seinen Worten verbirgt. In
diesem Fall ist das schwierig, weil die Frau eine konkrete Bitte hat, die
ein Seelsorger öfter zu hören bekommt und auf die er beinahe immer
positiv reagieren wird. Nun ist das Gespräch aber noch nicht so weit
gediehen, daß er weiß, welche Gedanken er in diesem Gebet äußern
müßte: hat sie Angst und wovor, hat sie Schuldgefühle, hat sie
Glaubensprobleme? Die Bitte hat also einen sachlichen Inhalt, bringt
aber deutlich — wir hören es in ihrer Stimme und sehen es in den
Gesichtszügen — ein Gefühl zum Ausdruck, etwas in der Richtung
von „ich habe Sie nötig, ich habe das Gebet nötig, ich werde nicht mehr
fertig..." In einem solchen Fall ist das Gefühl das Wichtigste. Reagiert
der Pastor auf den Inhalt, so negiert er unvermeidlich das Gefühl, und
die Frau wird sich nicht verstanden und aufgefangen fühlen. Das Gespräch würde ohne Zweifel hierunter leiden. Ich schlage also vor, daß
der Pastor sagt: „Sie haben das Gefühl, daß es Ihnen helfen würde,
wenn ich mit Ihnen Ihre Schwierigkeiten vor Gott ausspreche..." Die
Wortwahl kann etwas anders sein, aber mit dieser Formulierung versucht der Pfarrer innerhalb des „frame of reference" der Frau zu bleiben. Er spürt das Gefühl, das bei der Frau anwesend ist, und „spielt"
oder „spiegelt" es zu ihr zurück. Bei der Frau wird dies das Gefühl erwecken, daß der Pastor sie versteht, daß er sie in ihrer Unsicherheit
akzeptiert und daß er neben ihr steht. Vor allem ein mitempfindender
Ton wird hier ein wichtiger Faktor sein. In diesen Worten kommt der
Pastor nicht als drohende, tadelsüchtige Figur, sondern als Mensch, der
ein Gefühl von Geborgenheit gibt, bei dem man sich aussprechen kann,
der zuhören wird und mitdenken kann, auf die Frau zu. In dieser Ant-

wort liegt zugleich eine Einladung beschlossen, fortzufahren, und die Folge ist dann auch, daß die Frau fortfährt und auslegt, warum sie diese Bitte ausgesprochen hat.

Es ist nicht schwierig, eine Anzahl von Reaktionen des Pastors zu nennen, die in diesem Stadium des Gesprächs die Fortsetzung stören würden, obwohl sie sehr gut gemeint sein können. Ich nenne die folgenden:

a) „Das tue ich gerne; sagen Sie nur, was wir beten sollen..." Dies ist die Antwort, von der ich oben bereits sagte, daß hier wohl auf den Inhalt, aber nicht auf das Gefühl reagiert wird, und daß sie durch das Abdämmen des Gefühlsstroms das Gespräch „erkalten" lassen wird. Man versteht das am besten, wenn man sich einen Augenblick in die Lage der Frau hineinversetzt.

b) „Es ist manchmal schwierig, die richtigen Worte für ein Gebet zu finden..." Der Pastor fühlt wohl, daß hier ein Händefalten nicht so ohne weiteres geht, und er versucht, etwas zu sagen, was der Frau helfen soll. Aber er verallgemeinert und lenkt dadurch das Gespräch von dem ab, was im Mittelpunkt stehenbleiben muß: das Gefühl von Unsicherheit und die Angst in der Frau selbst.

c) „Sie haben sicher viel gegrübelt hier..." Das ist Interpretation und Diagnose. In gewissem Sinn hilft es wohl, weil es dem anderen deutlich macht, daß der Pastor sich in ihn vertieft und mit ihm mitlebt, aber er bekommt doch das Gefühl, daß er ihn von einem Abstand aus beschaut. Er steht nicht neben ihm, sondern bewahrt einen zu großen Abstand. Diese Antwort hilft deshalb auch nicht, fortzufahren. Denn was soll die Frau nun sagen? Wenn sie Probleme hat, über die sie nicht zu sprechen wagt, schafft diese Antwort — es sei denn, sie wird in besonders väterlichem Ton ausgesprochen, was u. U. auch gefährlich sein kann — nicht die gute Atmosphäre, in der der andere sich geborgen genug fühlt.

d) „Es ist schade, daß wir nicht, wenn wir gesund sind, das Beten lernen; jetzt, wo wir es nötig haben, können wir es nicht..." Das ist Moralisieren. Der Pastor will — vielleicht gut gemeint — einen moralisierenden Rat geben: Die Frau muß sich vornehmen, auch unter normalen Umständen zu beten. In Wirklichkeit entfernt er sich von der Gefühlswelt der Frau, läßt sie also mit ihrem Gefühl von Angst und Unsicherheit sitzen. Sie wird nicht nur „abgekanzelt", was an sich schon eine gute Relation voraussetzt, wenn es akzeptiert werden will, sondern

sie wird sich hier verworfen und abgewiesen fühlen. Durch ein derartiges Moralisieren wird also der Relation ernsthaft Abbruch getan und
der Gefühlsstrom unterbrochen. Es ist bei solch einer Reaktion unmöglich, das Gespräch wieder in gute Bahnen zu lenken.

e) „Das Gebet ist eine gute Stütze des Glaubens in schwierigen
Situationen..." Das ist Dogmatisieren; man könnte es auch Generalisieren nennen. Der Pastor will der Frau mitteilen, wie er sich über ihre
Bitte freut. Aber gerade dadurch entfernt er sich von ihr. Er ist mit
seiner Aufmerksamkeit nicht mehr bei der Frau und ihrer Unsicherheit,
sondern bei sich selbst und seiner dogmatischen Sicht des Gebets. Die
Aufmerksamkeit der Frau ist auf ihre Schwierigkeiten gerichtet und darf
es in ihrer Situation auch sein. Sie wird mehr oder weniger gewaltsam
weggezogen und auf eine persönliche Meinung des Pastors gelenkt. Der
Gefühlsstrom wird unterbrochen, und das muß bei der Frau eine Irritation hervorrufen, jedenfalls ein Gefühl von Enttäuschung wecken.

Wir folgen jetzt dem Gespräch weiter und setzen dabei voraus, daß der
Pastor etwa geantwortet hat: „Sie haben das Gefühl, daß es Ihnen helfen
würde, wenn ich zusammen mit Ihnen betete." Er versucht damit, innerhalb ihres „frame of reference" zu bleiben. Die Frau fühlt sich geborgen
in der Atmosphäre, die sich hier entwickelt, und sagt: „Ich werde morgen
operiert und habe Angst..."
Was muß der Pastor nun sagen, und wovor muß er sich hüten? Mein
Vorschlag ist, daß er wiederum das Gefühl, das die Frau äußert, zurückspiegelt. Er kann z. B. antworten: „Sie haben das Gefühl, daß die Operation als etwas Bedrohliches auf Sie zukommt..." oder, wenn man
die Einleitung „Sie haben das Gefühl" etwas steif findet, „Es ist bedrückend für Sie zu wissen, daß Sie morgen operiert werden."
Liest man diese Worte, so scheint es, als ob er nichts tut und also auch
nichts zum Gespräch beiträgt. Entwickelt sich dabei nicht ein unfruchtbares Pingpong-Spiel? Ich kann darauf nur antworten: „The proof of
the pudding is the eating." Diejenigen, die den Mut gehabt haben,
dem anderen im seelsorgerlichen Gespräch auf diese Weise deutlich zu
machen, daß sie ein echtes Interesse an dem haben, was er empfindet,
und daß sie sich mühen, mit ihm mitzuleben, haben erfahren, wie ihre
Kontakte auf diese Weise immer tiefer und persönlicher wurden. Das
aktive Zuhören — so kann man es vielleicht am besten nennen —
schafft eine besonders fruchtbare, vertraute Beziehung. Das wird auch
aus dem weiteren Verlauf des Gesprächs deutlich werden.

Ich wiederhole hier nicht mehr, was bei einer solchen Reaktion des Pfarrers im anderen vorgeht. Ich will nur die „verführerischen" Seitenwege, die sich an einem solchen Punkt dem Seelsorger eröffnen und die er vermeiden muß, andeuten. Es sind Seitenwege, auf denen sich das Gespräch auf die eine oder andere Weise „totlaufen" würde, z. B.:

a) Den Inhalt ergreifen und also das Gefühl negieren: „Lassen Sie uns diese Schwierigkeit im Gebet vor Gott bringen..." Der Pastor ist überzeugt, daß er nun weiß, worin die Unsicherheit ihre Ursache hat, und geht zum Handeln über. Doch weiß er es wirklich? Hat er die Insel ganz umfahren? Ist die Möglichkeit, daß die Frau sich noch nicht ganz verstanden, sondern „abgewiesen" fühlt, ausgeschlossen?

b) Moralisieren und dadurch das Gefühl der Frau abweisen oder jedenfalls bagatellisieren: „Die Ärzte sind heute so geschickt, machen Sie sich nicht so große Sorgen!"

c) Generalisieren und so den Gefühlsstrom unterbrechen: „Viele Menschen haben Angst vor einer Operation, auch wenn es sich nur um einen kleinen Eingriff handelt."

d) Diagnostizieren: „Sie können sich offenbar mit dem, was Ihnen auferlegt wird, schwer abfinden."

e) Interpretieren: „Derartige Ängste hängen oft mit sehr frühen Kindheitserinnerungen zusammen."

Bei den beiden letzten Antworten ist der andere zum Objekt einer psychologischen Analyse geworden. Er kann so das Gefühl bekommen, daß der Pastor nicht neben ihm steht. In beiden Fällen wird nicht auf das Gefühl eingegangen, das der andere äußert. Der Pastor steht außerhalb seines „frame of reference".

Wir bauen nun weiter auf dem Fundament des von uns vorgeschlagenen Satzes. Der Kontakt vertieft sich, die Frau hat in dem Pastor einen mitfühlenden, aufmerksamen Zuhörer gefunden. Sie sagt nun: „Ich finde es so schlimm von mir, daß ich jetzt nicht genug Glauben habe..." Ich könnte mir vorstellen, daß eine Anzahl Leser in diesem Augenblick ungeduldig werden angesichts der allzu passiven Haltung des Pastors, die ich zu propagieren scheine und die auf dem Papier fast ein wenig lächerlich wirkt: „Aber jetzt sind wir doch eindeutig auf seelsorgerlichem Gebiet und brauchen das läppische Pagageispielen nicht mehr mitzumachen..." Ich kann nur antworten, daß ich diese Reaktion verstehen kann: Ich habe selbst in vielen Gesprächsanalysen diese Ungeduld in mir aufsteigen fühlen. Aber ich möchte bitten, meinem Gedankengang noch etwas zu folgen. Ich bin nämlich überzeugt, daß der „verborgene Verführer" an dieser Stelle des Gesprächs die fast offen ausgesprochene Einladung an den Prediger und Theologen in uns ist, nun einzugreifen und — in der Terminologie von Rogers — „directive" zu sein, und zwar in der oberflächlichen Bedeutung von „dem andern eben schnell in die gute Richtung verhelfen". So wird die Insel nicht umfahren, und dem anderen auch nicht die echte Verantwortlichkeit für sein eigenes Sein und seine Entscheidungen gelassen, was eine Grundbedingung echter Seelsorge ist.

Ich schlage also vor, auch hier das Gefühl, das die Frau äußert, so gut und so nah, so liebevoll wie möglich zurückzuspiegeln. Die Gründe dafür brauche ich wohl nicht mehr zu wiederholen. Pastor: „Sie nehmen es sich selber übel, daß Ihr Glaube Sie jetzt sozusagen im Stich läßt..."
Welche Seitenwege muß der Pastor vermeiden?

a) Das beruhigende Verallgemeinern: „Das geht Ihnen nicht allein so. Es gibt wenig Menschen, die in einer solchen Situation zu sagen wagten, sie hätten genug Glauben. Denken Sie nur an Christus in Gethsemane..."

b) Das gutgemeinte Bagatellisieren: „Es ist nicht schlimm, unter solchen Umständen auch einmal einen Zweifel zu fühlen..."

c) Das den Fall interessant machende Dogmatisieren: „Sie dürfen nicht vergessen, daß in Gethsemane Christus auch bat, daß der Kelch an ihm vorübergehen möchte..."

d) Das väterliche Moralisieren: „Ich kann mir schlimmere Dinge vorstellen, als vor einer Operation einen Augenblick zu zweifeln..."
Vielleicht gibt es noch mehr Seitenwege, aber allen ist gemeinsam, daß das Gefühl, das der andere äußert, nicht ernst genommen wird. In einigen Antworten versucht der Pastor sogar, dem durch die Frau geäußerten Gefühl zum Trotz, sie „pushing" in eine bestimmte Richtung zu bringen und also mehr oder weniger offen in dem verkehrten Sinn „directive" zu sein.

Die Frau hat jetzt solch einen vertrauten Kontakt mit dem Pastor, daß sie zu äußern wagt, was offenbar ihr Grundproblem ist. Ich glaube sagen zu dürfen, daß damit die Insel sozusagen umfahren ist: „Was denkt Gott nun von mir, daß ich jetzt auf einmal versage?"
Ab dieser Stelle öffnen sich, wenn ich recht sehe, dem Pastor zwei Wege. Seine Wahl wird von der Weise abhängen, wie er diesen Satz der Frau interpretiert. Man kann ihn nämlich als Äußerung eines Gefühls von Unsicherheit oder Angst ansehen oder als konkrete Frage,

auf die die Frau eine konkrete Antwort erwartet. Wenn der Pastor auf
das Gefühl reagiert, das die Frau äußert, dann kann er es mitfühlend
und mitdenkend „spiegeln" und sagen: „Sie fragen sich, ob Gott Ihnen
Ihre Angst vor der Operation verübeln könnte."

Es besteht durchaus die Möglichkeit, daß die Frau, indem sie ihre Furcht
durch den Pastor akzeptiert sieht und sich vor deren Realität gestellt
sieht, ihren eigenen Glauben sich regen fühlt und sagt: „Nein, ich glaube,
daß Gott mich gerade in meiner Schwachheit weiter als sein Kind sehen
wird und mir dies vergeben will..." Wir sehen in dieser Art Gespräche, in denen der Pastor auf die Möglichkeiten zu vertrauen wagt,
die im anderen vorhanden sind, daß der andere tief in sich selbst die
Richtung wohl weiß und mit seelsorgerlichem Beistand den Weg zum
Licht selbst finden muß. Was ein Mensch durch sich selbst findet, haftet
besser als alles, was ein anderer ihm erzählt. Wir dürfen nicht immer
denken, daß wir „es" sagen müssen, um den anderen auf den guten Weg
zu bringen. Wenn die Frau auf diese Weise — mit seiner Hilfe — „zu
sich selbst" gefunden hat, kann der Pastor in und aus dem Licht, in
dem die Frau sich jetzt stehen sieht, mit ihr zusammen ein Stück
aus der Bibel lesen und beten, oder, wenn dieses Gespräch vielleicht etwas
ermüdend gewesen ist, nur beten. Er weiß in diesem Augenblick auch,
was er in diesem Gebet in ihrem Namen aussprechen darf.

Wenn der Pastor auf die konkrete Frage, die ihm gestellt wird,
reagieren will, muß er dieses auf eine der Frage adäquate Weise tun.
Da die Frage eine Glaubensfrage ist, muß die Antwort auch deutlich
eine Glaubensantwort sein. Den Satz des Pastors würde ich darum
vorzugsweise anfangen lassen mit: „Ich glaube, daß..." oder „wir glauben, daß..." Man kann auch denken an: „In der Bibel, dem Buch
unseres Glaubens, steht..." oder an: „Sie haben vielleicht in der Kirche
auch einmal gesungen..." Über die genauere Formulierung der Antwort
werden wir vielleicht verschiedener Meinung sein können, aber daß hier
nun das Evangelium, die frohe *Botschaft* erklingen darf, scheint mir
deutlich zu sein. Ich unterstreiche das Wort „Botschaft". Eine Botschaft
richtet sich an einen freien Menschen, an ein Subjekt. Wir probieren
nicht, „pushing" durch unsere Seelsorge die Frau mit einem bestimmten
Wort sanft in die gewünschte Richtung zu dirigieren, und ebensowenig,
durch einen väterlichen Ton ihr Gefühl zu bagatellisieren. Meines Erachtens darf man also z. B. sagen: „Ich glaube, daß die Geschichte von
Christus in Gethsemane uns hier den Weg weist", aber nicht: „Hören
Sie, Sie haben doch Gethsemane nicht vergessen..."

Ein Lehrbeispiel

Die Absicht dieses Buches ist es nicht, Rezepte zu geben. Es gibt keine Rezepte in der Seelsorge, denn sie ist ein schöpferisches Zusammensein zweier Menschen, in dem nicht allein Worte, sondern vor allem Gefühle eine große Rolle spielen. Mit einem derartigen Beispiel und dem Hinweis auf Rogers und seine „Methode" ist nichts anderes beabsichtigt, als zu lernen, Fragen zu sehen, Fehler zu erkennen und ein Gefühl zu bekommen für einen bestimmten Habitus, mit dem wir behaftet oder in einigen Fällen auch begnadet sind. Kurz, dieses Buch will vor allem die Selbstkritik reizen und unsere oft ein wenig träge Intuition schärfen. Ich muß hinzufügen, daß ich mir dessen bewußt bin, daß uns Wort und Widerwort hier viel weiter brächten als Sätze auf dem Papier, auf die man nicht reagieren kann. In einer Diskussion können Einsichten tiefere Wurzeln in uns schlagen. Gerade während des Schreibens dieses Buches ist mir deutlich geworden, wieviel fruchtbarer eine Woche „clinical training" sein kann als das Lesen dieses Buches, ungeachtet der Tatsache, daß man auch dann an den Problemen und ihrer Lösung nur „gerochen" hat.

Wir können aber die Selbsttätigkeit, die kennzeichnend für das „clinical training" ist, in bescheidenem Umfang auch in diesem Buch einzuführen versuchen, indem wir nun ein Gespräch wie das vorige dem Leser als Übung vorlegen und ihn bitten, zu einer Anzahl Sätze richtige und falsche Antworten zu formulieren. Im Anschluß kann er seine Antworten mit den meinen vergleichen. In unserem „clinical training" beginnen wir meistens den ersten Tag auch mit solch einer Übung. Die Teilnehmer schreiben die ihrer Meinung nach falschen und richtigen Reaktionen des Seelsorgers auf und vergleichen sie danach miteinander. Hier folgt also ein zweites Gespräch.

Eine ältere, unverheiratete Frau bittet ein Jahr nach dem Tod ihres Bruders, für den sie die letzten Jahre gesorgt hat, um ein Gespräch mit dem Pastor. Sie kommt herein, und nachdem sie Platz genommen hat, sagt sie zögernd: „Ich hoffe nicht, daß Sie mich albern finden, Herr Pastor, wenn ich Ihnen erzähle, was mich bedrückt . . ."

Mögliche Antworten des Pastors:

a) empathisch-spiegelnd:

b) generalisierend:

c) moralisierend:

d) „pushing":

Frau: „Ich komme damit nicht zurecht . . . ich kann nicht darüber hinwegkommen, daß mein Bruder gestorben ist . . ."
Mögliche Antworten des Pastors:

a) empathisch-spiegelnd:

b) generalisierend:

c) diagnostisch:

d) moralisierend:

e) dogmatisierend:

f) „pushing":

Frau: „Es ist, als ob das Leben keinen Sinn mehr hat . . ."
Mögliche Antworten des Pastors:

a) empathisch-spiegelnd:

b) generalisierend:

c) interpretierend:

d) moralisierend:

e) dogmatisierend:

Frau: „Wenn man nach Hause kommt, fällt die Leere immer wieder
auf einen . . ."
Mögliche Antworten des Pastors:

a) empathisch-spiegelnd:

b) generalisierend:

c) diagnostisch:

d) moralisierend:

Das Gespräch geht einige Zeit auf diese Weise weiter, bis die Frau den
Pastor auf einmal direkt ansieht und fragt: „Ist das Sünde, Herr Pastor,
wenn man so etwas sagt . . .?"
Mögliche Antworten des Pastors:

a) empathisch-spiegelnd:

b) auf den Inhalt reagierend:

c) dogmatisierend:

d) generalisierend:

e) moralisierend:

f) diagnostisch:

Auf den folgenden Seiten findet der Leser, der selbst Antworten auf diese Sätze formuliert hat, das was mir vorschwebte, als ich dieses Gespräch konstruierte. Ich hoffe, daß er schon so weit ist, daß er hier und da nicht mit mir übereinstimmt und eigene Formulierungen vorzieht. Der Wert solcher Übungen besteht nämlich nicht darin, daß wir von anderen abgucken, sondern daß wir, wenn wir auch auf andere hören, den Mut fassen, es — so durchdacht und so kritisch wie nur möglich — nach eigener Einsicht zu machen.

Ich kann es auch anders sagen: Wir können nur von- und miteinander lernen, weil wir alle Schüler sind und eigentlich immer bleiben. Ich finde es darum schade, daß ich die Sätze des Lesers nicht zu sehen bekomme. Ich bin überzeugt, daß ich das eine oder andere dabei lernen würde. Ich komme immer mehr zu dem Schluß, daß „clinical training" ein Prozeß ist, der nicht aufhört.

Ich will hier die Antworten aus der Übung im vorigen Kapitel aufzeichnen, wie ich sie formulieren würde. Noch einmal: Ein seelsorgerliches Gespräch ist eine persönliche Angelegenheit, und meine Absicht mit diesen Antworten ist lediglich, einen Prüfstein zu bieten, an dem der Leser seine Antworten prüfen kann. Er wird selbst entscheiden müssen, ob und inwieweit er mit meinen Vorschlägen übereinstimmt.

Frau: „Ich hoffe nicht, daß Sie mich albern finden, Herr Pastor, wenn ich Ihnen erzähle, was mich bedrückt..."
Mögliche Antworten des Pastors:

a) empathisch-spiegelnd: „Da ist etwas, was Sie bedrückt, aber Sie haben Angst, daß ich Sie albern finden werde..."

b) generalisierend: „Viele Menschen haben Angst, ihre Probleme könnten albern gefunden werden..."

c) moralisierend: „Menschen in Ihrem Alter brauchen doch keine Angst mehr zu haben, ihre Nöte offen auszusprechen..."

d) „pushing": „Fangen Sie ruhig an, Sie werden dann schon merken, daß es von selbst geht..."

Frau: „Ich komme damit nicht zurecht... ich kann nicht darüber hinwegkommen, daß mein Bruder gestorben ist..."
Mögliche Antworten des Pastors:

a) empathisch-spiegelnd: „Es bedrückt Sie, daß Sie es noch immer schwer finden, mit dem Tod Ihres Bruders fertigzuwerden..."

b) generalisierend: „Es gibt viele Menschen, die an diesem Punkt Schwierigkeiten haben ..."

c) diagnostisch: „Das ist vielleicht ein Charakterzug von Ihnen, daß Sie Menschen, die eine Rolle in Ihrem Leben spielen, schwer loslassen können ..."

d) moralisierend: „Nach einem Jahr müssen wir doch versuchen, uns auch wieder anderen Dingen zuzuwenden ..."

e) dogmatisierend: „Ist dies nicht ein Zeichen dafür, wie tief Gott die Bande der Liebe in Menschenherzen legt?"

f) „pushing": „Vielleicht kann ich versuchen, eine Familie für Sie zu finden, wo Sie mal helfen können ..."

Frau: „Es ist, als ob das Leben keinen Sinn mehr hat ..."
Mögliche Antworten des Pastors:

a) empathisch-spiegelnd: „Es scheint fast sinnlos zu sein, so weiter-zuleben ..."

b) generalisierend: „Solche Gedanken kommen einem oft nach einem Todesfall ..."

c) interpretierend: „Das scheint mir ein Zeichen dafür zu sein, daß Sie sich zuviel mit sich selbst beschäftigen ..."

d) moralisierend: „Ob es nicht besser wäre, wenn Sie sich nicht zu viel mit der Vergangenheit beschäftigten?"

e) dogmatisierend: „Gott ist ein Gott der Lebenden, nicht der Toten..."

Frau: „Wenn man nach Hause kommt, fällt die Leere immer wieder auf einen ..."
Mögliche Antworten des Pastors:

a) empathisch-spiegelnd: „Es ist dann so hohl im Hause, so ohne warmes Leben ..."

b) generalisierend: „Häuser können, wenn jemand, den man geliebt hat, nicht mehr da ist, solch einen leeren Eindruck machen ..."

c) diagnostisch: „Das kommt, scheint mir, weil Sie mit Ihren Gedanken zuviel bei Ihrem Bruder sind ..."

d) moralisierend: „Sie müssen versuchen, etwas tapfer zu sein ..."

Das Gespräch geht einige Zeit auf diese Weise weiter, bis die Frau den Pastor auf einmal direkt ansieht und fragt: „Ist das Sünde, Herr Pastor, wenn man so etwas sagt ...?"
Mögliche Antworten des Pastors:

a) empathisch-spiegelnd: „Sie fürchten, daß Gott Ihnen übelnimmt, daß Sie das Leben nach dem Tode Ihres Bruders so schwer finden ..."

b) auf den Inhalt reagierend: „Das kann es in der Tat sein, glaube ich. Es kommt darauf an, wie Sie selber es fühlen."

c) dogmatisierend: „Es gibt Menschen, die machen in dieser Frage einen Unterschied zwischen Eigenliebe und Sünde ..."

d) generalisierend: „Solche Fragen kommen oft bei Menschen auf, die durch großes Leid getroffen sind ..."

e) moralisierend: „Menschen, die Kummer haben wie Sie, müssen nicht zu schnell das Wort Sünde gebrauchen ..."

f) diagnostisch: „Sie haben das Gefühl, gegen sich selbst kämpfen zu müssen und haben Angst, dabei in Sünde verstrickt zu werden ..."

Analyse von geführten Gesprächen

Wir wollen in diesem Kapitel das, was wir bisher gefunden haben, an Gesprächsberichten einiger Pastoren prüfen. Diese Berichte haben wir auf verschiedene Weise gesammelt. Einige davon sind bereits veröffentlicht, andere sind in unseren Wochen „clinical training" besprochen worden. Der Leser wird verstehen, wenn wir die letzten Berichte nicht ohne Veränderungen, die den Fall selber unkenntlich machen, der Öffentlichkeit preisgeben können.

1. Der erste Bericht stammt von einem Pastor, der Rogers' Gedanken einigermaßen kennt und versucht, sie zu praktizieren. Er fühlt sich selber, wie er am Schluß bemerkt, durch die Tatsache gehemmt, daß er sich während des Gesprächs fortwährend der Rolle bewußt blieb, die er einnehmen wollte — eine Schwierigkeit, die am Anfang oft vorkommt, die man aber im Laufe der Zeit in der Regel meistert. Auch der Umstand, daß er die Kranke, die er besuchte, als Hausschneiderin kennt und weiß, daß sie nicht sehr kirchlich ist, tat seiner Unbefangenheit Abbruch.
Ich werde den Bericht zuerst ganz wiedergeben und am Schluß einige Bemerkungen machen. Ich weise jetzt nur auf einige Dinge hin, die sonst vielleicht der Aufmerksamkeit entgehen würden und die dem Gespräch

während des Lesens mehr Farbe geben: Es ist auffallend, daß trotz des etwas „hölzernen" Zurückspiegelns des Pastors die Frau sich bei ihm völlig geborgen fühlt und ihre Krankenhausnöte vollständig offenbart. Dadurch daß der Pastor sie nicht kritisiert, sondern mit ihr mitlebt, schlägt sie selber — nachdem ihre aufgestaute Aggression abreagiert ist — über ihre Worte zum Abendmahl den Bogen zurück zum Thema des menschlichen Kontaktes im Krankenhaus. Dabei gibt sie sich — unbeabsichtigt — von einer anderen Seite zu erkennen. Bemerkenswert ist auch, daß sie am Schluß selbst — der Anfang würde dies überhaupt nicht erwarten lassen! — zeigt, daß sie sich in ihren Aufenthalt im Krankenhaus schicken kann. Das wäre meines Erachtens unmöglich gewesen, wenn der Pastor am Anfang mit ihr über ihre Kritik diskutiert hätte. Dieses Gespräch ist also gewissermaßen ein Zeichen dafür, wie der Pastor durch sein mitempfindendes Zuhören dieser Frau hilft, „sich selber zu helfen", d. h. zu tieferer Einsicht und zur Bejahung ihrer selbst zu kommen. Es folgt nun der Bericht.

Frau De Wit ist unsere Hausschneiderin, verheiratet und ungefähr 50 Jahre alt. Sie liegt nach einigen Operationen in der Universitätsklinik. Ich wollte sie besuchen und traf sie in der Nähe ihres Saales auf dem Flur, als sie von der Toilette kam. Sie sah schlapp und fahl aus. Im Krankenzimmer legte sie sich in ihr Bett, nachdem sie mich gefragt hatte, ob ich nichts dagegen habe. Sobald sie lag, fragte sie nach meiner Frau, die gerade operiert war. Ich gab ihr Auskunft, und sie fragte dann nach der übrigen Familie. Schließlich sprach sie von sich selbst.

W.: Ich muß mich immer übergeben. Ich bin noch nicht viel wert.

P.: Sie fühlen sich noch schlapp.

W.: Ab und zu komme ich wohl aus meinem Bett, aber ich bin noch zu krank.

P.: Sie haben das Gefühl, daß Sie noch nicht viel vermögen.

W.: Ich behalte den Kopf oben. Ich lasse den Mut nicht sinken.

P.: Sie geben nicht nach.

W.: Ich habe verschiedene Spritzen bekommen.

Sie erzählt nun ziemlich ausführlich über alles, was man mit ihr gemacht hat. Eine Schwester kommt hinzu und spricht einige aufmunternde Worte.

W.: Ich mag eigentlich die älteren Schwestern lieber als die jüngeren. Die sorgen noch nicht richtig für einen.

P.: Sie sind eigentlich noch nicht so weit.

W.: Nein, wirklich nicht. Sie sehen es noch nicht. Sie lassen einem die Schüssel einfach unter der Nase stehen, wenn man sich übergeben hat. So etwas tut eine ältere Schwester nicht. Abends, wenn man gerade im Schlaf liegt, drehen sie einem plötzlich das volle Licht an. So etwas tut man nicht, wenn man an seinen Mitmenschen denkt.

P.: Sie denken sich noch nicht genug dabei.

W.: Nein, so eine ältere Schwester, die sieht mehr, die sorgt mehr für einen. Das hat man nötig.

P.: Man will gerne fühlen, daß mit einem mitgedacht und mitgelebt wird.

Es wird dann darüber gesprochen, was eine Schwester falsch gemacht hat. Diese kommt wenig später mit dem Essen ins Zimmer und wird mir bezeichnet. In dem Augenblick, als ich mich frage, ob und wie ich dem Gespräch eine ernstere Wendung geben kann, ohne aus ihrem „frame of reference" zu fallen und ohne sie zu erschrecken, sagt sie:

Wir haben hier vorigen Donnerstag eine Abendmahlsfeier gehabt. Ich habe auch daran teilgenommen. Es war in dem anderen Saal. Wir wurden in unseren Betten dorthin gefahren. Pastor F. — heißt er so? — teilte es aus.

P.: Sie haben also die Gelegenheit wahrgenommen, daran teilzunehmen.

W.: Ja, gerade im Krankenhaus hat man ein stärkeres Bedürfnis danach. Man empfindet dann mehr dabei. — (Zu Hause ist Frau Wit nicht kirchlich.)

P.: Man fühlt dann mehr von der Gemeinschaft, in die man aufgenommen ist.

W.: Ja, das tut einem wirklich gut. — Sie schweigt ein wenig und sagt dann: Das Mädchen, das da eben hereingebracht wurde und das hier gegenüberliegt, ist schon zweimal operiert. Die Ärzte an ihrem Heimatort hatten sie schon aufgegeben. Hier hat man ihr wirklich helfen können. Drei Monate nach ihrer Entlassung will sie heiraten. Sie ist schon sehr damit beschäftigt. Wir unterhalten uns manchmal.

P.: Sie interessieren sich für sie.

W.: Ja, sie lag erst an der anderen Seite des Schirmes, aber ich hörte sie oft reden, und weil sie da so einsam lag, habe ich sie dort ab und zu aufgesucht. Ich habe ihr vorgeschlagen, hier zu uns zu kommen. ...

Der Arzt hat meinen Sohn gefragt, ob ich gehofft hatte, zu Ostern nach Hause zu kommen. Er habe mich oft so still nach draußen blicken sehen. Er fürchtete, ich grübelte zuviel.

P.: Er dachte vielleicht, sie seien traurig.

W.: Ja, das bin ich. Aber ich verstehe, daß ich noch nicht nach Hause kann. Ich würde nur zur Last fallen. Mein Blut muß erst ganz in Ordnung sein. Man ist hier auch nicht schlecht aufgehoben.

P.: Man kann Sie hier gut versorgen.

W.: Nur das Essen. Es ist für mich zu schwer. Zu Hause kann man es sich aussuchen, und wenn es zuviel ist, die Hälfte später aufessen.

P.: Ich muß nun langsam wieder nach Hause. Würden Sie es gut finden, wenn wir zusammen beten?

W.: Ja.

P. (betet): Wir sind bei dir geborgen. Du hast uns in Christus fühlen lassen, daß du uns lieb hast. Wir wissen nicht, durch was für Schwierigkeiten wir noch hindurch müssen, aber wir glauben, daß wir immer in deinem Licht leben. Sei du dann auch immer bei uns. Und sei bei denen, die wir lieb haben. Gib uns Geduld und Mut für die Zukunft. Amen.

W.: Grüßen Sie bitte zu Hause von mir.

Als ich fortging, fiel mir zu meinem Schrecken ein, daß ich mich nicht nach ihrer Familie erkundigt hatte. Wahrscheinlich hatte ich zuviel an meine eigene Rolle gedacht. Auch wäre seelsorgerlich vielleicht aus dem Gesprächsteil über das Abendmahl mehr zu „machen" gewesen.

Wir sagten bereits, daß der Pastor sich dadurch gehemmt fühlte, daß er die Kranke als Hausschneiderin kannte. Es war für ihn schwierig, zwischen seiner Rolle als Freund und als Pastor zu wählen. Daher ist es verständlich, daß er sich fragte, ob er als Pastor versagt hatte — eine Frage, die sich übrigens viele Pastoren nach einem Krankenbesuch stellen.
Die Kranke fing selbst an, über das Abendmahl zu sprechen, sah also den Besucher als Pastor. Sie lud ihn damit sozusagen ein, für sie ein „Pastor" zu sein. Der Pastor selbst war jedoch einen Augenblick deutlich unsicher, was er sagen sollte. In seiner Reaktion („Sie haben also die Gelegenheit wahrgenommen, daran teilzunehmen") ist er nicht genügend bei ihr. Hier wird ihre Mitteilung wohl wiederholt, aber das Gefühl von Dankbarkeit, das daraus spricht, nicht gespiegelt. Eine Antwort wie „Sie sind froh, daß Sie daran teilgenommen haben", wäre besser gewesen. Und doch äußert Frau De Wit noch ein wichtiges Gefühl, wenn

sie sagt: „Ja, gerade im Krankenhaus hat man ein stärkeres Bedürfnis danach. Man fühlt dann mehr davon..." Aber der Pastor fängt das nicht auf, wenn er — zu diagnostisch — sagt: „Ja, man fühlt dann mehr von der Gemeinschaft, in die man aufgenommen ist." Hier war er wieder nicht genügend bei ihr. Folglich wurde das Thema verlassen. Wenn er gesagt hätte: „Sie fühlten, daß es gerade jetzt von großer Bedeutung für Sie war", hätte sich sicher ein wichtiges Gespräch über diese Abendmahlsfeier entwickelt.

Der Besuch ist auch so für die Kranke ohne Zweifel von großer Bedeutung gewesen. Sie hat die Anteilnahme und das Mitleben des Pastors empfunden. Sie hat Gelegenheit gehabt, sich einmal auszusprechen und auch etwas von ihrem inneren Leben sehen zu lassen. Sie hat in einer Atmosphäre von Hingabe mit ihm beten können und hat mit seiner Hilfe eine tiefere Einsicht in ihr Sein im Krankenhaus erlangen können oder ist sich jedenfalls dieser Einsicht, die vielleicht schon latent vorhanden war, bewußter geworden. Aber als der Pastor in einem Augenblick seiner selbst unsicher war — also nicht genügend integriert war — ließ er sie kurz los, und es ging eine wichtige „Öffnung" in dem Gespräch verloren.

2. Es folgen nun zwei Gesprächsberichte von Pastoren, bei denen von einer Schulung auf dem Gebiet des seelsorgerlichen Gesprächs keine Rede gewesen war.

Wir haben in diesem Buch einen Blick dafür bekommen, daß für einen Seelsorger beim Führen eines Gespräches der richtige „Habitus" von großer Bedeutung ist. Wir haben festgestellt, daß man diesen „Habitus" als ein „Bei-dem-anderen-Sein" umschreiben kann. Der „Habitus" verwirklicht sich in einem empathischen Zuhören und wird gestützt und vertieft durch das „Spiegeln" der Gefühle des anderen. Ich mache noch darauf aufmerksam, daß dieses „Spiegeln", das bei Rogers das wichtigste Instrument der Psychotherapie ist, den Weg zum echten seelsorgerlichen Wort öffnet.

In den folgenden Gesprächen ist von „Spiegeln" keine Rede. Wohl scheint in beiden Gesprächen ein gutes Verhältnis des Pastors zu seinem Gemeindeglied zu bestehen, aber man bekommt das Gefühl, daß kein echter seelorgerlicher Kontakt entsteht. Es scheint zu wenig Empathie vom Seelsorger auszugehen. Eine gewisse Neigung zu gutgemeintem „directive" Auftreten wird sichtbar, ohne allerdings den anderen wirklich zu treffen. Der „Habitus" — das ist mein Eindruck — ist im Ansatz seelsorgerlich, aber zu wenig vertieft und methodisch ausgearbeitet. Ich beschränke mich bei diesen Gesprächen auf einige Anmerkungen, um vor allem den „Habitus" zu beleuchten.

a) Frau F. ist ungefähr 50 Jahre alt und schon seit einigen Jahren wegen Gelenkrheumatismus bettlägerig. Früher kam sie noch ab und zu in einem Rollstuhl oder Fahrstuhl heraus. Sie ist verheiratet und hat zwei erwachsene Söhne. Da es eigentlich zu lange zurück lag, daß ich sie besucht hatte, wußte ich nicht genau, wie die Situation jetzt war.

F.: Wie schön, daß Sie einmal wieder kommen!

P.: Liegen Sie jetzt mehr im Bett oder können Sie noch manchmal im Rollstuhl am Tisch sitzen?

F.: Das letzte geschieht praktisch nie mehr. Wenn es noch einmal vorkommt, dann kostet mich das so viel Anstrengung, daß es nicht lohnt.

P.: Bereitet es Ihnen große Not, daß Sie so ans Bett gefesselt sind?

F.: Ich finde es wohl schlimm, daß ich nicht mehr zur Kirche kann, und es ist schade, daß ich mit meinem Wagen nicht mehr nach draußen kann. Aber ich habe mich damit abgefunden.

Auffallend ist, daß der Pastor so viel fragt. Anhaltendes Fragenstellen ist in seelsorgerlichen Gesprächen eine Gefahr. Man gerät so schnell dem anderen gegenüber, statt „neben" ihm zu stehen, und schreibt ihm weitgehend die Richtung des Gesprächs vor, anstatt ihm die Gelegenheit zu geben, dem Seelsorger sein innerliches Leben zu öffnen, damit ihm geholfen werden kann. Aber aus der Art und Weise, in der dieser Pastor seine Fragen stellt, spürt die Frau offenbar seine freundliche Anteilnahme. In der hierdurch entstehenden Beziehung tut sie dann auch mehr, als auf den Inhalt der Fragen zu antworten. Sie äußert etwas von ihren tieferen Gefühlen. — Frau F. ist in einer warmen, frommen Atmosphäre aufgewachsen und hat diese auch in ihren gesunden Jahren bewahrt. Sie spricht mit besonderer Dankbarkeit darüber. Sie zitiert ein kleines Gedicht, das ihre Großmutter gemacht hat, und sie gedenkt in Liebe eines Onkels und einer Tante, die beide kürzlich auf einer Reise starben. Sie hat immer etwas von einer reinen Kindlichkeit gehabt. Dies hat durch ihr Krankenlager noch zugenommen.

P.: So wird Ihr Leben doch wohl viel einsamer.

F.: Ja, der Weg zum Grabe wird kürzer. (Mit strahlenden Augen.) ‚Nicht lang, dann darfst du scheiden, halt noch ein wenig aus, vergessen sind die Leiden, bist du im Vaterhaus!'

P.: Es ist sicher besonders schön, daß Sie so viele Lieder auswendig können.

F.: Ja, daran habe ich unsagbar viel. In meiner Jugend habe ich viele Lieder gelernt. Das macht sich um so mehr bezahlt, als ich vom Lesen so müde werde.

Es fällt auf, daß der Pastor in seinem „Habitus" freundlicher Anteilnahme verharrt. Er bleibt in einem gewissen Abstand und kommt nicht näher. Ich frage mich, ob diese Beziehung nicht hätte vertieft werden können, wenn er die Gefühle der Frau gespiegelt und mitdenkend mit ihr mitgefühlt hätte. Das Fragen geht jetzt über in eine milde, diagnostische Anteilnahme, aber zu einem tieferen Bei-dem-anderen-Sein kommt der Pastor nicht. Dies Gespräch hätte auch das eines vertrauten Hausarztes sein können. Ich glaube, daß sich aus dieser Beziehung schwerlich ein seelsorgerliches Gespräch im tieferen Sinn entfalten kann.

P.: Wenn ich mich nicht irre, dann haben Sie die Gesänge noch lieber als die Psalmen (gemeint sind die gereimten Psalmen des reformierten Gesangbuchs, die einen geschlossenen Teil des Gesangbuches bilden). Aber finden Sie nicht, daß die Psalmen rhythmisch viel schöner sind als die Gesänge, die viel gleichmäßiger sind?

F.: Es gibt wundervolle Psalmen — sie zitiert einige Verse aus Psalm 73 — aber Sie wissen ja, wie ich an den Gesängen hänge.

P.: Aber wenn Sie jetzt an Psalm 73 denken, dann finden Sie dort am Anfang allerlei Rätselhaftes über das Leben (die Frau zitiert die gemeinten Texte). Dem Dichter fällt es schwer, dies alles einzuordnen.

F.: Ich finde das Leben auch rätselhaft. Ich brauche nur daran zu denken, wie ich hier liege. Und doch: glauben Sie mir, ich habe gelernt, es zu durchschauen.

Wir dürfen die subtile, vorsichtige Art bewundern, mit der der Pastor zu ergründen trachtet, inwieweit bei der Frau eine Möglichkeit und ein Bedürfnis besteht, zu einem mehr seelsorgerlichen Gespräch zu kommen. Aber er handelt — in der Terminologie von Rogers gesprochen — „directive" und trotz aller Behutsamkeit sogar „pushing". Die Folge davon ist, daß die Frau auf der intellektuellen Ebene mit dem Pastor mitgeht und zugibt, daß das Leben auch für sie rätselhaft ist. Dabei gibt sie durch ein deutliches „und doch" zu erkennen, daß ihr Gefühl nicht mitgegangen ist. Der Pastor spricht nicht zu ihr auf dem Grunde empathischen Zuhörens. Die Insel ist nicht vollständig umfahren, und er ist nicht in ihrem „frame of reference", ist nicht wirklich „bei ihr". Jetzt droht sich eine Diskussion zu entfalten. Der Pastor, der sich in dem Gespräch als ein fein empfindender, freundlicher und im ganzen keineswegs autoritativer Mensch zu erkennen gibt, scheint aber einzusehen, daß er den Weg, der sich hier vor ihm auftut, nicht gehen darf.

P.: Es wird Sie sicher interessieren, daß in dieser Woche der neue gereimte Psalter erschienen ist. Die Psalmen werden nun wohl den Menschen mehr erreichen.

F.: Das ist möglich, aber mir wird das nicht viel geben. Ich habe solch einen Quell, aus dem ich schöpfen kann, daß ich genug habe.

P.: Aber dann werden Sie auch immer wieder entdecken, wieviel es bedeutet, daß Sie noch in diesem Leben sein dürfen.

Sehe ich recht, wenn ich zu bemerken glaube, daß hier der Pastor dem anderen näherkommt? Er ist jetzt deutlich in ihrem „frame of reference" und versucht, ihr wirklich zu helfen. Das ist nicht „pushing", sondern aus reiner „Empathie" heraus erhellend und befreiend, nicht autoritativ, sondern aus dem „Habitus" des Bei-dem-anderen-Seins gesprochen. Die Frau reagiert auch sehr positiv.

F.: Manchmal habe ich das Gefühl, daß Paulus Recht hatte, wenn er sagt: „Ich habe Lust, abzuscheiden und bei Christus zu sein, was auch viel besser wäre." Doch der Sinn meines Lebens liegt darin, daß ich anderen dienen kann, indem ich Trost weitergebe. — Sie nennt einige Menschen, mit denen sie oft sprach.

Hätte der Pastor das hier geäußerte Gefühl spiegeln können, so wäre daraus eine echte seelsorgerliche Situation entstanden. — Ihr Mann kommt herein. Er ist etwas nüchterner geartet; ihr Verhältnis ist dessen unbeschadet gut.

Mann: Nicht zu geistlich werden, bitte!

P.: Wir unterhalten uns gerade darüber, daß Ihre Frau in ihrer Lage noch so viel für andere bedeuten kann.

Das Gespräch hat dann weiter die Kinder zum Thema.
P.: Ich fand es schön, daß wir wieder einmal miteinander gesprochen haben.

F.: Ich hoffe, Sie kommen einmal wieder.

Es drängt sich die Frage auf, ob ein „training" einem Pastor wie diesem nicht ein großes Stück weiterhelfen könnte. Gehe ich fehl, wenn ich sage, daß dies ein Beispiel für die Art ist, in der viele Pastoren ihre seelsorgerlichen Gespräche führen? Dieser Pastor ist zum Kontakt und Helfen bereit, aber da er sich seiner Rolle — und damit seines „Habitus" — und seiner technischen Möglichkeiten nicht bewußt ist, bleiben die „Öffnungen" im Gespräch ungenutzt, und durch gutgemeintes, aber direktives Auftreten werden Hindernisse für eine gute Entfaltung des Gespräches aufgerichtet.

b) Der folgende Gesprächsbericht stammt ebenfalls aus der Feder eines Pfarrers ohne klinische Schulung. Wie sein Kollege aus dem vorigen Bericht hat er ein aufrichtiges Interesse an seinen Gemeindegliedern, ist offen für ihr innerliches Leben, fleißig in seiner Gemeindearbeit und persönlich von warmer Frömmigkeit. Sein Bericht lautet wie folgt: Der Anlaß zu dem Hausbesuch lag eigentlich nur in einer Botschaft und in einer Bitte an die Frau des Hauses. Sie war aber nicht zu Hause, sondern half in der Nachbarschaft einer Freundin beim Nähen. Nur der Mann war da. Er lag im Bett, da die Wunde einer Operation offenbar wegen einer hartnäckigen Infektion nicht recht heilen wollte. Im Zimmer waren auch Kinder.

P. (nachdem er alle begrüßt hat): Ist Ihre Frau nicht zu Hause?

Mann: Sie ist eben zur Familie G. gegangen. Aber sie kann gleich wiederkommen. Sie hilft nur eben beim Maßnehmen. Ich werde einen Jungen hinschicken.

P.: Ach, das ist nicht nötig!

M.: Warum nicht? Sie sind jung und können sich bewegen.

P.: Ich wollte sie nur etwas fragen und ihr etwas bestellen für morgen abend, wenn der Frauenkreis sein Fest hat.

M.: Nun, dann kann Peter sie am besten eben holen.

Während Peter seine Mutter holt, ist einen Augenblick Zeit für ein Gespräch.

P.: Und wie geht es Ihnen jetzt?

M.: Ja, ich werde wohl noch liegenbleiben müssen, denn die Wunde ist noch nicht geheilt. Wie geht es eigentlich Ihrer Frau nach ihrer Operation?

P.: Ausgezeichnet. Keine Beschwerden mehr von dem Eingriff vor zwei Jahren. Aber was fehlt Ihnen denn nun eigentlich?

M.: Ja, das verstehe ich auch nicht ganz. Die Schmerzen hörten und hörten nicht auf. Erst hat der Hausarzt versucht, mir zu helfen, aber jetzt hat er mich an einen Spezialisten überwiesen. Der hat mir Aussicht gemacht, daß ich geheilt werde. Aber es wird wohl etwas dauern. Mir dauert es allmählich zu lange. Wir sind eine große Familie, und ich habe viel Hilfe nötig. Jetzt liegt auch noch eine unserer Töchter mit Grippe im Bett. Aber zum Glück springt unsere Schwiegertochter ein.

Ich lasse ihn noch etwas weiterreden.

P.: Ich hörte, daß Sie noch zu Bett lagen, und schickte Ihnen darum einen Weihnachtsgruß. Ich hatte keine Zeit, Sie zu besuchen.

M.: Ja, Sie haben wohl sehr viel zu tun gehabt! Und was für gut besuchte Gottesdienste. Und was für gute Kollekten!

P.: Ja, ich kann mich über die Gemeinde nicht beklagen.

M.: Es ist schön, daß es so gut geht, Herr Pastor. Sie können auch nicht alle besuchen, denen etwas fehlt.

Bei all diesen Worten ist nichts Bedrücktes, nichts Niedergeschlagenes zu hören, aber auch keine Gelassenheit. Der Mann nimmt seinen Zustand trotz aller Schwierigkeiten und Mühen hin.

P.: Manchmal möchte ich mich teilen können.

M.: Ja, das möchten wir alle wohl, aber es ist nun einmal so, wie es ist. Es hat keinen Sinn, darüber zu klagen und nützt auch niemandem. Wir sind nicht anders geschaffen und werden damit weiterleben müssen.

P.: Sie sagen, wir sind nicht anders geschaffen. Aber Gott hat uns doch wohl anders geschaffen, und all das Leid kommt durch uns selber und ist die Folge unserer Teilhabe am Menschsein.

Der Pastor zeigt sich als ein mitfühlender Seelsorger ohne falsche Autorität oder künstliche Pose. Er ist auch vorbereitet auf eine mutlose Stimmung bei diesen Kranken und läßt sich deshalb durch den aufgeweckten Ton des Gespräches nicht täuschen. Das ist auch der Grund für seine Reaktion auf die letzte Äußerung des Mannes. Meiner Meinung nach antwortet er richtig. In den Worten des Mannes liegt eine verdeckte, aber deutliche „Einladung" an den Pastor. Meines Erachtens hatte der Pastor hier die Wahl, auf das Gefühl, das sich hier äußert, oder auf den Inhalt der Worte einzugehen. Er wählt das letzte. Nach

Rogers wird dabei die gefühlsmäßige Verbindung verletzt. Jemand, der ein „clinical training" mitgemacht hat, bekommt einen Blick für diese subtilen Unterschiede. Wir können sagen, daß der Pastor in diesem Augenblick die Möglichkeit hatte, seinen „Habitus" als ein mitfühlender Pastor zu vertiefen. Wenn er das Gefühl einer nach innerem Kampf erworbenen Sicherheit gespiegelt hätte — etwa indem er sagte: „Sie haben das Gefühl, daß wir uns nicht auflehnen dürfen" —, dann wäre der Mann auf diese „Einladung" des Pastors sicher eingegangen und wäre selbst vielleicht im Laufe des folgenden Gesprächs bei dem Punkt angelangt, den der Pastor nun vor ihn hinsetzt. Doch der Pastor geht auf den Inhalt der Worte ein und fängt an zu theologisieren und zu diskutieren. Er denkt nicht mehr empathisch mit dem Mann mit, sondern versucht — noch immer sehr herzlich — „directive" zu helfen. Das Ergebnis ist, daß der Mann sich angegriffen fühlt und sich zurückzieht.

M.: Ich bin nur ein einfacher Mann, Herr Pastor, und ich denke mir das so: Sie haben recht, wir dürfen — und das will ich auch nicht — Gott die Schuld nicht geben. Das war nicht meine Absicht. Doch der Zustand, in dem man nun ist, den nehme ich, wie er ist, und daraus versuche ich das Beste zu machen! Das ist doch unsere Aufgabe, unser Auftrag. —

In diesem Augenblick kommt die Frau herein. Ich finde es schade, daß sie sofort begeistert über Weihnachten und die Weihnachtskollekte zu reden anfängt. Dann kommen auch die Kinder dazu. Ich sage der Frau, was ich sie fragen und was ich ihr bestellen mußte, und gehe bald, um den morgigen Abend zu organisieren.

Eigentlich müssen wir hier unsere Anmerkungen zum vorigen Gespräch wiederholen. Der herzliche Kontakt, den der Pastor aufrichtet, berührt uns angenehm. Doch — wahrscheinlich durch das Fehlen einer guten klinischen Ausbildung — ist er nicht genügend „empathisch" und „bei dem anderen". Das bedeutet, daß er voreilig — ohne die Insel umfahren zu haben — directive wird. Wir meinen damit nicht, daß das Gespräch mißglückt ist. Wer wie wir in diesem Buch im seelsorgerlichen Gespräch den Nachdruck auf die Bedeutung eines guten Kontaktes legt, wird darauf vertrauen, daß das warme Mitleben, die herzliche Bescheidenheit und auch die spontane Frömmigkeit des Pastors ihre Spuren hinterlassen werden. Es ist gewissermaßen wie mit der Kindererziehung: Viele Eltern verstoßen gegen die Regeln, die in Büchern über die Erziehung zu lesen sind, und sind durch ihre sachliche, unkomplizierte

Liebe dennoch sehr gute Eltern. Doch was wir sagen möchten, ist, daß sich in unserem Gespräch eine „Öffnung" ergab, die der Pastor, weil ihm die Schulung fehlte, nicht sah, ja, die er zu einem kleinen Hindernis im Kontakt machte, weil er „directive" wurde.

c) Der folgende Gesprächsbericht stammt ebenfalls von einem Pastor, der noch nie von einem „clinical training", vom „Zurückspiegeln" usw. gehört hatte. Ich gebe ihn hier wieder, weil es sich trotz deutlicher Verstöße gegen bestimmte Regeln der Technik in vieler Hinsicht um ein gutes Gespräch handelt, von dem die betreffende Kranke auch sagt, daß es ihr geholfen habe. Mehr als einmal haben wir in diesem Buch die Meinung vertreten, daß der Kontakt in einem guten Gespräch wichtiger ist als die Technik. Dieses Gespräch ist dafür m. E. ein überzeugender Beweis. Zwei Dinge müssen zum Verständnis vorweg gesagt werden. Dieser Pastor ist eine besonders ruhige, warme, ausgeglichene Persönlichkeit und von vornherein besser als viele andere imstande, einen guten Kontakt herzustellen, und er wird nirgendwo im falschen Sinn „directive". Ohne etwas von Technik zu wissen, hat er den „Habitus" des Bei-dem-anderen-Seins.

Frl. B. ist 23 Jahre alt, unverheiratet, Leiterin eines Kinderheims. Ich besuchte sie als Krankenhausseelsorger, als sie im Krankenhaus lag. Ich war ihr früher noch nicht begegnet. Sie machte einen munteren Eindruck und war gesprächig. Sie beantwortete meine Frage, ob ich ihre Bekanntschaft machen dürfte, mit der Mitteilung: „Ich kenne Sie schon aus dem Gottesdienst. Ich war am letzten Sonntag bei Ihnen in der Kirche."

P.: O, waren Sie da? Das ist schön. Dann kennen Sie mich also schon ein wenig.

K.: Ja. Ich habe auch schon Besuch von einem anderen Pastor gehabt, Pastor X. Kennen Sie ihn? Er hat mich konfirmiert.

P.: Ich kenne verschiedene Pastoren dieses Namens, aber vielleicht eine Generation älter als der, den Sie meinen. Ich kannte einen in Assen, einen in Amsterdam und einen in Zwolle.

K.: Nein, mein Pastor X. wird nicht darunter sein. Er ist Jugendpastor. Ich hatte Schwierigkeiten mit meinem Verlobten, aber sie sind glücklich vorbei. Ich muß nur noch etwas zur Ruhe kommen. Darum bin ich hier. Ich würde gerne ein Zimmer für mich allein haben, aber der Arzt findet es so besser. Ich glaube sicher, es wäre viel besser für mich, allein zu sein.

P.: Sind Sie schon lange verlobt?

Nach den Regeln der Technik müßte der Pastor hier das Gefühl
der Kranken spiegeln. Er unterbricht mit dieser Frage den Gefühlsstrom.
Wahrscheinlich fühlt die Kranke aus dem Ton, in dem diese Frage gestellt wird, daß der Pastor ihre Schwierigkeiten nicht bagatellisiert, sondern ihr durch die Frage gerade näherkommen und sich besser in ihre
Probleme vertiefen will. Vielleicht fühlt der Pastor auch intuitiv, daß sie
zu stürmisch in ihren Gefühlsäußerungen ist und daß er, ohne sie zu
verletzen, besser tut, das Gespräch etwas in einer objektiven, ruhigen
Atmosphäre zu halten, weil der Gefühlsstrom später doch wohl wieder
anfangen wird zu fließen, und dann vielleicht etwas angemessener.

K.: Noch nicht lange. Ungefähr ein Jahr. Wir kannten uns schon etwas
länger, aber nach dem Tode meines Vaters haben wir uns offiziell verlobt.

P.: Haben die Schwierigkeiten kurz danach angefangen?

Der Pastor hat eine bestimmte „Diagnose" im Kopf und will
prüfen, ob sie stimmt. Meiner Meinung nach ist diese „diagnostische"
Haltung in einem seelsorgerlichen Gespräch nicht richtig, aber auch hier
wird sie nicht als ein Hindernis im Kontakt, sondern im Gegenteil als
hilfreich empfunden. Die Kranke erlebt die Frage als Zeichen von
echtem, nicht „diagnostizierendem" Interesse, und das Gespräch geht
ohne Schwierigkeit weiter.

K.: Ja, es fiel ungefähr zusammen. Meine Mutter blieb mit drei Kindern
allein. Eine Schwester war schon verheiratet, und mein jüngerer Bruder
war noch zu Hause.

P.: Sie haben sicher bei Pastor X. Konfirmandenunterricht gehabt?

Man achte darauf, daß der Pastor seine „Diagnose" nicht fortsetzt. Er
fühlt, daß dies nicht seine Sache ist. Seine Frage scheint nicht sehr wichtig
zu sein, aber sie paßt zu der Weise, in der er sein Interesse zeigt, und
stört den Kontakt nicht, sondern hilft ihn im Gegenteil zu festigen.

K.: Ja, das war möglich, obgleich er nicht mein Gemeindepastor war.

P.: Gehen Sie eigentlich zum Abendmahl, wenn es gefeiert wird?

Man würde gerne von dem Pastor erfahren, warum er diese Frage
stellt. Möglicherweise aus echtem, seelsorgerlichem Interesse heraus, dann
kann der Ton dies vermitteln und den Kontakt fördern. Möglicherweise
auch, um dem Gespräch eine bestimmte seelsorgerliche Struktur zu geben.
Auch dann ist sie zu verteidigen. Aber es wäre in diesem Fall besser gewesen, der Kranken zu Beginn des Gesprächs mitzuteilen, was man

eigentlich als Krankenhausseelsorger bei ihr wollte. Die Frage kann auch eine Einleitung zu einer Einladung sein, das nächste Mal am Abendmahl teilzunehmen. Doch dann sollte sie besser am Ende des Gesprächs erfolgen. — Ich habe das Gefühl, daß sich der Pastor undeutlich in seiner „Rolle" verpflichtet fühlt, diese Art Fragen zu stellen. Weil er eine so ausgeglichene Persönlichkeit ist, und die Frage ein wirkliches Interesse verrät, empfindet die Kranke sie wahrscheinlich nicht als „inquisitorisch" und somit bedrohend. Sie spricht jedenfalls ohne jede Zurückhaltung weiter. Allein das Gespräch droht auf Seitenwege zu geraten. Offenbar sieht die Kranke nicht deutlich, was der Pastor mit ihr oder von ihr will. —

K.: Ich scheue mich immer ein bißchen davor, aber ich habe es noch nicht aufgegeben. Ich erzähle auch immer den Kindern von Jesus, und sie hören es so gerne! Wissen Sie, was eines von ihnen sagte, als ich hierhin ging? Es sagte: ,Bleib nicht lange fort, denn du mußt uns noch vorlesen von den spannenden Geschichten von Jesus.' Finden Sie das nicht rührend für solch einen Knirps aus einem Kindergarten?

P.: Ja, eigentlich ist es mehr die Bemerkung eines Erwachsenen.

K.: Ich finde es schön, daß auch Kinder aus einem solchen Heim ein derartiges Interesse haben.

Es entwickelt sich ein Gespräch über das Erzählen von Geschichten an Hand von Kinderbibeln vor Kindern und über die bemerkenswerten Reaktionen von Kindern auf diesen Stoff.

P.: Ihre Schwierigkeiten haben Sie natürlich schon mit Pastor X. und mit dem Arzt besprochen. Sie werden wohl kein Bedürfnis haben, auch mit mir noch einmal darüber zu sprechen. Haben Sie für Ihre Arbeit eine bestimmte Ausbildung gehabt?

Ich frage mich, warum der Pastor diese Frage stellt. Hat er das Gefühl, daß er mit seinen Fragen nicht auf Stellen gestoßen ist, von denen aus sich ein seelsorgerliches Gespräch entwickeln könnte? Man könnte es nach seiner Bemerkung über das Besprechen ihrer Schwierigkeiten beinah annehmen. Jedenfalls ist deutlich, daß er bescheiden ist und sich dieser jungen Frau, die von ihrem Konfirmator besucht wird, nicht als geistlicher Ratgeber aufdrängen will. Vielleicht gibt gerade diese Bescheidenheit der Kranken das Gefühl, daß sie hier jemanden vor sich hat, mit dem sie reden kann. Die Fragen des Pfarrers zeigen immer wieder, daß er ihr nicht zu nahe treten will, aber der Ton seiner Worte, der bescheidene Ernst seines Auftretens, die Geborgenheit, die von ihm ausgeht, geben ihr den Freimut, ihr Herz auszuschütten. Man beachte, wie der anfängliche Gefühlsstrom wie von selbst wieder zu fließen beginnt.

K.: Ja, ich habe einen Lehrgang auf einer Sozial-Akademie mitgemacht. In einem der ersten Monate habe ich damals meinen Verlobten kennengelernt. Er war sofort in mich verliebt, aber ich hatte Angst vor ihm. Er war oberflächlich, gleichgültig und rauh. Ich hoffte, es wäre vielleicht nur die Außenseite, aber ich wollte Gewißheit darüber haben. Auch religiös war er vollkommen gleichgültig und hart. Das hat sich nun ganz geändert. Es ist ein wirkliches Wunder! Ich habe ihm eine Probezeit von einem halben Jahr vorgeschlagen, damit wir uns beide ganz sicher würden. In dieser Zeit hat er aber entgegen unserer Verabredung Kontakt mit einem anderen Mädchen gehabt. Er ist verschiedene Male mit ihr ausgegangen. Aber zu allzu großen Intimitäten ist es nicht gekommen. Ich erfuhr es und schrieb, daß ich ihn nicht haben wollte, wenn ich auch sagen muß, daß ich dabei bemerkte, daß ich ihn mehr lieb hatte, als ich gedacht hatte. Das war ein großer Schlag für ihn. Aber es ist zum Glück alles wieder gut geworden. Ich war auch schrecklich gefühllos gewesen. Jetzt ist es viel besser, als wir es uns je hätten ausdenken können. Er hat später zu mir gesagt — vielleicht finden Sie es merkwürdig, aber möglicherweise verstehen Sie es auch —, daß er sich sehr einsam gefühlt hatte und daß ich eigentlich jenes Mädchen gewesen war. Er hatte sie gern, weil er mich in ihr sah.

P.: Ich glaube, daß ich das wohl verstehe.

K.: Und nun liege ich hier, obgleich ich mich wieder gut fühle und alles wieder gut ist zwischen uns. Der Arzt möchte gern wissen, warum ich so furchtbar übertrieben auf diese Schwiergkeiten in meiner Verlobung reagiert habe. Aber ein Gespräch mit Pastor X. oder mit Ihnen — wenn ich Sie besser kenne — hilft mehr als ein Gespräch mit einem Psychotherapeuten.

P.: Ich kann sehr gut verstehen, warum Sie ein Zimmer für sich allein wünschen, und hoffe, daß das bald möglich ist. Aber nun will ich dem Arzt weichen, die Schwester hat ihn schon angekündigt.

In diesem Gespräch wird nicht „gespiegelt". Und doch war es nach den Worten des Mädchens selber ein besonders befriedigendes Gespräch. Wenn sie dies sagt, so sollen wir es nicht besser wissen. Der Pastor hat in dem zufälligen Kontakt des Krankenhausseelsorgers an dem Bett eines Mädchens, das bereits seelsorgerlich betreut wurde, gegeben, was er geben zu müssen und zu dürfen meinte: aufrichtige Teilnahme und Aufmerksamkeit für die Schwierigkeiten dieser Kranken. Diese Aufmerksamkeit stammte aus einem guten „Habitus" des Für-den-anderen-Seins, ohne daß er „directive" im falschen Sinne geworden war. Wenn der Pastor mehr empathisch gewesen wäre und die Technik des „Spiegelns" gekannt hätte, hätte er weniger gefragt, und das Gespräch hätte vielleicht noch etwas mehr Tiefe gewonnen und weniger Zufälligkeit gezeigt. Aber die Teilnahme war so echt, daß das Mädchen genau das tun konnte, was es offenbar nötig hatte, nämlich sich aussprechen.

d) Der folgende Gesprächsbericht stammt von einem Pastor, der einen Kursus „clinical training" mitgemacht hat und versucht, konsequent „non-directive" zu sein. Er fängt mit Spiegeln an und versucht danach, zu einem seelsorgerlichen Gespräch im eigentlichen Sinn überzugehen. Er kommt als Pastor in einem Amsterdamer Krankenhaus zufällig mit einem offensichtlich sehr einsamen Mann in Berührung, der unter der aufrichtigen Teilnahme des Pastors auftaut und sich ausspricht. Aber das ausführliche Sprechen über den Glauben bedeutet mehr eine Aufklärung als eine Befreiung. Der Übergang vom Seelsorgerlichen im weiteren Sinn zum Seelsorgerlichen im engeren Sinn, also vom Spiegeln zum Verkündigen, hat verschiedene Aspekte, die nur auf Grund von Erfahrung und grundsätzlichem Durchdenken deutliche Struktur bekommen können. Der Bericht lautet wie folgt: Herr P., 60 Jahre alt, ist zur Beobachtung im Krankenhaus aufgenommen. Er hat Magenbeschwerden und kommt schon seit einigen Jahren zur monatlichen Kontrolle ins Krankenhaus. Er fühlt sich, so scheint es auf den ersten Blick, dort zu Hause. Er ist ein gut gekleideter, hochgewachsener Mann und empfängt mich auf einem Stuhl sitzend. Er ist erstaunt, als ich meinen Namen nenne. Er rechnet damit, daß irgendein Pastor aus seinem Wohnort H. ihn besucht.

Mann: Ich kenne in H. keinen Pastor Ihres Namens.

Pastor: Nein, ich wohne in Amsterdam und besuche hier die Kranken. Was fehlt Ihnen?

M.: Ich habe Magenbeschwerden. Ich bin seit zwei Wochen zur Beobachtung hier.

P.: Sie kommen aus H.?

M.: Ja, da wohne ich seit rund zwanzig Jahren. Meine Frau starb vor zwölf Jahren. Die letzten Monate lag sie in einer Tbc-Heilstätte. Ja, ich habe viel durchgemacht.

Der Mann gibt dem Pastor, ohne daß dieser Fragen stellt, auffallend viel wichtiges Material in die Hand. Gerade durch die Tatsache, daß der Pastor nicht fragt, sondern sich mehr oder weniger selbstverständlich neben ihn stellt, findet er es gut, etwas über sich zu erzählen.

P.: Sie haben viel Dunkles in Ihrem Leben gesehen.

M.: Ja, ich war 45, als meine Tochter geboren wurde. Meine Frau war geschieden, sie war eigentlich katholisch. Nun, dann wissen Sie Bescheid. Die Leute hatten viel Kritik. Ich habe mich nie zu Hause gefühlt.

P.: Sie fühlen sich sehr einsam.

Wer die Dynamik des Gesprächs spürt, der empfindet, daß das Spiegeln der Gefühle den Mann ermuntert, fortzufahren. Er fühlt, daß der Pastor mit ihm mitdenkt, und erzählt weiter.

M.: Ja, das wissen die Pastoren wohl auch. Vor allem Pastor B., der jetzt in U. wohnt. Er ist extra aus U. zu mir herübergekommen.

Es entspinnt sich ein kurzes Gespräch über Pastor B. und andere Pastoren.

P.: Haben Sie hier einmal Kontakt mit der Kirche gehabt?

In der Entwicklung dieses Gespräches ist diese Frage „non-directive". Sie ist mehr eine Frage, durch die die Situation erhellt wird. Sie ist sozusagen eine Ermunterung für den Mann, zu sagen, wie es ihm hier im Krankenhaus geht, also ein Versuch, ihm näherzukommen. Er empfindet das auch so und bringt in den folgenden Sätzen wieder wichtiges Material.

M.: Ich wollte am Sonntag hier im Krankenhaus eigentlich zur Kirche gehen, aber hier auf der Station war etwas organisiert worden für die Männer, die entlassen wurden.

P.: Ja.

Der Pastor zeigt seine Teilnahme und ermuntert ihn, weiter zu erzählen. Solch ein „Ja" ist in seelsorgerlichen Gesprächen manchmal besonders wirkungsvoll.

M.: Ich wagte es auch nicht recht. Ich fühle mich schnell überflüssig. Meine Tochter hat das auch. Ich denke, daß ich das aus meiner Jugend behalten habe.

P.: Sie haben das Gefühl, daß es Ihr Leben seit Ihrer Jugend prägt.

M.: Ja, ich war der Jüngste. Vielleicht liegt es daran. Dann wird einem immer alles abgenommen. Ich glaube, daß meine Tochter es von mir hat.

P.: Sie haben das Gefühl, daß Ihre Tochter das in Ihrer Familie mit-
bekommen hat.

M.: Ja, auf der Oberschule sagte der Direktor, sie werde kein leichtes
Leben haben.

Er erzählt dann, was mit ihr passiert ist, und wie es sich doch um
vieles gebessert habe.

P.: Ich könnte mir vorstellen, daß Ihr Glaube Ihnen in Ihren Problemen
viel hilft.

Der Pastor müht sich hier, das Gespräch auf eine mehr „seelsorgerliche" Ebene zu bringen. Er regt eigentlich eine Vertiefung des Gesprächs
an, doch so, daß der andere die Freiheit behält, darauf einzugehen oder
nicht. Er fragt nicht und ist somit nicht „inquisitorisch", er sagt es auch
nicht so, daß es „directive" klingt, er ist „bei dem anderen" und bleibt
bei ihm. Die Anregung macht den Eindruck, als ob sie diagnostisch sei,
aber sie ist nicht aus einer objektivierenden Beobachtung entstanden. Im
Gegenteil, sie versucht, den Mann zu einer Vertiefung seiner Selbst-
kenntnis zu bringen, wobei der Pastor nicht vorgibt, mehr zu wissen als
der Mann selbst. Doch besteht die Gefahr, daß er außerhalb des „frame
of reference" ist. Aus der Antwort ergibt sich, daß diese Gefahr nicht
fern liegt.

M.: Ja, trotz meiner Sünde.

P.: Sie empfinden stark Ihre Sünde.

— Der Pastor versucht sofort empathisch ihm in der Veränderung der
Gefühle zu folgen, und läßt deshalb das Thema, das er angeschnitten
hat, los. Er hätte ja versuchen können, ihn in die Richtung, die er an-
gegeben hatte — also zu einem Gespräch über die Hilfe des Glaubens in
Lebensschwierigkeiten — zu drängen, aber dann wäre er „directive"
gewesen, und das hätte ohne Zweifel abweisende Reaktionen bei dem
Mann hervorgerufen. Mit seiner Anregung hat der Pastor gleichsam ein
Bett gewiesen, in dem sich der Gefühlsstrom einen Weg suchen kann,
und es scheint ihm angezeigt, dem Gefühlsstrom zu folgen, anstatt ihn
abzudämmen. —

M.: Ja, ich habe eine geschiedene Frau geheiratet. Aber wenn ich auf
mein Leben zurückschaue, gibt es auch viel Segen, viele wunderbare,
schöne Dinge, z. B. meine Tochter, und daß es so viel besser geht.

P.: Sie sehen also auch viel Licht.

M.: Ja, vor allem meine Tochter. Für sie möchte ich leben bleiben.

P.: Das gibt Ihrem Leben einen Sinn.

M.: Ja. Sterben würde ich nicht schlimm finden. Aber dann muß sie versorgt sein. So habe ich das immer gesehen. Sie hat es immer schwer gehabt. Meine Frau war jahrelang kränklich, bis es schließlich ausbrach und sie in ein Sanatorium mußte.

P.: Erst dann wurde Ihnen klar, daß es Tbc war.

Hier hat der Pastor in dem schnellen Wechsel der Gefühle keine Gelegenheit gesehen, wirklich emphatisch zu bleiben. Wenn es auch so scheint, daß er spiegelt, in Wirklichkeit tut er es nicht.

M.: Ein Mensch muß manchmal viel allein durchmachen.

Der Mann reagiert dann auch mit einem Gemeinplatz. — Der Pastor, der fühlt, daß die Beziehung gestört ist und daß das Gespräch auch zu Ende gehen muß, versucht, das Thema der Hilfe des Glaubens wieder aufzunehmen und so einen „seelsorgerlichen" Schluß zu finden.

P.: Und doch nehme ich an, daß es Ihnen in Ihrem Glauben half, zu wissen, daß Gott da war, auch wenn Sie unter den Menschen allein waren.

M.: Ja, das habe ich oft so empfunden.

Dieser Schluß ist deutlich zu „directive". Der Mann widerspricht nicht, aber fühlt kein Bedürfnis, auf diese Worte noch positiver zu reagieren. Er hat sich der Teilnahme geöffnet, aber eine innerliche Befreiung, eine echte Sorge für die Seele, hat dieser Schluß nicht gebracht.

P.: Würden Sie es gut finden, wenn wir zusammen beten?

M.: Ja.

P. (betet): Der Mensch muß oft durch dunkle Schwierigkeiten hindurch. Aber unsere Kraft und unser Trost ist es, daß wir glauben dürfen, daß alles umfaßt wird durch deine Hand und darin ruht. Jeder Weg, den wir gehen, liegt in deinem Licht und führt schließlich zu dir. Wir danken dir, daß du da bist und daß wir immer so voll Vertrauen zu dir reden dürfen. Amen. — Ich möchte mich jetzt verabschieden. Ich hoffe, daß Sie bald wieder gesund sind und nach Hause können.

M.: Ich danke Ihnen. Ich habe mich über Ihren Besuch sehr gefreut.

P.: Ja, so ist die Kirche doch auch bei Ihnen hier im Krankenhaus gewesen.

Wir haben in der Einleitung zu diesem Bericht gesagt, daß der Pastor in der zweiten Hälfte dieses Gespräches auf eine „non-directive" Weise einen „seelsorgerlichen" Beitrag in engerem Sinn beizusteuern versuchte. Man bekommt aber den Eindruck, daß das ausdrückliche Sprechen über den Glauben für den Mann weniger bedeutet als die Möglichkeit, einmal mit einem Pastor über sich selbst sprechen zu können. Der Pastor ist so klug, nicht zu drängen und faßt am Schluß, als der Mann seine Dankbarkeit ausspricht, das Ergebnis schön zusammen in den Worten, daß die Kirche hier bei ihm im Krankenhaus gewesen ist und ihm in diesen Umständen beigestanden hat. Ich könnte mir vorstellen, daß der Pastor, wenn er auf das Gespräch zurücksieht, wohl irgendwo noch Zweifel empfindet, ob aus diesem Gespräch seelsorgerlich nicht noch mehr zu machen gewesen wäre. Ich persönlich glaube, daß der Verlauf dieses Gespräches, in dem im allgemeinen ein guter Kontakt bestanden hat, zeigt, daß dies gerade dasjenige war, was der Mann nötig hatte und daß ein „Mehr-machen" aus diesem Gespräch bedeutet hätte, daß er in falschem Sinne „directive" geworden wäre und dann ohne Zweifel den Kontakt und damit das Gespräch zunichte gemacht hätte.

e) Unser letzter Gesprächsbericht stammt von einem der katholischen Teilnehmer an einem unserer Kurse und ist während des Kurses entstanden. Der Betreffende hat sich redlich und mit besonders gutem Erfolg bemüht, das Gelernte in die Praxis umzusetzen. Man erkennt, wie durch einfaches, warmherziges „Spiegeln" eine warme Beziehung und ein gutes Gespräch entsteht, so daß sich das „Seelsorgerliche" in engerem Sinn von selbst ergibt. Der Bericht lautet folgendermaßen:

Ein Mädchen von ungefähr 22 bis 23 Jahren liegt seit sechs Wochen auf der Neurochirurgie. Ich habe sie mindestens zweimal in der Woche besucht. Es ist ein persönlicher und herzlicher Kontakt entstanden. Sie wurde erst an einem Arm operiert. Die Nervenbahnen wurden korrigiert. Vor zwei Wochen operierte man sie am Hals. Seitdem liegt sie mit einem Bügel um den Kopf, an dem Gewichte hängen. Sie stammt aus einer wohlhabenden, frommen und gebildeten Familie. Sie ist verlobt. Zu Hause hat sie ihrer Mutter stets im Haushalt geholfen. Ihre Schwester, die etwas jünger ist als sie und die sie sehr liebt, liegt ernstlich krank in einem anderen Krankenhaus. Ich hatte im Krankensaal schon mit den anderen Patienten gesprochen, ehe ich zuletzt zu dem Mädchen ging. Ich gab ihr die Hand.

Sie: Was kommen Sie spät!

Ich: Wir haben mit verschiedenen Kollegen einen Kurs.

Wir unterhalten uns kurz über clinical training.

Sie: Ich habe den ganzen Tag auf Sie gewartet.

Ich: Wie geht es Ihnen denn?

In dem Kontakt paßt diese Frage, die beide noch mehr zueinander führt, sehr gut.

Sie: Es geht so.

Ich: Es geht also so.

Sie: Nun ja, ich habe wieder sehr starke Kopfschmerzen.

Ich: Sie haben also mehr Schmerzen als das letzte Mal. (Das war einen Tag vor Ostern gewesen. Vgl. dazu die seelsorgerliche Wendung des Gesprächs).

Sie: Ja, und nun ist noch wieder etwas dazugekommen. Ich habe ein Geschwür an meinem Kopf bekommen. Und ich weiß nicht, ob ich das meinem Vater erzählen soll, wenn er gleich zu Besuch kommt.

Ich: Sie wissen also noch nicht, was Sie tun sollen.

Sehr gut gespiegelt; der Versuchung, direktiv zu werden, wird widerstanden.

Sie: Ich erzähle es lieber noch nicht.

Ich: Dann müssen Sie es ihm noch nicht erzählen. Ihre Familie hat schon viele Sorgen.

In den Worten des Mädchens liegt der Ton auf der sachlichen Mitteilung und weniger auf dem Gefühl. Ein Spiegeln des Gefühls wäre also hier gekünstelt. Das wird von dem Kaplan sehr gut empfunden. Er tut nicht viel anderes, als die Mitteilung des Mädchens gutzuheißen und damit das Gefühl schwankender Sicherheit, das vielleicht noch da ist, zu festigen. Man könnte das „directive" nennen, aber in dem bestehenden Verhältnis paßt das gut. Überdies schafft die Gewohnheit der Beichte eine Gefühlsbeziehung zwischen Geistlichem und Beichtkind, die der Evangelische weniger kennt und in der solche milden „directive" Äußerungen ohne viele Probleme funktionieren. Man fühlt, daß er mit seinen Worten und seinem Ton ganz bei dem Mädchen ist. —

Sie: Ja, das finde ich auch. Ich werde damit noch warten. Es ist auch noch erträglich.

Diese Antwort zeigt, daß der Rat des Kaplans nicht als „directive" im falschen Sinn empfunden wurde. —

Ich: Sie können es also noch aushalten.

Gut gespiegelt!

Sie: Ja, denn in der vorigen Woche bin ich sehr gestärkt worden.

Ich: Sie sind gestärkt worden durch das Leiden Christi.

Bemerkenswert, wie das Mädchen selbst in diesem Kontakt das Gespräch auf die seelsorgerliche Ebene bringt, was durch den Geistlichen gut aufgenommen wird.

Sie: Ja, ich habe besonders viel Halt daran gefunden.

Ich: Sie haben also viel daran gedacht und gefühlt, daß Sie mit ihm leiden.

Dies ist keine Diagnose oder Interpretation, sondern Erhellung des geäußerten Gefühls, es ist also Spiegelung.

Sie: Ja, und dies Gefühl habe ich noch jetzt und darum kann ich mich trösten.

Das Mädchen hat es deutlich als Spiegelung erfahren und gibt eine neue Seite ihres Inneren zu erkennen.

Ich: Möchten Sie morgen früh den großen Tröster empfangen? (Die heilige Kommunion)

Sie: Sehr gerne.

Danach verabschieden wir uns mit einem Händedruck, und ich mache auf ihrer Stirn das Kreuzeszeichen.

Dieses Gespräch ist m. E. ein besonders schönes Beispiel dessen, was wir unter dem seelsorgerlichen Habitus verstehen können. Der Übergang vom Spiegeln zum „Seelsorgerlichen" im engeren Sinn verläuft ohne Schwierigkeiten. Die Insel ist ganz umfahren und die Landung geschieht an der richtigen Stelle — wenn wir das etwas nüchterne Bild für dieses bewegende Gespräch gebrauchen dürfen. Meiner Meinung nach können wir in diesem Bericht den großen Gewinn eines Kurses „clinical training" in einem Krankenhaus sehen. Bei diesem Gespräch fühlt man fast intuitiv, daß man nicht zu directive sein darf und daß vor allem das Bei-dem-anderen-Sein nötig ist. Wer durch eine Analyse von derartigen Gesprächen einen Blick dafür bekommt, was der seelsorgerliche Habitus umfaßt, erwirbt sich die „sensitivity", die man in Amerika mit als das wichtigste Ergebnis klinischer Ausbildung in Krankenhäusern und psychiatrischen Kliniken ansieht.

Ergebnisse

Der Übergang vom Seelsorgerlichen im weiteren Sinn zum Seelsorgerlichen im engeren Sinn, vom Spiegeln zum Verkündigen, hat verschiedene Aspekte, die nur aufgrund von Erfahrung und grundsätzlichem Durchdenken deutliche Struktur bekommen können. Wir sind noch nicht so weit, daß wir hinsichtlich dieses Übergangs verbindliche Urteile fällen können. Wir müssen hier sehr viel der Intuition, die in einen richtigen Habitus gebettet ist, überlassen.

Die Berichte haben, wie ich hoffe, genügend illustriert, was wir in den vorgehenden Kapiteln ausgeführt haben. Sie haben wohl auch sehen lassen, daß in der Tat ein Erwerben des richtigen Habitus nötiger ist als das Lesen von Büchern oder das Hören von Vorträgen und daß man die Schulung in der Praxis mit kritischer Begleitung der Gesprächsanalyse — eventuell auch des Rollenspiels — nötig hat. Es ist natürlich wahr, daß man diesen Habitus von Natur besitzen kann. Doch die Beispiele dieser Gespräche zeigen wohl, daß dies seltener vorkommt, als man denkt, und daß eine gründlichere Ausbildung auch für diejenigen, die von Natur aus einen Vorsprung haben, kein überflüssiger Luxus ist.

In Amerika hat man mir mehr als einmal erklärt, daß man „clinical training" vorzugsweise in Krankenhäusern und psychiatrischen Kliniken organisiert hat, weil die Arbeit unter Menschen in Krisensituationen die „sensitivity" vergrößert. In der Tat ist man sich bei Kranken mehr als bei Gesunden bewußt, daß der andere in einer eigenen Welt lebt, die man behutsam kennenlernen und in die man sich einfühlen möchte, ehe man — wiederum mit großer Vorsicht — versuchen kann, seelsorgerlich in das Leben des anderen einzutreten. Aber auch Gesunde haben ihre eigene Welt, wenn man sich dessen auch weniger bewußt wird. Und es ist gerade eine der großen Aufgaben beim „clinical training", sich von dieser eigenen Welt ein zutreffendes Bild zu machen, um völlig „bei dem andern" sein zu können. Es ist ein Irrtum, wenn man meint, es gehe im „clinical training" nur um das Aneignen einer bestimmten Technik. Natürlich spielt die Besinnung auf die Technik des Gesprächs eine große Rolle. Man muß lernen, das Mittel des „Zurückspiegelns" anzuwenden. Aber es geht darum, mit Hilfe dieser Technik unsere „sensitivity" zu entwickeln und zu lernen, dem Wechsel im Gefühlsleben des anderen so bewußt und zugleich so natürlich wie möglich zu folgen. Wer mit dem anderen im Gespräch ist, muß so gerüstet sein, daß er alle Fragen der Technik vergißt, sie aber zugleich ohne weiteres Nachdenken anwendet.

Technik und Rolle müssen sozusagen zur zweiten Natur geworden sein. Ist dies richtig, so bedeutet „clinical training" mehr als intellektuelle Schulung. Es dringt tiefer ein und hat Persönlichkeitsbildung zum Ergebnis. Balint spricht in seiner Studie über die Schulung von Hausärzten im Führen von „psychotherapeutischen" Gesprächen von einem „limited though considerable change in personality". Ich bin überzeugt, daß er dasselbe meint, was ich andeutete. Was er in seinem Buch über Schulung in Gruppen sagt, zeigt m. E., daß auch die Lehranalyse des Psychotherapeuten diesem „change in personality" verwandt ist. Die „non-directive" Art, das Bei-dem-andern-Sein, die Kenntnis der eigenen Grenzen und Mängel, das Integriert-Sein, das einem erlaubt, die eigene Unsicherheit und Angst zu akzeptieren — all das sind Dinge, die man nicht aus Büchern oder Vorträgen lernen kann. Man muß sie sich durch ein „training" in einer geborgenen, warmen Umgebung zu eigen machen. In beiden Gesprächswiedergaben fiel auf, daß der Pastor einen guten Kontakt zu seinen Gemeindegliedern herstellen konnte, daß aber das Bei-dem-anderen-Sein, die Hingabe an den anderen, nur schwer in jene Tiefe drang, die einer wirklichen Kommunikation eigen ist. Sie brach nur in einzelnen Augenblicken auf. „Clinical training" lehrt uns nichts Neues. Es bringt lediglich Möglichkeiten, die in uns latent vorhanden sind, zur Entfaltung. Die „directive" Haltung, die bei dem anderen Widerstände hervorruft, hängt oft mit einem ungenügend vertieften und zu wenig warmen Kontakt zusammen. Man ist unsicher und versucht beim Ratgeben durch Moralisieren, Dogmatisieren oder eine andere Form von „directive" Verhalten aktiv einen — dann immer — einseitigen Kontakt zustande zu bringen.

Gute klinische Schulung erfordert Zeit. In Amerika gelten drei Monate für Theologiestudenten und mindestens ein Jahr für zukünftige Krankenhausseelsorger als Mindestmaß, und die Erfahrung lehrt, daß auch für Pfarrer, die aus der Praxis heraus eine Weiterbildung wünschen, eine Woche unzureichend ist. Wir werden hier in Europa experimentell die beste Form und die günstigste Dauer für eine gute klinische Schulung feststellen müssen, aber es ist gut, wenn man auf ziemlich lange Zeitabschnitte vorbereitet ist und wenn man auch die Forderungen, denen ein solches training entsprechen muß, nicht zu niedrig ansetzt.

Ich bin außerdem davon überzeugt, daß sich auch bei uns zeigen wird, wie nötig persönliche „supervision" neben den Gruppengesprächen in allen Fällen ist, will man aus dem „clinical training" alles herausholen. In vielen Fällen wird zusätzlich eine leichte, manchmal auch intensive

Psychotherapie wünschenswert sein. Das bestätigen auch die Erfahrungen in Amerika.

Gute psychologische Kenntnisse können anfangs einem Kontakt im Wege stehen, aber auf die Dauer bedeuten sie eine Hilfe für den Kontakt und tragen zur inneren Sicherheit des Pastors bei. Insgesamt bleibt dabei eine breite und kritische theologische Ausbildung Hauptbedingung für jede pfarramtliche Tätigkeit. Die klinische Ausbildung beschäftigt sich, summarisch gesagt, mit der Form der Seelsorge, und die Theologie gibt dem Ganzen Inhalt, Klarheit und Tiefe — allerdings sind im Pfarramt Form und Inhalt nicht voneinander zu scheiden. Doch ist es darum um so wichtiger, daß man den Akzent nicht zu einseitig setzt.

B. Theoretische Aspekte des seelsorgerlichen Gesprächs

„Counseling" im seelsorgerlichen Gespräch

In diesem letzten Kapitel unseres Beitrages zu diesem Buch möchten wir die Aufmerksamkeit auf einzelne theoretische Probleme des seelsorgerlichen Gesprächs lenken.

Es kann aber angesichts des gegenwärtigen Standes der Pastoralpsychologie nicht unsere Absicht sein, eine nach allen Seiten hin ausgearbeitete und überall gleich gut fundierte Theorie des seelsorgerlichen Gesprächs zu entwickeln. Wir wollen nicht viel mehr, als einige Probleme, die sich in den vorigen Kapiteln ergaben, etwas genauer betrachten und, wenn möglich, lösen.

Als vor ungefähr 30 Jahren ein Pastor, der in den Ruhestand trat, nach seiner Sicht des Pfarramts gefragt wurde, antwortete er, er würde wieder Pastor werden, denn man könne in diesem Beruf gut Sozialarbeit leisten. Der moderne Pastor interessiert sich für die Probleme der heutigen Gesellschaft, aber er weiß, daß er kein Sozialarbeiter ist.

In Amerika, wo der Begriff des „counseling" geprägt wurde, hat die gesellschaftliche Stellung des Pfarrers in vieler Hinsicht einen anderen Charakter[12]. Meines Erachtens sind zwei Faktoren, die bis zu einem gewissen Grade zusammenhängen, wichtig: Erstens hat der Pfarrer von Anfang an in der Immigrantengesellschaft des nordamerikanischen Kontinents viel stärker eine soziale Signatur getragen als in Europa. Er fühlte sich durch seine Stellung berufen, seinen Beitrag zur Lösung von sozialen Problemen zu leisten. Das frühere „social gospel" und das heutige „pastoral counseling" sind dafür deutliche Beispiele. Zweitens trägt die amerikanische Gesellschaft stärker den Charakter des 19. Jahrhunderts als die unsere. Der soziale Idealismus, der Low-Church-Type des kirchlichen Lebens, die Betonung der Frömmigkeit und das Mißtrauen gegenüber der Dogmatik, lassen die Vorliebe vieler amerikanischer Pfarrer für Sozialarbeit jener Sicht des niederländischen Emeritus

---

[12] Darüber ausführlicher in meiner Schrift: Pastoral Care and Clinical Training in America, Arnhem (Holland) 1961. Eine deutsche Übersetzung dieser Schrift ist 1965 unter dem Titel „Klinische Semester für Theologen" bei Paul Haupt, Bern, erschienen.

vor 30 Jahren verwandt erscheinen. Wenn wir das „counseling" auf dem Hintergrund der amerikanischen Gesellschaft sehen, so können wir den Standpunkt unseres Pfarramtes besser bestimmen. Der amerikanische Pfarrer empfängt als „counselor" Ratsuchende in Ehe- und Erziehungsproblemen. Oft sind es Menschen, die durch eine neurotische Störung Anpassungsschwierigkeiten haben. Von hier aus ist es natürlich nur ein Schritt zu Menschen, deren religiöse Probleme mit einer bestimmten Persönlichkeitsentwicklung zusammenhängen.

Rogers zeigt uns, daß „counseling" immer ein psychotherapeutisches Moment in sich trägt. Kommen Menschen mit dieser Art Schwierigkeiten zum Pastor, so wird dies auch in der Seelsorge mitspielen. Das gute Zuhören und Mitleben hat eine therapeutische Wirkung.

Wie ist die Situation auf diesem Gebiet in Europa? Welchen Platz nimmt hier diese Art des „counseling" in der Seelsorge ein bzw. welchen Platz kann es einnehmen?

Ich glaube, daß wir verschiedene Dinge unterscheiden müssen. Auf der einen Seite ist das Amtsbewußtsein, wie ich bereits bemerkte, hier durch die Umstände — überdies verstärkt durch eine andere, alte Tradition — stärker entwickelt, so daß man zwischen Sozialarbeit und Pfarramt einen sehr deutlichen Unterschied empfindet. Auf der anderen Seite liegt in dem Amt auch hier in Europa seit Jahrhunderten ein Stück Ratgebersein mit darin. Der Pastor weiß sich als Hirte seiner Gemeinde, der als solcher nicht nur für das „Seelenheil" seiner Gemeindeglieder verantwortlich ist, sondern seine Aufmerksamkeit und Fürsorge auch auf ihr materielles und geistiges Wohl richtet. Er versteht sich häufig als Hüter von Ordnung und Sitte. Und wenn auch das Ausüben von „Zucht" eines der schwierigsten Probleme des heutigen Pfarramtes ist, so ist auf diesem Gebiet doch eine gewisse Tradition und ein Amtsbewußtsein lebendig geblieben. Auf der anderen Seite sieht die Gemeinde im Pastor ebenso den „Hirten", von dem man Leitung und Rat in allen möglichen Dingen erbitten und erwarten kann. Das gilt natürlich vor allem für Gebiete, die eng mit dem kirchlichen und persönlichen Glaubensleben zusammenhängen — man denke etwa an das Mischehenproblem — aber häufig auch für Eheprobleme, Erziehungsfragen, alle möglichen Lebensentscheidungen, mitmenschliche und persönliche Schwierigkeiten u. v. a.

Wer die Wirklichkeit des gegenwärtigen Pfarramtes unvoreingenommen auf sich wirken läßt, muß erkennen, daß das, was in Amerika „counseling" heißt, vielleicht in einer etwas anderen Form, aber grundsätzlich nicht anders auch in Europa einen Teil des Pfarramtes ausmacht.

Gewiß ist dies schon immer der Fall gewesen, nur schenkte man dem weniger Aufmerksamkeit, weil es früher weniger Fachleute gab, die sich der speziellen Problematik der Lebensberatung widmeten. Wenn das so ist, dann warten in diesem Bereich neue Entwicklungen auf uns. Wir werden die Verschiebungen, die hier auftreten, kennenlernen und uns neue Methoden zu eigen machen müssen. Für die Seelsorge bedeutet dies, wenn ich recht sehe, zweierlei: Erstens müssen wir, wo dies nötig ist, bereit sein, die Situation des „counseling" mit den Konsequenzen, die sie nach heutiger Auffassung in sich birgt, zu akzeptieren. Es muß allgemein eingesehen werden, daß Hilfe, die wir Menschen gewähren, bedeutet, daß man ihnen hilft, sich selbst zu helfen, daß man also im „counseling" bewußt das Direktiv-Sein ausschaltet. Der Seelsorger muß die Haltung des autoritativen Ratgebers, die uns allen durch Studium und Amts-bewußtsein eigen ist, fahrenlassen und sich — oft auch bei Glaubens-problemen — auf Zuhören und Mitdenken beschränken. Wie schwierig dies für die meisten Menschen — nicht nur für Pfarrer! — ist, erfährt man bei jedem „clinical training". Zweitens vertrete ich nicht die Mei-nung, daß hiermit das letzte, geschweige denn das entscheidende Wort auf dem Gebiet der Praxis der Seelsorge gesagt ist. Es bleibt dies immer ein Bereich, wo für Verkündigung, Ermahnung, Trost usw. im echt seelsorgerlichen Sinn des Wortes Raum ist. Allein, auch hier werden wir uns vergegenwärtigen müssen, daß die neue Methode des „counseling" uns auf diesem Gebiet ebenfalls entscheidende Dinge gelehrt hat.

Van der Schoot weist mehrfach darauf hin, daß in manchen seelsorger-lichen Gesprächen eine therapeutische Phase durchlaufen wird, und ich habe mehr als einmal an das Bild von Fosdick erinnert, der eine Insel erst umfahren haben will, ehe er einen Versuch zur Landung unter-nimmt. Verkündigen heißt nicht, wie es einmal ein Psychiater aus-drückte, „Geschosse abfeuern", sondern neben dem andern stehen und in echte Kommunikation zu ihm treten. Diese „existentielle Beziehung" wird nur erreicht auf dem Wege eines geduldigen und intensiven Ein-fühlens in den andern und in seine Schwierigkeiten. Wir müssen mit dem aktiven Zuhören anfangen, über das wir in diesem Buch schon mehrfach gesprochen haben. In einem Augenblick, der aufgrund von Erfahrung, Menschenkenntnis und genauer Einsicht in die Botschaft zu bestimmen ist, wird man zwischen „counseling" und „Verkündigen" wählen müssen. Aber in der ersten Phase des Gesprächs darf diese Unter-scheidung noch nicht getroffen werden. Wenn ein Mensch mit schweren Schuldgefühlen zu uns kommt, so können wir nie direkt die Vergebung der Sünden verkündigen. In der ersten „zuhörenden" Phase des Gesprächs wird deutlich werden müssen, wo eigentlich die Not dieses Menschen verborgen liegt. Wir versuchen mitdenkend und mitfühlend, ihn zur Klarheit kommen zu lassen. Vielleicht entdeckt er selber, daß seine Not mit einer charakterlichen Fehlentwicklung, mit mangelndem Vertrauen oder mit einer falschen Einstellung einem andern gegenüber zusammenhängt und daß er sich vor allem in dieser Beziehung ändern muß. Es ist auch möglich, daß der Pastor sieht, daß dieser Mensch sich selber nicht mehr helfen kann, weil er unter einer Schuld gebückt geht, die vergeben werden muß. Der Pastor muß dann versuchen, ihm wieder zu einem guten Gottesverhältnis zu verhelfen, indem er zu ihm von der vergebenden Liebe Gottes spricht, die ihn auf einen neuen Weg bringen will.

„Counseling" kann ein Teil unserer seelsorgerlichen Arbeit im weiteren Sinn sein, und seine Methode muß sich im seelsorgerlichen Kontakt aus der Haltung (Habitus) ergeben, in der der Seelsorger die erste Phase des Gesprächs führt. Dabei taucht ein anderes Problem auf.

„Counseling" ist nach der Auffassung von Rogers Psychotherapie. Wenn wir jemandem helfen wollen, sich selber zu helfen, dann betreiben wir ein gewisses Stück psychotherapeutischer Arbeit. Das kann nur gutgehen, wenn wir bestimmte Regeln im Auge behalten und befolgen. An erster Stelle gilt, daß wir dem andern Gelegenheit geben, sich auszusprechen. Uns Pfarrern fällt dies nicht immer leicht. Von einem Halbwüchsigen akzeptiert und toleriert man es vielleicht, wenn er gegen die Kirche oder seine Eltern ausfällig wird. Wir begreifen, daß dies für seine Entwicklung, für seine geistige Gesundheit also, nützlich sein kann, und so viel therapeutische Distanz bringen wir in dem Fall noch auf. Aber wenn ein älterer Mensch so über die Kirche, über seine Eltern oder vielleicht über seinen Ehegatten zu reden beginnt, dann fühlen wir das Bedürfnis, nicht alles einfach zuzulassen. Aber konsequentes „counseling" umschließt auch auf diesem Gebiet vollständige Toleranz, auch außerhalb des Sprechzimmers. Das ist für uns schwierig. Was tun wir, wenn wir wissen, daß jemand in der Ehe untreu ist oder daß er plant, seine Konfession zu wechseln?

Mehr als einmal werden wir vor die Frage gestellt, ob wir diesem „counseling", also diesem Beitrag unsererseits für das geistige Wachstum eines andern, Grenzen stecken sollen. Wir müssen von Fall zu Fall neu entscheiden, ob wir den Betreffenden zu innerer Selbständigkeit kommen lassen wollen und ihn selber entscheiden lassen wollen, oder ob wir

„directive" sein wollen und müssen. Ich kann mir Fälle vorstellen, in denen man die in einer Psychotherapie zu gewährende Freiheit nicht als letzte Richtschnur meint festhalten zu können. Es ist nur zu bemerken, daß Entscheidungen, hinter denen jemand nicht persönlich voll und ganz steht, oft bedenkliche Folgen haben.

Eine andere Regel ist, daß der Psychotherapeut dem andern keine Norm vorhält, sondern ihm hilft, die eigenen, aus der Erziehung mitbekommenen Normen so selbständig wie möglich als inneren Besitz zu erwerben oder sich gegebenenfalls nach reiflicher Überlegung von ihnen zu lösen. Das gilt auch für die religiöse Überzeugung. Ein guter Psychotherapeut versucht nicht, seine Patienten zu bekehren, sondern hilft ihnen, ihren eigenen Glauben als gereifte Menschen zu ihrer eigenen Überzeugung zu machen. Wenn ein Pastor überzeugt ist, daß er einem andern am besten durch eine konsequent durchgehaltene „counseling"-Beziehung hilft, dann muß er sich auch gegen sein inneres Bedürfnis zu verkündigen seines eigenen Glaubens enthalten und sich mit dem andern nicht in eine religiöse Diskussion einlassen. Er muß ihm durch bloße Aufmerksamkeit, durch Mitfühlen und Mitdenken dienen, wenn er sieht, daß der andere ernsthaft damit beschäftigt ist, den Weg zu eigenem Glauben zu finden.

Die Notwendigkeit der Strukturierung des Gesprächs

Wir haben deutlich gemacht, daß ein Pastor sich beim Führen eines seelsorgerlichen Gesprächs immer bewußt sein muß, was für ein Gespräch er führen zu müssen glaubt. Er kann sich — grob unterschieden — vor allem als der zuhörende „counselor" oder als der im Auftrag handelnde Verkündiger und Tröster verstehen.

Er muß sich auch darüber Klarheit verschaffen, ob der andere über die Struktur des Gespräches informiert ist.

Soll ein Gespräch gut verlaufen, dann müssen Pastor und Gemeindeglied gleiche Erwartungen hinsichtlich des Gesprächs haben, vor allem in bezug auf die Rolle des Pastors. Wenn der Pastor auf „counseling" eingestellt ist, und der andere erwartet eine mit Autorität dargereichte Lösung, so mißglückt das Gespräch. Bemerkt ein Pastor diese falsche Erwartung, dann muß er Klarheit schaffen. Er muß das Gespräch „strukturieren", indem er motiviert, warum er diese oder jene Rolle übernimmt. Wechselt er während des Gesprächs die „Rolle", so tut er gut, dies zu sagen und eventuell auch zu erklären.

Ich halte ein „Strukturieren" des Gesprächs immer für notwendig, wenn der Pfarrer zu Besuch kommt und der andere nicht weiß, was für eine Art Gespräch er führen möchte. Kommt er, um Bekanntschaft zu machen oder um eine bestimmte Botschaft zu überbringen? Kommt er nur zum Glückwünschen oder will er ein geistliches Gespräch führen? Ich bin überzeugt, daß viele Gespräche mißglücken, weil beide Partner sich der Struktur des Gesprächs ungenügend bewußt sind. Das bedeutet natürlich nicht, daß der Pfarrer immer einseitig diese Struktur bestimmen muß. Zunächst hat er die Wünsche und Erwartungen des andern zu erkunden. In der Praxis bedeutet dies, daß der Pfarrer, wenn er einen Besuch macht, kurz sagt: „Ich komme, um Sie kennenzulernen, ich bin der neue Pastor", oder „Ich habe gehört, daß hier jemand krank ist, ich möchte ihn gern besuchen", oder „Ich möchte Sie gern etwas fragen, darf ich eben hereinkommen?".

Das Akzeptieren

Rogers legt in seinen Veröffentlichungen immer großen Nachdruck auf einen Punkt, der nach seiner Überzeugung für das Glücken eines Gesprächs von ausschlaggebender Bedeutung ist: den andern zu akzeptieren, so wie er ist, sich jedes stillschweigenden oder ausdrücklichen Urteils über den andern zu enthalten. Wir berühren hier das Problem des seelsorgerlichen Habitus. Später werden wir darauf ausführlich zurückkommen. An dieser Stelle mögen einige Hinweise genügen. Wir haben unterschieden zwischen „counseling" und Seelsorge im engeren Sinn, und haben dabei angemerkt, daß der seelsorgerliche Kontakt in seiner ersten Phase „therapeutisch" sein kann, wie das van der Schoot vorzugsweise nennt, bzw. daß er sich als „counseling" vollzieht. Der Pastor lebt sich in die Situation des andern ein, ehe er als Seelsorger aktiv wird.
Rogers meint nun, Nicht-directive-Sein, dem andern helfen, sich selbst zu helfen, ist nur möglich, wenn man den andern positiv akzeptiert, also bei echter Teilnahme und Aufmerksamkeit. Gelegentlich gebraucht er dafür sogar das Wort Liebe oder „positive regard". Dagegen hängt das directive-Sein mit Kritik zusammen, mit einem Bedürfnis, den andern zu beurteilen oder zu klassifizieren. Das Merkwürdige ist nun, daß jeder Mensch — auch der Pfarrer — geneigt ist, directive zu werden und vorschnell helfen zu wollen, ohne ganz bei dem andern zu sein. In unseren Analysen sind wir immer wieder darauf gestoßen.

Nach meiner Überzeugung ist auch Seelsorge nicht möglich, ohne daß wir den andern im Sinne von Rogers akzeptieren, wenn es hier vielleicht auch anders motiviert werden muß. Unsere „Voreiligkeit" hängt meistens an einem Mangel echter Bejahung. Wie sollte die „Bejahung" geartet sein?

In der Situation des „counseling" spielen wir die Rolle des Hirten, bei dem der andere Geborgenheit, Ruhe und Aufmerksamkeit findet und bei dem er „zu sich selbst" kommen kann. Wir stehen also dem andern zur Verfügung. Meines Erachtens gehört dies zum „Amt" des Pastors. Es muß zum Leitbild, das er von sich selbst hat, gehören. Er steht im Dienste Christi, und die Liebe Christi zwingt uns Christen, wie Paulus sagt, zur Verfügung zu stehen. Es ist aber eine Liebe, die sich prinzipiell von der Sympathie unterscheidet. Der Pastor muß dem Ratsuchenden wie ein Arzt gegenübertreten, der seine Patienten unabhängig von Sympathie oder Antipathie betreut. Als Pastoren sehen wir den andern im Licht Christi, oder vielleicht besser gesagt mit den Augen Christi. In der Liebe Christi sehen wir den Mitmenschen, wie er um einen guten Weg für sein Leben ringt und enthalten uns jeglichen Urteils. Sollte für uns ein Urteil feststehen, so sprechen wir es nicht aus. Aus der Situation heraus, die wir als „counselor" ihm gegenüber einnehmen, wird dieses Urteil ihm nicht helfen, seinen Weg zu finden. Ihm hilft in dieser Situation nur unser Mitleben, die Geborgenheit, die wir ihm schenken, die Liebe, in der wir an seinen Problemen teilnehmen. Ein Urteil, ein vorschnelles „directive"-Sein würde seinen Gang auf dem Weg zu sich selbst, sein Bedürfnis, mit sich selbst ins Reine zu kommen, blockieren. Die Liebe Christi muß uns helfen, die Freiheit im Gespräch zu verwirklichen, die den anderen zur richtigen Beurteilung seiner selbst kommen läßt.

Beim seelsorgerlichen Kontakt im engeren Sinn liegt es etwas anders, weil dieser m. E. auf einer anderen Ebene als „counseling" liegt, wenn wir auch beides als Aspekte der seelsorgerlichen Arbeit sehen. Hier geht es, wie wir S. 30 gesehen haben, um den Aufruf zur Bekehrung, um die Ermahnung und die Verheißung von Trost und Vergebung.

Wir sollten in diesem Zusammenhang an den Kontakt denken, den Jesus mit den Zöllnern hatte. Er akzeptierte sie im Licht seiner Liebe. Er ging zu ihnen und aß mit ihnen, was im Orient damals große Bedeutung hatte. Er stand nicht auf der Seite derer, die die Zöllner lediglich aus der Gesellschaftsstruktur jener Jahre beurteilten, sondern er nahm auf anderer Ebene eine Beziehung zu ihnen auf. Er sah sie — wie jeden anderen Menschen — als durch Gott Gerufene — und das bestimmte seine Haltung ihnen gegenüber. Er nahm sie als Menschen, denen er sagen mußte, daß auch sie im Lichte standen. Und das bedeutete von Anfang an, daß er sie bejahte. Er konnte ihnen gegenüber nicht directive sein in dem Sinn, den das Wort bei Rogers hat. Indem er zu ihnen ging, zeigte er im Gegenteil, daß er stehen wollte, wo sie standen, und daß er sie, über alle Vorurteile erhaben, bejahte.

Bei dem allen will eines bedacht sein: Nicht-Akzeptieren bedeutet Abweisen. Wir haben gesehen, wie sehr die Furcht, abgewiesen zu werden, das Verhältnis zwischen Menschen bestimmen kann. Wir dürfen hinzufügen, daß diese Angst des Ratsuchenden die seelsorgerliche Situation im engeren Sinn so beherrscht, wie sie die Beziehung der Menschen zu Jesus beherrschte. Die „Frohe Botschaft", die Verkündigung des Evangeliums soll die Gewißheit bringen, daß man nicht abgewiesen, sondern gerufen ist, daß man in Gottes Licht steht. Jesu Haltung gegenüber den Menschen ist eine lebendige Demonstration dieser Botschaft, wie auch die seelsorgerliche Haltung des Pastors die Botschaft, die er bringt, demonstrieren muß.

Ich bin davon überzeugt, daß diese Bejahung echte Verkündigung und echte Seelsorge im engeren Sinn erst möglich macht. Ohne sie bleibt es bei bloßer Unterrichtung.

Verkündigen geschieht zwischen zwei Subjekten als ein Zusprechen, nicht als Herüberziehen. Es setzt Zusammenstehen und solidarisches Erleben voraus. Verkündigen geschieht darum im Akt des Glaubens, in dem Risiko, mit dem man nach einer Wahrheit greift, die menschliches Vermögen übersteigt.

Prophetische Barmherzigkeit

In meiner Schrift „Seelsorgerliche Erkundung, eine Untersuchung über die emotionalen Beziehungen im seelsorgerlichen Gespräch"[13] habe ich die „prophetische Barmherzigkeit" als grundlegend für die Haltung des Pastors bezeichnet. Ich meine damit das Akzeptieren des anderen, auch wenn Grund zum Zorn vorliegt, auch wenn ein Urteil zu sprechen ist oder zur Bekehrung aufgerufen werden muß. Der andere bleibt stets in einem tiefen Sinn der Mitmensch, der auch der Gerufene ist, der auf der Schwelle zum Licht steht und in dem vielleicht nur das Bewußtsein seiner Lage geweckt werden muß.

---

[13] Pastorale verkenning, een onderzoek naar de emotionele relatie in het pastorale gesprek, Haag 1958.

Dieses Urteil ist also ein anderes Urteil als das, was Rogers abweist, weil es den Pastor zum Moralisieren und zum directive-Sein verführt. Es geht aus einem grundsätzlich verschiedenen Habitus hervor. In ihm ist die Liebe verborgen. Auch der Unheils-Prophet ist barmherzig in einem tiefen Sinn. Es geht ihm letztlich um die Rettung seines Volkes. Seine Barmherzigkeit gründet in seinem Prophet-Sein. Er ist der Prophet des Lichts. Seine Aufgabe ist es, den anderen in die richtige Beziehung zu Gott zu bringen, und dies liegt auf einer anderen Ebene als der, auf der sich das directive-Sein in der Beziehung zum anderen bewegt.

Der richtige Habitus

Wir haben in diesem Buch wiederholt betont, daß der Pastor seine Arbeit im richtigen Habitus verrichten muß. Die technischen Hinweise über das Zurückspiegeln der Gefühle, das Nicht-directive-Sein usw., sind nur Hilfsmittel, deren Wirkung davon abhängt, daß sie aus dem richtigen Habitus kommen und von ihm getragen werden. Rogers hat auch für Theologen diesen Habitus auf vortreffliche Weise formuliert. Freilich gilt das, was er sagt, in gewisser Hinsicht von aller Therapie, auch von der gewöhnlichen medizinischen, und die Liebe, mit der der Pastor seine Gemeindemitglieder aufsuchen und führen muß, steht dem „Positive regard" auch nicht fern. Nur sieht der Pastor deutlicher die Quelle, aus der er schöpfen muß, um diesen Habitus zu finden und ihn festhalten zu können. Es ist sein Wissen darum, daß er im Dienst Christi steht und im Licht seiner Liebe jeden Menschen sieht.
Der Habitus hat zwei Aspekte, die unterschieden werden müssen, einen negativen und einen positiven. Hinsichtlich des positiven Aspektes bedeutet dies, daß der Pastor stets mit Aufmerksamkeit und Liebe bei dem andern zu sein versucht, daß er ihm im Wechsel seiner Gefühle und in dem, was er auszudrücken versucht, folgt. Er bejaht den anderen so, wie er ist, und versucht, sich so vollständig wie möglich in ihn hineinzuleben. Der negative Aspekt besagt, daß der Pastor bestimmte Dinge nicht tut bzw. nicht tun kann: Er kann nicht Abstand halten und von dort aus den andern als Objekt beurteilen, moralisierend zu ihm reden und ihn auf diese Weise in eine wünschenswert erscheinende Richtung dirigieren; er kann sich auch nicht — wie dies oft aus Unsicherheit geschieht — aus der Nähe dieses konkreten Menschen dadurch entfernen, daß er sich generalisierend oder auf andere Weise seinen Gefühlen entzieht.

Das Ehepaar Balint beschäftigt sich seit Jahren mit der Untersuchung der psychologischen Aspekte des medizinischen Gesprächs. Es ist bemerkenswert, daß auch in ihren Studien das Problem des richtigen Habitus eine große Rolle spielt. In ihren beiden Büchern" The doctor, his patient and the illness" und „Psychotherapeutic techniques in medicine" (London ²1960 und 1961)¹⁴ kommen beide wiederholt darauf zurück. Nach ihrer Meinung müßte jeder Arzt ein Training durchmachen, das ein „limited, but considerable change in personality" zur Folge hat, ehe er die richtige „attitude" besitzt. Die gebräuchliche Technik im medizinischen Gespräch ist die des Fragenstellens. Aber Balint sagt in seinem erstgenannten Buch: „Nach unseren Erfahrungen ist es so: wenn der Arzt im Stile der üblichen Anamnese fragt, so erhält er eben Antworten auf seine Fragen — aber weiter auch nichts. Wenn er zu einer „tieferen" Diagnose kommen will, so muß er erst einmal lernen zuzuhören. Dieses Zuhören ist eine weit schwierigere und subtilere Technik als die andere, auch notwendige, die dem Zuhören vorangehen muß: den Patienten dahin zu bringen, daß er sich entspannt und imstande ist, frei zu sprechen. Die Fähigkeit zuzuhören ist unbedingt eine Kunst und verlangt eine wesentliche, wenn auch begrenzte innere Umstellung des Arztes (a considerable though limited change in the doctor's personality)" (deutsche Ausgabe S. 171).

Balint läßt sich nicht weiter über diese Änderung aus, aber es ist bemerkenswert, daß er das gute Zuhören-Können damit in einen engen Zusammenhang bringt. Man übertreibt nicht, wenn man sagt, daß sich auch bei Rogers der richtige Habitus, den er vom Psychotherapeuten erwartet, in dem guten Zuhören-Können verwirklicht. Auch das, was wir über den Habitus des Pastors gesagt haben, findet in diesem Zuhören seinen Mittelpunkt.

In Thurneysens Buch „Die Lehre von der Seelsorge"¹⁵ heißt es auf Seite 116 über das seelsorgerliche Gespräch und besonders über seine psychologischen Aspekte: „Es geht vergleichsweise zu wie beim Arzte: Er hat zunächst die Anamnese zu machen, den Patienten anzuhören und zu untersuchen und die Diagnose zu stellen, und dann erst geht er zum Eingriff über. Aber auch dann, und gerade dann muß er erst recht die ganze Lage des Kranken vor Augen haben und vor Augen behalten, um in der rechten Weise eingreifen zu können. Genauso ist das Aufnehmen

---

¹⁴ Der Arzt, sein Patient und die Krankheit, Stuttgart ³1965; Psychotherapeutische Techniken in der Medizin, Stuttgart o. J.
¹⁵ 3. Aufl. Zürich 1965.

der Lage des Menschen und das Mitnehmen zum Wort Gottes hin nicht voneinander zu trennen." Er fährt fort: „Die Bewegung des Aufnehmens geschieht in Gestalt eines Erforschens und Erfassens der Lage, wobei der das Gespräch Führende sich all der Mittel bedient, die sich hier anbieten. Wir nennen als erstes das Mittel der *Psychologie.*"

Zwei Dinge schätze ich in dem wichtigen Buch von Thurneysen besonders: Erstens sein deutliches Bild vom Wesen der Seelsorge — wenn ich es auch angesichts der Wirklichkeit der seelsorgerlichen Praxis zu beschränkt finde — und zweitens seinen Versuch, dem Pfarramt eine moderne Gestaltung zu geben, indem er es nicht vom Leben unserer Zeit isoliert, sondern es mit allen Hilfsmitteln arbeiten läßt, die die Psychologie uns heute zur Verfügung stellt. Dabei weiß er sich von allerlei Vorurteilen zu befreien. Aber er geht meines Erachtens zu *deduktiv* vor. Er schreibt eine „Lehre" und blickt zu wenig auf die psychische Wirklichkeit der Beziehung zwischen Seelsorger und Gemeindeglied. Seine abschließenden Seiten über den „Seelsorger" wird kein Pastor ohne Gewinn lesen. Aber er erfährt nichts über den erforderlichen Habitus im seelsorgerlichen Gespräch, der — wie wir von Rogers und Balint lernen — von entscheidender Bedeutung ist. Im obigen Zitat von Thurneysen liegt der Akzent auf der Diagnose und auf dem anschließenden „Eingreifen". Der Pastor wird hier als der Fachmann angesehen, der den anderen aus einer Distanz heraus ansieht und beurteilt und dann das Messer ansetzt. Von einem Bei-dem-anderen-Stehen ist keine Rede. Nur von einem Den-anderen-Mitnehmen. Es ist alles vom Pastor aus aufgebaut, und es wird nicht vom anderen her gedacht. Es geht Thurneysen vor allem darum, daß der Pastor in der Lage ist, seine Lehre von der Seelsorge korrekt anzuwenden, während er die Befreiung des ratsuchenden Gemeindegliedes nicht in erster Linie im Auge hat. Bei ihm gibt es nicht das Zuhören und die „deeper diagnosis", von der Balint spricht und ebensowenig jenes „positive regard", das Rogers so mit Nachdruck betont. Ich vermisse auch die „prophetische Barmherzigkeit". Dagegen bekommt die „Botschaft" bei Thurneysen etwas merkwürdig Starres. Er will in allen Lebenssituationen das Gespräch auf das eine Thema von der Vergebung der Sünden hinführen: „Das seelsorgerliche Gespräch hat wie die Verkündigung der Kirche überhaupt zum alleinigen Inhalt die Ausrichtung der Vergebung der Sünden in Jesus Christus" (S. 129).

Wir nannten oben drei große Themen für das seelsorgerliche Gespräch im engeren Sinn und wiesen überdies noch auf weitere seelsorgerliche Aktivität hin, die sich um dieses zentrale Thema bewegt. Für diese Unterscheidungen hat Thurneysen keinen Blick. Es scheint bei ihm so, als ob die „Verkündigung", das befreiende, lichtgebende Wort, das der Pastor schließlich zu sprechen versucht, nicht aus einer extentiellen Situation heraus, in der Seelsorger und Ratsuchender nebeneinander stehen, im Glauben als Wagnis verwirklicht werden muß, sondern als ob Verkündigung als Therapie aufgrund einer Diagnose auf die jeweilige Situation angewendet werden kann, so daß der Pastor — mit den Worten von Thurneysen — den anderen „ganz *mit*nimmt hinein in das Licht und die Kraft jenes anderen Ortes, von dem man selber herkommt" (S. 115). Kommt auch der Pastor von einem bestimmten Ort auf den andern zu, so ist nach meiner Überzeugung sein Habitus falsch, wenn er meint, den andern *dorthin mitnehmen* zu müssen. Vielmehr muß er sich selber als einer betrachten, der den andern zu dem Ort begleitet, wo Gott diesem Menschen begegnen will, und kennt er im Glauben auch das Ziel, so ist doch nicht gesagt, daß sein eigener Weg immer der des andern ist. Es besteht für mich ein Unterschied zwischen den Worten „die Liebe Christi dringt mich" und „die Lehre der Kirche sagt mir". Der Unterschied läßt sich auch anders verdeutlichen. Thurneysen spricht von dem Mitnehmen des andern, und ich meine, es gehe darum, zum Standort des anderen hinzugehen –– wir denken an das Bild vom „Umfahren der Insel" — um wirklich zu sehen, wo der andere steht. Wir müssen bei ihm sein, um seine Schuld, seine Zweifel, sein Sich-Einigeln, seinen Mangel an Einsicht, kurz, seine Finsternis zu verstehen und wirklich mit ihm aus Liebe sprechen zu können, wie es uns der heilige Geist lehrt. Meines Erachtens liegt in jedem echten seelsorgerlichen Gespräch etwas von der Unsicherheit der Spannung und vielleicht auch der Angst, die Jesus im Auge hatte, als er seine Jünger mahnte, sich nicht darüber zu sorgen, was sie reden sollten, wenn man sie überantworten würde: „Es soll euch zu der Stunde gegeben werden, was ihr reden wollt. Denn ihr seid es nicht, die da reden, sondern eures Vaters Geist ist es, der durch euch redet." (Matth. 10, 19 f.).

Das Zeugnis des heiligen Geistes

Wir berühren hier einen Punkt, den eine theologische Durchleuchtung des seelsorgerlichen Gesprächs nicht umgehen kann, nämlich die Frage, welche Bedeutung das Wirken des heiligen Geistes in diesem menschlichen Kontakt hat. Die europäische evangelische Theologie hat die Lehre vom heiligen Geist, besonders im Hinblick auf die Seelsorge, merkwürdig wenig ausgearbeitet. Dagegen weist die amerikanische Theologie dem Werk des heiligen Geistes auf seelsorgerlichem Gebiet eine besonders große Rolle zu, allerdings bei mangelhafter theologischer Durchdringung des Problems. Wir müssen hier auf zweierlei hinweisen. Erstens: Das Zeugnis des heiligen Geistes muß im Gespräch sichtbar werden. Sehen wir bei dem andern nicht die pneumatische Befreiung, sondern bleibt es beim Anhören unserer Worte, ohne daß der andere dadurch wirklich innerlich weitergebracht und vor allem befreit wird, so ist von dem Zeugnis des heiligen Geistes keine Rede und wir müssen uns fragen, bei wem die Schuld liegt. Sie kann auch beim Pastor liegen. Dieses Buch soll dem Pastor helfen, sich zu überlegen, wo sein Fehler gelegen hat, wenn ein seelorgerlicher Kontakt mißglückt ist. Zweitens: Ein seelsorgerlicher Erfolg setzt eine bestimmte Beziehung des Pastors zum Ratsuchenden voraus, wie wir sie wiederholt auf verschiedene Art umschrieben haben. Nur wenn wir neben dem andern stehen, mit Aufmerksamkeit und Liebe uns wirklich als Hirten des Ratsuchenden fühlen, kann der heilige Geist sein Werk verrichten. Als Selbstverständlichkeit sei hinzugefügt, daß es nicht darum geht, den andern in Watte zu legen, sondern ihn so zu akzeptieren, wie er ist, nötigenfalls auch ihm — in Liebe — mit Zorn zu begegnen. Wir verkündigen nicht im prophetischen Sinn des Wortes, wenn wir nur bestimmte Worte aussprechen und nach bestimmten Regeln Unterricht erteilen. Andererseits kennt Gottes Werk keine Grenzen. Er vermag auch durch einen schlichten Zeitungsbericht einen Menschen zu sich zu bringen.

Psychologische Erläuterungen

Ein komplizierter Gesichtspunkt, der leicht mißverstanden werden kann, soll hier noch Erwähnung finden. Es geht um die Verbindung zwischen Theologie und Psychologie. Mir scheint, es bedarf für das Studium der Seelsorge einer näheren Untersuchung dessen, was die Psychologie unter Identifikation versteht. Sie meint damit die Tatsache, daß ein Mensch, vor allem ein Kind, sich mit einem anderen geliebten und verehrten (älteren) Menschen identifiziert. Ein Kind schafft sich ein Ideal-Ich, indem es die Ideale, die Normen und die Glaubensüberzeugungen des andern in den eigenen Lebensplan aufnimmt. Es möchte dem betreffenden Menschen nachfolgen und immer dicht bei ihm sein.

Diese Identifikation ruht auf einer bestimmten Beziehung der Liebe oder der Verehrung. Sie unterscheidet sich nicht von dem Prozeß, den wir oben theologisch beschrieben haben. Was wir theologisch von Gott aus gesehen das Werk des heiligen Geistes nennen, ist vom Menschen aus gesehen, also psychologisch betrachtet, der Prozeß der Identifikation. Eine solche Beziehung wird im seelsorgerlichen Gespräch vom Pastor aus hergestellt. Freilich besteht nicht ein Gefälle, wie vom Sachverständigen zum Laien, sondern Freiheit und Liebe bilden die Grundlage. Aber es besteht doch eine Abstufung wie zwischen einem Heranwachsenden und seinem älteren, weiseren Freund, zu dem er „aufsieht", und häufig kommt es daher im seelsorgerlichen Kontakt zu infantilen Einstellungen auf seiten des Ratsuchenden. In anderen Veröffentlichungen[16] habe ich mehrfach darauf hingewiesen. Nach meiner Überzeugung macht dieser Aspekt in der seelsorgerlichen Beziehung das, was wir theologisch das Werk des heiligen Geistes nennen, psychologisch verständlicher. Ich hoffe, man sieht, daß ich nicht einer Verpsychologisierung des Glaubens verfalle. Ich versuche lediglich, dem nachzuspüren, was die Psychologie über religiöse Prozesse, sofern sie auch psychische Prozesse sind, sagen kann. Wir haben hier einen Punkt vor uns, von dem aus Theologie und Psychologie anvisiert werden können, ohne daß die Autonomie eines der beiden Bereiche angetastet wird.

Amt, Gemeinde, Wort Gottes

An dieser Stelle scheint uns eine Beschäftigung mit der Frage angebracht, was Amt, Gemeinde und Wort Gottes im seelsorgerlichen Gespräch bedeuten. In den letzten Jahrzehnten ist ein Aufleben des Amtsbewußtseins wahrzunehmen. Ich finde dies erfreulich. Ein schärferes Bewußtsein von der Aufgabe und der Berufung der Kirche und ihrer Diener in unserer sich rasch verändernden Gesellschaft, die in vielen Bereichen die Teamarbeit verlangt, kann durchaus gesund sein. Nur gilt es, in der Arbeit des Pastors Bleibendes und Zeitbedingtes zu unterscheiden. Es besteht die Gefahr, daß sich das Amtsbewußtsein mehr auf das hergebrachte Modell einer Kirche als gesellschaftliches Institut, als auf das Wesentliche, nämlich daß der Pastor Diener Christi ist, richtet. Uns scheint für jeden Pfarrer eine Spannung darin zu liegen, daß er weit-

---

[16] Over ziek zijn (Über das Kranksein), Assen 1956. Problemen rond het ziekbed (Probleme um das Krankenbett), Assen 1959. Deutsch: Seelsorge am kranken Menschen, Handbücherei für die Gemeindearbeit 45, Gütersloh 1969.

gehend in überkommenen Formen dieses Wesentliche des Amtes verwirklichen muß.

Bei Haus- und Krankenbesuchen, in Predigten wie im Unterricht und in seelsorgerlichen Gesprächen wird immer wieder der Versuch gemacht, das niemals ganz innerhalb des menschlichen Bereiches liegende prophetische Zeugnis lebendig und anschaulich werden zu lassen. Unsere kirchliche Ausbildung suggeriert uns eine Sicherheit, die mehr mit Sachkunde gemein hat als mit einem „Hören auf das, was der Geist uns sagt". In bestimmten Fällen kann das Amtsbewußtsein dem Pastor-Sein im Wege stehen und den seelsorgerlichen Habitus in falscher Weise beeinflussen. Der Pastor sollte immer an die Übersetzung seines Titels „Hirte" denken, wenn er die Bezeichnung „Amt" für seinen Auftrag gebraucht. Meinem Gefühl nach schwingt in dem Begriff „Hirte" das Mitdenken, das Bei-dem-andern-Sein, das Zuhören und das „Counseling" mit, das alles zusammen die Grundlage bildet, aus der sich die Verkündigung von selbst ergibt. Dagegen erinnert das Wort „Amt" einseitig an die Aufgabe, an den Auftrag und macht den Pastor oft unsicher, ob er in einem seelsorgerlichen Kontakt diese Aufgabe genügend erfüllt hat, d. h. ob er deutlich genug verkündigt hat.

Weiter ist zu fragen, was die Gemeinde im seelsorgerlichen Kontakt bedeutet. Sind am seelsorgerlichen Gespräch nur zwei Individuen beteiligt, oder muß berücksichtigt werden, daß der Pastor ein Amt hat, das im Gemeindeleben seinen Sinn erhält, so daß der Ratsuchende aktuell oder zumindest prospektiv als Gemeindeglied angesprochen werden muß? Sehe ich recht, so muß man verschiedenes unterscheiden: Erstens ist der Pastor Diener der Gemeinde, und er sieht den Ratsuchenden im Lichte Christi stehen, auch wenn der Ratsuchende das eine wie das andere nicht empfindet. Dabei wird das Gespräch aber einen sehr persönlichen Charakter tragen, zumal häufig Einzelheiten zur Sprache kommen werden, die Beichtgeheimnis bleiben müssen. Zweitens wird der Pastor im Gespräch auf die Tatsache zurückgreifen können, daß der andere Glied seiner Gemeinde oder mindestens Glied der Kirche Christi ist, auch wenn dies im Einzelfall nicht in ausdrücklichen Worten geschehen kann. Es besteht folglich in dem Kontakt ein „Wir-Verhältnis", das das Element der „Verkündigung" organisch aus dem Gespräch erwachsen lassen wird. Drittens darf der Pastor in einem seelsorgerlichen Gespräch daran denken, daß die Gemeinde in manchen Fällen als „therapeutische" Gemeinschaft auftreten kann, in der der andere einen Platz, Aufmerksamkeit, Entwicklungsmöglichkeit und Ruhe finden kann, woran er sonst Mangel leidet. Zum Hirtenamt gehört m. E. auch das „organische" Einfügen der Schafe in die Gesamtheit der Herde. Allerdings wird jeder Pastor die Erfahrung machen, wie wenig die Gemeinde in schwierig gelagerten Fällen als ein „Organismus" angesehen werden kann, dessen Glieder nach dem Muster von 1. Kor. 12 und 13 miteinander leben.

Was bedeutet nach dem oben Gesagten im seelsorgerlichen Gespräch die Verkündigung des Wortes Gottes? Die prophetische Barmherzigkeit, von der wir sprachen, muß Träger des Wortes Gottes sein. Dieses liegt nicht in einem bestimmten Text oder in einer kirchlichen Äußerung für das Gespräch bereit, so daß wir damit hantieren könnten. Das Wort Gottes kann nur im Glauben in die konkrete Situation gesprochen werden und muß also immer wieder aktualisiert werden. In meiner Schrift „Seelsorgerliche Erkundung" habe ich betont, daß der Gebrauch von Bibeltexten durch diese Situation bestimmt wird: „Sie dürfen nur zitiert werden, wenn sie in dem transzendenten Raum des heiligen Geistes sozusagen von selbst auftauchen ..." Das meine ich mit aktualisierendem Glauben. Das Folgende mag es noch vertiefen: „Das letzte Stadium wird erreicht, wenn im Gefühl des andern der Pastor als mitbestimmender Faktor beim Treffen von Entscheidungen verschwindet, und der Betreffende allein im Raum seiner eigenen Freiheit, aber innerlich geklärt und aufgehoben durch das Licht des heiligen Geistes, vor Gott steht. Der Pastor bleibt nur anwesend als vertrauter, liebevoller, freundschaftlicher Hintergrund, damit die Einsamkeit der Entscheidung nicht unerträglich wird. Der Pastor muß einen positiven, vorwärtsweisenden Gedanken seines Gesprächspartners mit einem Schweigen aufnehmen, das nicht nur ein Zuhören, sondern zugleich ein Schaffen von Stille ist, in der der andere bis dahin begleitet wird, wo er allein mit Gott sein kann[17]."

Nach meiner Überzeugung ist das Sprechen des Wortes Gottes etwas anderes als das, was Rogers unter „directive-Sein" versteht, und was wir auch für das seelsorgerliche Gespräch abgelehnt haben. Im Sprechen des Wortes Gottes bleibt jener liebevolle Abstand erhalten, den wir als grundlegend für die seelsorgerliche Beziehung bezeichnet haben und in dem jedes „directive-Sein" fehlt.

Was macht das Sprechen des Pastors zu einem Sprechen des Wortes Gottes? Oder anders gefragt: In welcher Situation muß der Pastor bewußt zum Verkündigen übergehen und die Situation des „counseling" verlassen? Wir haben die Seelsorge im Anschluß an die Bibel umschrieben als

---

[17] Pastorale verkenning. Haag 1958, S. 78.

Aufruf zur Bekehrung, als Ermahnung und als Verheißung des Trostes und der Vergebung. Diese drei Aspekte bringen ein neues Element in die Situation. Sie lassen das Wort des Pastors im rechten Sinn seelsorgerlich werden, wenn es von außerhalb, also nicht aus dem immanenten menschlichen Zusammenhang heraus, etwas Neues in das Leben des anderen hineinträgt. Sie wirken befreiend, wenn sie angenommen werden, lassen aber das Ausweglose der Lage hervortreten, wenn sie zurückgewiesen werden. Unsere Schlußfolgerung muß demnach lauten: Der Pastor muß und kann verkündigen, wenn dadurch ein verfahrenes Leben wieder auf den guten Weg gebracht und jemandem, der das Licht nicht sieht, gezeigt werden kann, daß er im Licht steht. Dies setzt voraus, daß der Pastor neben dem andern steht in dem Sinn, in dem wir es mehrfach gesagt haben, und daß er die Situation des andern mit dessen Augen sieht, nur daß das Erkennen seines Glaubens weiter reicht.

Und gegenüber den „Verstockten"?

Jeder Pastor kennt Menschen, die das Wort Gottes nötig brauchen und die er nicht erreicht. Ich hoffe deutlich gemacht zu haben, daß „Moralisieren" oder „Dogmatisieren" hier nicht helfen wird. Das gleiche gilt von jeder Kritik, mit der der Pastor versuchen will, „directive" in das Leben der Betreffenden einzugreifen. Der Pastor wird nur negative Reaktionen erfahren. Dagegen ist eine möglichst vollständige Identifikation des Pastors mit ihrem Leben, ihren Gefühlen, Ängsten, Ressentiments, Sehnsüchten und ihrem Leiden notwendig. Das Wort Gottes muß in einem richtigen Ton gesagt werden, der wie von selbst in uns geboren werden muß. Wir sollten immer bedacht sein, die Freiheit des andern und sein Recht auf eine eigenständige Lebensführung zu respektieren, allein die Liebe Christi darf uns bei dem Suchen nach einer seelsorgerlichen Beziehung dringen, während wir selbst uns nur zögernd auf den Weg machen. An dieser Stelle möchte ich zitieren, was ich andernorts[18] geschrieben habe über die Seelsorge an denen, die nicht zu uns kommen, obwohl sie die Seelsorge nötig haben: „Was sind unsere Motive? Wirklich keine anderen als prophetische Barmherzigkeit? Werden die „Verstockten" imstande sein, unser Wort auf eine rechte Weise zu sich zuzulassen? Wir müssen sprechen, wo immer diese Möglichkeit besteht. Aber es gibt auch Menschen, deren letzte Seelsorge man Gott überlassen muß ..."

---

[18] Pastorale verkenning. Haag 1958, S. 48.

7*

Die Rolle des Pastors gegenüber der des Psychotherapeuten

Auf die zentralen Grundlagen der Seelsorge wurde ausführlich eingegangen, weil m. E. der Pastor ein klares Bild von seiner *Rolle* nötig hat, wenn er sich nicht auf dem großen, komplizierten Gebiet der modernen Seelsorge verirren will. Die fortschreitende Differenzierung der verschiedenen Arbeitsgebiete macht eine genaue Rollen-Bestimmung nötig, damit sich die Vertreter der verschiedenen Berufe nicht gegenseitig im Wege stehen, sondern die Möglichkeit einer zielstrebigen Zusammenarbeit erkennen.

Viele Theologen, die unsere Forderung nach einer stärker psychologisch verantworteten Seelsorge hören, fürchten eine Verpsychologisierung der Seelsorge. Mancher wird nur reserviert unsere Berufung auf Rogers und unsere Akzentverlagerung auf das „counseling" zur Kenntnis nehmen. Begreiflicherweise befürchtet man, daß Seelsorge zu einer Psychotherapie für leichte Fälle werden kann und der Pastor seine eigentliche Berufung verleugnet. Es ist darum angebracht, den grundsätzlichen Unterschied der Rollen des Pastors und des Psychotherapeuten herauszuarbeiten.

Für den Pastor haben eine Reihe von Faktoren Gewicht, die in der Rolle des Psychotherapeuten auch dort, wo sich die Arbeit beider berührt, nicht vorkommen. Zum Beispiel arbeitet der Pastor nicht gegen Bezahlung und aufgrund eines Vertrages — ein Gesichtspunkt, auf den Karl Menninger in seiner Studie über das psychotherapeutische Gespräch Nachdruck legt. Der Pastor steht nicht in einem Dienstverhältnis, sondern übt ein Amt aus. Sein Gehalt garantiert ihm lediglich seinen Lebensunterhalt, verpflichtet ihn aber nicht zu spezieller Seelsorge.

Er sieht im Ratsuchenden nicht den Patienten oder den Klienten, den er als Fachmann beraten muß, sondern er sieht in ihm den Mitmenschen, der im Licht Christi steht und der durch seine Vermittlung davon hören darf. Pastor und Ratsuchender gehören zur Gemeinde Christi und stehen innerhalb dieser Beziehung einander bei, um das in ihrem Leben zu werden und zu finden, was Christus sie werden und finden lassen will.

Der Ratsuchende hat dem Pastor bereits im voraus eine bestimmte Rolle innerhalb der Situation, in der er sich selber befindet, zugedacht. Die Rolle, die wir als Pastoren spielen, ist also immer von uns und dem andern zusammen bestimmt. Insofern ist sie grundsätzlich von der des Psychotherapeuten verschieden.

Es fragt niemand den Pastor um Rat, weil er „Beschwerden" hat und von diesen „Beschwerden" befreit werden möchte, um sein Leben gesünder und vitaler führen zu können, sondern er sucht Rat und Leitung in seinen Versuchen, aus seinem Leben mehr zu machen, als es im Augenblick ist. Er hat sich verrannt und findet keinen Ausweg. Er sucht nach neuen, besseren Möglichkeiten. Bei alledem spürt er undeutliche oder deutliche Schuldgefühle, hat also das Bewußtsein, daß er selber etwas ändern kann. Er betrachtet den Pastor nicht als Arzt, sondern als Lebensleiter, der vom Geheimnis des „wahren" Lebens mehr weiß als er selbst. Vielleicht sucht er im Pastor die Autorität, die ihm Rezepte geben wird, oder einen väterlichen Vertrauten, bei dem er sich einmal aussprechen kann und bei dem er Verständnis für seine Probleme findet, so daß unter Umständen in dieser Unterhaltung eine befreiende, erneuernde Einsicht durchbrechen wird. Mit dergleichen — oft verworrenen — Erwartungen kommen Menschen zum Pastor, wenn sie Schwierigkeiten in der Familie oder in anderen mitmenschlichen Beziehungen haben, oder wenn sie an sich selbst zu zweifeln beginnen.

Die Rolle des Pastors wird in allen diesen Erwartungen anders gesehen als die des Therapeuten. Gehen einige Menschen mit Problemen dieser Art zu ihrem Hausarzt — also nicht zum Therapeuten —, so sehen sie in diesem Fall in ihm auch nicht in erster Linie den Arzt, sondern den Mann, der über größere Lebenseinsicht verfügt und mit dem man über diese Dinge „so gut" reden kann. Er steht dann gewissermaßen mit dem Pastor auf einer Ebene. Warum geht der Pastor auf diese Art von Gesprächen ein? Offenbar, weil er die „Rollen-Erwartungen" seiner Gemeindemitglieder teilt. Er betrachtet es als seine Aufgabe, ihnen auf diesem Gebiet zur Seite zu stehen.

Wir wollen versuchen, näher zu analysieren, was das bedeutet. Der Ratsuchende sieht den Pastor — und dieser will so gesehen werden — als „Wegweiser" zum Licht, zum „guten" Leben. Dieses „gute" Leben hat die horizontale Dimension der zwischenmenschlichen Beziehungen und des Verhältnisses des Menschen zu sich selbst — anders gesagt: seines Glücks — und die vertikale Dimension des Verhältnisses zu Gott, zur letzten Wahrheit des Lebens. Man zieht den Pastor hinein, weil man ein unbestimmtes Gefühl hat, daß sich diese beiden Dimensionen nicht getrennt denken lassen, sondern daß beide in jeder Lebenssituation mitspielen. Grundsätzlich ist also die Unterscheidung zwischen einem seelsorgerlichen Gespräch im weiteren Sinn, dem „counseling", und einem im engeren Sinn, in dem „verkündigt wird", künstlich. Das ist der richtige Ausgangspunkt von Thurneysen. Wer „unglücklich" ist und mit Schuldgefühlen herumläuft, fühlt, daß etwas an der Verwirklichung des heiligen Sinns seines Lebens fehlt, und wer zynisch oder ängstlich ist, dem mangelt das richtige Verhältnis zu Gott, und der kann nicht an Gottes Vergebung glauben und sich ihm anvertrauen. In jedem Fall offenbaren sich diese Schwierigkeiten im konkreten Leben. Wir müssen dennoch in der Praxis die Unterscheidung festhalten, denn in jedem seelsorgerlichen Gespräch vollzieht sich eine Entwicklung, sei es auf eine „praktische" Lösung hin, oder sei es auch nur, daß der Mangel im Verhältnis zu Gott ans Licht kommt. Diese Entwicklung darf nicht durch künstliche Vermengung der beiden Dimensionen gestört werden. Die fehlende Dimension muß freilich zur Sprache kommen, wenn der Zweck des Gesprächs sich erst durch sie voll und ganz erfüllt. Der Pastor muß die Perspektive auf Gott hin öffnen, wenn er aus „prophetischer Barmherzigkeit" heraus handelt.

Hat nun ein Pastor nach der Methode von Rogers eine Anzahl klärender Gespräche geführt und den Ratsuchenden zu einer besseren Einsicht in sich selbst und seine Probleme kommen lassen, so daß er besser einen Ausweg daraus finden wird, und ist der Pastor in diesen Gesprächen, auch wenn es um religiöse Schwierigkeiten ging, nicht ausdrücklich als „Verkündiger" aufgetreten — übt er dann Psychotherapie?

Meines Erachtens müssen wir diese Frage grundsätzlich verneinen. Psychotherapie und Seelsorge sind immer verschiedene Dinge. Der Kontakt, der im Gespräch entsteht, die Erwartungen, die ihm zugrunde liegen, die Aufgabe und die Verantwortung der Beratenden — dies alles unterscheidet sich deutlich. Das dürfte hinreichend geklärt worden sein. Eine andere Frage ist, ob das seelsorgerliche Gespräch therapeutische Folgen haben kann, also dem Ratsuchenden zu helfen vermag, gesünder, angepaßter, weniger egozentrisch, mit mehr Liebe und Hingabe im Leben zu stehen. Wir projizieren explizit oder implizit diese Größe im Unterschied zum Arzt auf einen religiösen Hintergrund, aber trotzdem haben sie eine therapeutische Bedeutung. Zwar unterscheiden sich Therapie und religiöse Lebenshilfe grundsätzlich, aber sie besitzen keine deutlich aufweisbaren Grenzen. Denkt der Pastor an ein „gutes" Leben, so umschließt das auch für ihn ein Stück „seelischer Gesundheit", während der Therapeut darüber hinaus auch auf die Abrundung und Gründung des Lebens in einer „Lebensanschauung" achten wird. Praktisch bedeutet dies, daß es bei einer Unterscheidung der Rollen des Pastors und des Artzes kein „Niemandsland" zwischen beiden Arbeitsbereichen gibt.

Das rechte Verhältnis zu Gott und die Gesundheit

Etwas zögernd gehe ich nun zu Problemen über, die auf den ersten Blick außerhalb der praktischen Absicht dieses Buches liegen, die aber theologisch so wichtig sind, daß sie unter den theoretischen Aspekten des seelsorgerlichen Gesprächs nicht fehlen dürfen. Zögere ich, so geschieht es deshalb, weil Mißverständnisse sehr naheliegen und weil ich beim Durchdenken der Struktur und der verschiedenen Aspekte des seelsorgerlichen Gesprächs selbst noch nicht zu eindeutigen Lösungen gelangt bin.

Wir haben oben unterschieden zwischen dem seelsorgerlichen Gespräch im weiteren Sinn, dem „counseling", und im engeren Sinn, dem „Verkündigen".

In der erstgenannten Beziehung fühlt sich der Pastor als echter Hirte für das Wohl seiner Schafe verantwortlich, läßt sich in ihre Lebensprobleme einbeziehen und weiß, daß es dabei um ihr „Glück" geht. Er muß bei dem andern stehen und ihm helfen, sich selber zu helfen. Und auch wenn es im expliziten Sinn nicht zum Verkündigen kommt, sind die religiösen Aspekte der Lebensführung in der besonderen Beziehung zwischen Pastor und Gemeindeglied anwesend. Die Gesundheit, auch die seelische, hat nach unserer Auffassung einen göttlichen Sinn. Wer einen Beitrag zur Gesundheit seiner Mitmenschen liefert, darf sich darin als Diener Christi sehen.

Die Seelsorge im engeren Sinn befaßt sich mit dem Menschen, sofern er sich festgefahren hat, sofern er angesichts unentrinnbaren Leides und Schuld an der Endlichkeit und Verkehrtheit des menschlichen Lebens verzweifelt. Es ist der Mensch, der unfähig ist, ein rechtes Verhältnis zu Gott zu finden. Der Seelsorger hat ihm durch das neue, befreiende Element der „Verkündigung" zum Licht zu verhelfen. Dies ist in unmittelbarem Sinn ein Dienst im Namen Christi.

Wir haben gezeigt, daß „counseling" bereits auf religiösem Hintergrund gesehen werden muß, daß aber erst in der Seelsorge im engeren Sinn das Wort Gottes verkündigt wird. Daraus ergibt sich ein besonderer, theologisch wichtiger Aspekt: während sich nämlich der „religiöse" Mensch an den Sinn bindet, den Gesundheit und Glück in seinem Leben haben, vertraut sich der Glaubende Gott an, der im verkündigenden Wort des Pastors zu ihm spricht. — Auf das spannungsvolle Beieinander von Reli-

gion und Glaube in der Seelsorge kann jedoch hier nicht ausführlich eingegangen werden[19].

Gesundheit und Glück besitzen theologisch gesehen eine ambivalente Bedeutung. Sie sind schöpfungsmäßig von Gott gewollt. Gesunde Menschen,
gesunde zwischenmenschliche Beziehungen, gesunde Beziehungen zwischen Völkern — in diesen Bereichen suchen alle Menschen nach dem
Glück, und auch für unseren Glauben haben sie eine positive Bedeutung.
Sie machen einen Teil dessen aus, was man den Sinn des Lebens nennt.
Wer für den Sinn des Lebens arbeitet und wer darüber nachdenkt, befindet sich auf dem Gebiet der Religion. Als religiös sind alle Werte und
Wahrheiten zu bezeichnen, die über das individuelle Leben hinausragen
und in denen das Geheimnis des Ganzen durchschimmert. Gesundheit
und Glück weisen aber auch über sich hinaus. Sie müssen immer wieder
Forderungen von höherer Warte dienstbar gemacht werden. Gesundheit
an und für sich ist noch nichts. Die entscheidende Frage ist, was der
Mensch mit ihr tut und tun muß.

Gesundheit und Glück werden andererseits immer wieder in die Unsicherheit der menschlichen Existenz mit hineingerissen. Tod, Krankheit,
Sünde, Mißerfolg sind Größen, die der Gesundheit und dem Glück nicht
allein Grenzen setzen, sondern diese selbst untergraben und vernichten
können. An beiden Punkten, gewiß aber an dem zweiten wird der
Mensch mit der Botschaft des Glaubens konfrontiert.

Wer diesen Ausführungen folgt, wird mit mir erkennen, daß diese beiden Aspekte in die Seelsorge eine Spannung hineinbringen, die sehr deutlich mit der Unterscheidung zwischen Seelsorge im weiteren und Seelsorge im engeren Sinn zusammenhängt. Man kann nämlich, wenn meine
Unterscheidungen richtig sind, auch im richtigen Verhältnis des Menschen
zu Gott, zu dem der Pastor beitragen möchte, zwei Aspekte unterscheiden: Erstens darf man sagen, daß das ernsthafte Bestreben, Gesundheit
und Glück zu sinnvollen Elementen des Lebens zu machen, ein „religiöses" Bestreben ist, also in ein gutes Verhältnis zu Gott führt. Der Mensch
genügt damit der Absicht Gottes mit seinem Leben. In diesem Sinne darf
man sagen, daß „counseling" ein Werk im Dienste Christi und einer der
wesentlichen Aspekte des Hirtenamtes des Pastors ist, sofern es bedeutet,
daß der Pastor damit den Versuchen, einen guten Weg im persönlichen
Leben, in Ehe und Arbeit zu finden, Beistand leistet. Zweitens ist es

---

[19] In der niederländischen Ausgabe schließt sich an diesen Abschnitt ein weiterer mit
der Überschrift „Religion und Glaube" an. Anmerkung des Übersetzers.

wahr, daß in der Sicht des Glaubens Gesundheit und Glück immer über sich selbst hinausweisen und nicht abgelöst von der Unsicherheit der menschlichen Existenz betrachtet werden können. Es gehört also auch zum richtigen Verhältnis zu Gott, sich dieser Unsicherheit bewußt zu werden und sie zugleich im Gehorsam und Vertrauen auf Gott zu besiegen. Es gehört somit auch wesenhaft zum Hirtenamt des Pastors, dem andern in der Unsicherheit seiner Existenz zum Glauben zu verhelfen, mit anderen Worten, zu bejahen, daß er, von Gott her gesehen, im Licht steht. Die Verkündigung des Pastors ist also in jenem dreifachen Sinn, in dem wir sie besprochen haben, Dienst für Christus.

Nach dieser genaueren Strukturanalyse des Pfarramts im Hinblick auf das seelsorgerliche Gespräch merken wir deutlicher die Spannung, die zwischen den erwähnten beiden Seiten der Seelsorge steht. Sie hat zwar immer bestanden, wird aber unter dem Einfluß der Forderungen, die die moderne Zeit an das Pfarramt stellt, stärker zu einem Problem, zumal auch die Mittel, die die Gesprächsanalyse auf andern Gebieten zur Verfügung stellt, zunehmen. Die Schwierigkeit kommt bei jedem „clinical training" zur Sprache und begegnet jedem Pastor bei der Ausübung seines Amtes: Wann muß ich mich darauf beschränken, Ratgeber zu sein, wann muß ich weitergehen und verkündigen? Wann versage ich, wenn ich mich nur als Ratgeber äußere, bzw. wann wird es unnatürlich, ein Stück Seelsorge in das Gespräch zu bringen?

Ich glaube, es ist nicht möglich, diese Frage abstrakt zu beantworten. Man wird dies nur im konkreten Gespräch entscheiden können. Wir vermögen jedoch, durch Erfahrung und kritisches Zuhören, also durch Training und Gesprächsanalyse, zu lernen, unsere Intuition in diesem Punkt zu schärfen und uns in verantwortungsvoller Weise Verhaltensmaßregeln zu erarbeiten.

Der Nutzen psychologischer Schulung

Wir haben eine theologische Durchleuchtung der seelsorgerlichen Aufgabe des Pfarramtes gegeben. Ich hoffe, damit bei manchem Leser Bedenken zerstreut zu haben, daß die Gewährung eines größeren Raumes für die Psychologie in der Ausbildung für das Pfarramt zu einer Verpsychologisierung führen würde.

Ich gehe davon aus, daß man bei der vertretenen theologischen Sicht der seelsorgerlichen Arbeit der Psychologie einen sinnvollen Platz einräumen kann. Am besten sieht man sie als *Hilfswissenschaft*.

Ich will auf den folgenden Seiten versuchen zu zeigen, welchen Beitrag die gegenwärtige Psychologie als Hilfswissenschaft dem Pfarramt zur Erneuerung und Verbesserung der seelsorgerlichen Gesprächsführung zu liefern vermag. Dabei bin ich mir bewußt, daß bei der ungestümen Entwicklung dieser noch immer jungen Wissenschaft meine Betrachtungen in ein paar Jahren möglicherweise veraltet sein werden und daß sie dann korrigiert und ergänzt werden müssen.

Zunächst möchte ich auf den Nutzen begrenzter psychologischer Schulung hinweisen. Rogers äußert sich ab und zu in der Richtung, daß psychologische Kenntnisse für seine Form von Psychotherapie nicht nötig, ja oft sogar schädlich seien. Seiner Meinung nach kann das Mitdenken und Zurückspiegeln, wie er es fordert, auch ohne psychologische Kenntnisse stattfinden, da es dabei mehr auf den richtigen Habitus ankommt. Psychologische Schulung kann seiner Auffassung nach diesem Habitus schaden, weil sie die Neigung des Psychotherapeuten zu diagnostizieren und zu interpretieren verstärkt. Wir können Rogers, wenn wir an das seelsorgerliche Gespräch denken, hierin zustimmen. Meine persönliche Erfahrung, die mir durch viele Kollegen bestätigt wurde, geht dahin, daß die Neigung, bestimmte Zusammenhänge, die man aufgrund psychologischer Kenntnisse entdeckt zu haben meint, dem Patienten deutlich zu machen, recht groß ist. Man möchte ihm auf diese Weise mit einem Stück „Erhellung" dienen, muß allerdings mit Schmerz bemerken, daß durch diese Interpretationen, selbst wenn sie richtig sein sollten, dem anderen nicht wirklich geholfen wird.

Ich sehe den Wert begrenzter psychologischer Kenntnisse für die seelsorgerliche Arbeit an einer anderen Stelle. Sofern wir die Neigung zu interpretieren unterdrücken und uns nicht verleiten lassen, in der Stille zu diagnostizieren, verleiht uns ein gewisses Maß psychologischer Einsicht ein Gefühl von Ruhe und Sicherheit, da wir bemerken, daß wir in dem Gespräch nicht auf „unbekanntes" Gebiet geführt werden, sondern ab und zu bestimmte Dinge wiedererkennen. Bisher haben wir immer wieder mit Nachdruck betont, wie notwendig es ist, sich in den anderen einzuleben und neben ihm zu stehen. Dabei erwähnten wir auch, daß ein gewisser Abstand nötig ist, haben aber diesem Gedanken weniger Aufmerksamkeit geschenkt. Eine Gefahr kann in einem seelsorgerlichen Gespräch darin liegen, daß der Pastor selber emotional in das Gespräch hineingezogen wird, daß er seine „Integration" verliert, indem er sich entweder emotional mit dem anderen identifiziert oder von dem Gehörten selber unsicher, ängstlich, aggressiv oder deprimiert wird. Nach meiner Überzeugung gibt daher eine begrenzte psychologische Schulung eine Hilfe für die „Integration" des Pastors, die für das Gelingen eines Gesprächs notwendig ist.

En zweiter wichtiger Beitrag, den die Psychologie liefern kann, besteht in der Möglichkeit, sich nach Ablauf des Gesprächs Rechenschaft darüber abzulegen, was eigentlich geschehen ist, vor allem, wenn das Gespräch auf Tonband aufgenommen ist. Dies geschieht in der Regel bei der Ausbildung der Psychotherapeuten in Amerika. Ich glaube auch, daß der Pastor sich bei einer Serie von Gesprächen Rechenschaft über die Gesamtentwicklung des Kontaktes geben muß. Vielleicht nicht so sehr, um schließlich doch zu einer Diagnose zu kommen, sondern um das Gefühl von Sicherheit und Vertrautheit im Gespräch mit dem anderen zu verstärken. Die gute psychologische Analyse eines Gesprächs hilft uns nicht nur zu verstehen, was in dem anderen vorgegangen ist, sondern schärft uns auch den Blick für unseren eigenen Habitus.

Schließlich wird jedem einsichtig sein, daß für unsere Arbeit auch einige Kenntnis von der Pathologie des psychischen Lebens notwendig ist. Ich werde ja gewiß auch nicht auf Widerspruch stoßen, wenn ich meine, daß die Kenntnisse des normalen Seelenlebens und pädagogische Schulung für viele Seiten unserer Arbeit, wie für den Religionsunterricht, Gruppenarbeit und dergleichen, unentbehrlich ist.

Hören auf das, was hinter den Worten steckt

Vor vielen Jahren bemerkte mir gegenüber ein Psychotherapeut: Seines Erachtens bestehe ein Mangel bei vielen Pfarrern darin, daß sie nicht genügend darauf vorbereitet und darin geschult seien, auf das zu hören, was hinter den Worten des anderen verborgen ist. Diese Bemerkung illustriert meiner Ansicht nach auf eine bestimmte Weise den Habitus, den Rogers in einem guten Gespräch für notwendig hält.

Wie wir bereits am Anfang sagten, ist ein Gespräch mehr als ein Wortwechsel und mehr als ein auf bestimmte Weise dargebotener Inhalt. Gesprächsverlauf und damit auch der Inhalt des Gesprächs hängen weitgehend von den Gefühlen ab, die beide Partner für sich und füreinander hegen. Zu einem guten Hören aufeinander bedarf es somit vor allem eines Hörens auf die *Gefühle* des anderen. Hören ist nach der Auffassung von Rogers nicht nur ein Zur-Kenntnis-Nehmen der Worte des anderen, sondern ein Mitleben mit dem anderen. Und das Zurückspiegeln der Gefühle, um das es Rogers in seiner Gesprächsmethode geht, da es

den anderen in eine gute Beziehung zu dem Seelsorger bringt, kann sich
nur bei gutem Hören auf das, was hinter den Worten des anderen steht,
entwickeln.

Weiter ist diese Art zu hören auch für unseren Habitus wichtig, weil sie
uns hindert, voreilig auf das zu reagieren, was der andere sagt. Sie
behütet uns vor einem falschen „directive"-Sein. Gut zuhören bedeutet,
sich in den anderen einleben, und das ist mehr als: hören, was der
andere sagt. Das Sich-Einleben ist ein lange andauernder Prozeß,
während dessen man sich immer fragen muß, ob das Ziel schon erreicht
ist. Fosdick mahnte nicht umsonst, man dürfe in einem seelsorgerlichen Gespräch erst „landen", wenn man „die ganze Insel umfahren"
habe. Diese Art des Zuhörens stimuliert den Habitus des Noch-mehr-
Erwartens und hindert einen zu glauben, man wisse nun wohl, was los
ist. Sie hält in uns das Bewußtsein wach, daß der andere gewissermaßen
einen Vordergrund und einen Hintergrund hat und daß er eigentlich
mit seiner Hintergrundsproblematik zu uns kommt. Er wird uns aber
nur einen Einblick gewähren, wenn er sich bei uns geborgen fühlt. Dieses
Hören auf das, was dahinter steckt, bedeutet also eine dauernde Zurückhaltung, die wir uns auferlegen, und eine Offenheit, fast eine Neugier,
die wir stetig bei uns wachsen lassen. Dieses Zuhören setzt bei uns
selbst eine Ruhe voraus, in der wir uns einen Augenblick loslassen können,
um mit ganzer Aufmerksamkeit bei dem anderen zu sein. Es setzt aber
auch eine bestimmte Spannung voraus, die uns dicht bei dem anderen
sein läßt, so daß er unsere Aufmerksamkeit als wohltuend empfindet.
Zugleich schließt dies aber einen Abstand mit ein, der es ermöglicht, ab-
zuwarten, was der andere in der jeweils folgenden Phase des Gesprächs
sagen wird.

Die Integration des Pastors

Idealisieren wir die Pastoren einer früheren Generation, wenn wir glauben, daß sie den oben beschriebenen Habitus des Zuhörens in stärkerem
Maße besaßen als wir? Gehen wir fehl in der Annahme, daß unsere
Schwierigkeiten in Gesprächen damit zusammenhängen, daß wir die für
ein Gespräch notwendige Integration schwerer erwerben oder behalten?
Wie mir scheint, lassen sich Unterschiede zwischen damals und heute
beim Namen nennen. Einmal besitzt der Pastor als Seelsorger nicht
mehr die gleiche Autorität wie sein Kollege früher. Viele wissen, daß
bestimmte Sachkenntnis notwendig ist, um jemandem beim Lösen seiner

persönlichen Probleme Hilfestellung zu geben, und man bezweifelt, daß der heutige Pastor diese Kenntnisse besitzt. Sodann gerät der Pastor selbst oft in Unsicherheit, wenn Menschen mit Problemen zu ihm kommen, in die er nur ungenügende Einsicht zu gewinnen vermag. Dies gilt vor allem für das sexuelle Gebiet. Aber auch neurotische Störungen bilden für viele Pastoren einen schwer zu durchschauenden Gesprächs-inhalt, weil sie zu wenig Kenntnis und Erfahrungen auf diesem Gebiet besitzen. Schließlich fühlt sich heute der Pastor in der Regel in seinem eigenen Normenbewußtsein häufig zu unsicher, um bei den großen Wand-lungen etwa auf dem Gebiet der Moral eine feste Leitung geben zu können.

Ist es ein Wunder, wenn die Ruhe des Amtsbruders von früher dahin ist, die in weithin unangefochtener Autorität, in großer Erfahrung und in — damals als ausreichend empfundener — Menschenkenntnis grün-dete? Wir müssen jedoch Rogers darin recht geben, daß eine deutliche Integration zu den Hauptvoraussetzungen für ein gutes therapeutisches — wir fügen hinzu: seelsorgerliches — Gespräch gehört. Wer wirklich bei dem andern sein will, wer gut mitfühlend zurückspiegeln und dem andern ein Gefühl der Geborgenheit geben will, muß wenigstens in der konkreten Beziehung gut integriert sein. In anderen Augenblicken darf er auch seine Probleme haben. Nur im seelsorgerlichen Kontakt darf er nicht unter seiner Zuwendung zum andern seine Unsicherheit durch-klingen lassen.

Einer der wichtigsten Aspekte eines guten „clinical training" besteht darin, daß es uns hilft, eine bessere Integration zu erwerben, indem es uns unsere Mängel in unserem Habitus bewußt macht und sie auf die richtige Weise verarbeiten läßt.

Widerstände

Wir kommen nun zu der Besprechung einiger psychologischer Begriffe, die für die Durchleuchtung des seelsorgerlichen Gesprächs von großer Bedeutung sind. Wir haben im Anschluß an Rogers in diesem Buch gro-ßen Nachdruck auf das Bei-dem-andern-Sein gelegt, auf die Geborgen-heit, die der andere in einem Gespräch bei uns finden muß, auf die Wärme und Echtheit der Aufmerksamkeit und schließlich auf den Wert des Zurückspiegelns der Gefühle, das eine Brücke bildet, um einen Kon-takt des Begreifens und des Bejahens herzustellen. Einen grundlegenden Anstoß zu den damit zusammenhängenden Erkenntnissen gab Anna

Freud, die Tochter Sigmund Freuds, 1946 in ihrem Buch „Das Ich und die Abwehrmechanismen"[20], das der Psychoanalyse ein weites Forschungsfeld eröffnete und die Einsicht in die Charakterbildung wesentlich bereicherte. Anna Freud zeigt in ihrer Studie, auf welche verschiedenartigen Weisen das Ich Lösungen zu finden weiß, wenn es gehindert ist, bestimmte starke Triebe und Affekte unmittelbar umzusetzen. Der bekannteste Abwehrmechanismus ist die „Verdrängung". Es gibt aber noch andere Weisen der Konflikterledigung. In der Analyse tauchen die Widerstände der Abwehrmechanismen an die Oberfläche. Im seelsorgerlichen Gespräch geschieht dies normalerweise nicht in gleicher Deutlichkeit, aber auch hier kommen bestimmte Widerstände zur Geltung. Jeder Mensch, der mit einem Problem nicht fertiggeworden ist, hat in sich Widerstände, darüber zu sprechen, weil er nur durch eine gewisse Abwehr zu einer Bewältigung des Konflikts gekommen ist und nun fürchten muß, das Abgewehrte im Bewußtseinsbereich zuzulassen. Häufig möchte jemand gern seine Nöte offenbaren, weil er davon eine Befreiung von dem Druck erhofft. Andererseits aber fürchtet er das Gespräch darüber. Hinzu kommt, daß der Pastor ambivalent erlebt wird. Einerseits ist er ein vertrauter, aufmerksamer Mensch, der zuhören und verstehen kann, zugleich ist er auch eine Instanz wie das Gewissen, jemand, der möglicherweise einen Tadel aussprechen wird. Der Ratsuchende, der immer in einem gewissen Ausmaß in infantiler Einstellung zum Seelsorger aufblicken wird, fürchtet, abgewiesen zu werden.

Wir Pfarrer sind uns meistens nicht hinreichend bewußt, daß wir allein durch unser Dasein für viele Menschen eine — ungleich stark empfundene — Bedrohung darstellen und daß bei jedem Ratsuchenden neben dem Verlangen, sich beim Pastor auszusprechen, eine starke Furcht vor dem Gespräch vorhanden ist. Der andere wird im Gespräch mit dem Pastor immer eine Art Verteidigungslinie bewahren, eine Verschanzung, die er nur verläßt, wenn er sich geborgen und bejaht fühlt. Wer Gespräche nachträglich analysiert — unter Zustimmung der Betroffenen aufgenommene Bandgespräche sind hierfür besonders wertvoll — beobachtet das allmähliche Verschwinden der Widerstände und das langsame Sich-Öffnen, Sich-Entfalten des anderen. Es gibt da einen deutlichen Übergang vom Äußerlichen zum Wesentlichen, von einer objektiven zu einer subjektiven Atmosphäre, von einer Vorwurfshaltung im Hinblick auf andere zu einer Besinnung auf die eigene Lebenshaltung.

---

[20] Auch als Kindler-Taschenbuch, Nr. 2001, erschienen.

Ich hoffe, diese psychologische Durchleuchtung des Gesprächs verdeut-
licht die Bedeutung des „positive regard" und des Empathisch-Seins,
also des Vertrauens zum andern, der wesentlichen Bejahung des andern —
jener Faktoren, auf die Rogers immer wieder den Nachdruck legt.
Wiederholt haben wir von dem Bei-dem-andern-Sein, von Liebe und
von Aufmerksamkeit gesprochen. All dies ist notwendig, um dem andern
das Gefühl zu vermitteln, geborgen zu sein, bejaht zu werden, damit er
in die Lage versetzt wird, seine Widerstände aufgeben zu können. Zugleich wird bei dieser Sicht der Dinge deutlich, daß Techniken wie das
Zurückspiegeln nur Hilfsmittel sind, die ohne eine echte Bejahung nutz-
los bleiben. Ohne wirklichen seelsorgerlichen Habitus wird selbst bei
bester technischer Schulung niemand ein guter Pastor.

Übertragung

Die Übertragung ist einer der wichtigsten Faktoren der klassischen
Psychotherapie. Der Begriff meint die Tatsache, daß der Patient in der
Analyse seine infantilen Einstellungen auf den Psychotherapeuten über-
trägt und dadurch in diesem eine der zentralen Beziehungspersonen
seiner Kindheit erlebt. Diese Übertragung wird durch den Psychotherapeuten bewußt eingesetzt, um die ungelösten Konflikte, die das
psychische Leben des Patienten bestimmen, aufzulösen.
Rogers geht mehrfach auf die Frage ein, wieweit bei seiner Methode die
Übertragung eine Rolle spielt und wie der Psychotherapeut seiner Schule
damit umzugehen hat. Es scheint so, als zeigten sich Phänomene wie
Liebe und Haß bei seiner Methode viel weniger intensiv und bestimmend für den Gesprächsverlauf als bei anderen psychotherapeutischen
Schulen, weil es im Sinne der Methode von Rogers ist, daß der Therapeut diese Impulse auf einer Linie mit anderem Material behandelt, das
der Patient zur Sprache bringt. Wer aber die Gesprächsberichte in Rogers' Veröffentlichungen liest, der wird finden, daß der Patient den
Psychotherapeuten mit bestimmten Emotionen erlebt. Aus Tagebüchern,
die Patienten während der Analyse geführt haben, geht dies deutlich
hervor. Ich glaube, wir müssen davon ausgehen, daß diese Übertragung
für das Glücken eines Gesprächs notwendig ist, obwohl die Übertra-
gungserscheinungen, die in der klassischen Psychotherapie oft damit verbunden sind, im allgemeinen nicht eine derartig große Rolle zu spielen
brauchen. Der Patient muß den Einsatz des Psychotherapeuten ge-

fühlsmäßig akzeptieren, und er muß in dieser Situation in der Tat etwas von der geborgenen Atmosphäre eines Zuhause, von der Einstellung gegenüber einem zuhörenden, mitlebenden Vater erleben.

Aber es geschieht noch etwas, worauf weder in der klassischen Analyse noch bei Rogers ausdrücklich hingewiesen wird, obschon es hier und dort bemerkt wurde. In der Übertragung vollzieht sich auch das, was wir aus der Jugendpsychologie als „Identifikation" gut kennen, nämlich eine gewisse Identifikation mit dem Psychotherapeuten. Wird dies möglicherweise auch in einem Gespräch nach der Methode von Rogers, nach der der Therapeut als Person immer etwas farblos bleibt, nicht so deutlich, so kommt es doch sicher in einem guten seelsorgerlichen Gespräch zur Geltung. Wir müssen als Pastoren auf ein gutes Stück positiver Übertragung vorbereitet sein. Auf „Verehrung" und auf Dankbarkeit, auch in Augenblicken und Zusammenhängen, in denen wir dies unserer Meinung kaum verdient haben. Das gehört zur Struktur des seelsorgerlichen Gesprächs, kann aber natürlich auch einmal „krankhaft" werden. Ebenso müssen wir uns bewußt sein, daß wir unsererseits durch eigene Emotionen hinsichtlich des anderen eine „Gegenübertragung" entwickeln. Wir sind mit unseren Emotionen am Gespräch und an der Person des andern beteiligt, und diese Emotionen werden auch ihren Einfluß ausüben.

Diese Identifikation sehe ich als ein notwendiges Element für das Glücken seelsorgerlicher Arbeit im engeren Sinn. Wir haben mehrfach hervorgehoben, daß der Kontakt für das Verstehen der Botschaft wichtig ist, und wir haben dabei den Nachdruck vor allem auf das Bei-dem-andern-Sein des Pastors gelegt, das nahezu auf eine Identifikation mit dem andern hinausläuft. Aus dem Gesagten ist wohl deutlich geworden, daß auch eine Identifikation in umgekehrter Richtung möglich und notwendig ist. In einem guten seelsorgerlichen Kontakt wird sie sich in geringerem oder größerem Maße immer entfalten.

„Clinical training" für Pastoren und Priester

In den Niederlanden haben wir in den letzten Jahren mehrfach Kurse für „clinical training" organisiert, und ich möchte am Schluß meines Beitrages darüber berichten. Die Kurse entstanden aus den Erfahrungen, die ich im Frühjahr 1960 bei einer Studienreise in die Vereinigten Staaten gemacht hatte, auf der es mir speziell um die Erforschung der letzten

Entwicklungen auf dem Gebiet der Pastoralpsychologie, der Religions-psychologie und der Pastorenausbildung gegangen war[21].

Im Jahre 1961 haben wir in einigen Krankenhäusern kurze, einwöchige Kurse abgehalten, um zu prüfen, wieweit sich für uns nach dem ameri-kanischen Vorbild unter Berücksichtigung europäischer Verhältnisse arbeiten ließe. Diese Versuche glückten von Anfang an. Wenig später bot die Leitung einer psychiatrischen Anstalt in der Nähe von Leiden ihrem Anstaltspfarrer, der bereits pastoralpsychologische Schulung und große seelsorgerliche Erfahrung besaß, die Möglichkeit, nach Amerika zu gehen, um sich dort als „supervisor" ausbilden zu lassen. Er fuhr dar-aufhin für einige Monate nach Topeka, einem bekannten Zentrum auf dem Gebiet des „clinical training" und moderner Psychotherapie.

Nach seiner Rückkehr hatten wir Gelegenheit, die Arbeit systemati-scher aufzubauen. Veranstalteten wir auch weiterhin die einwöchigen Kurse für ältere Studenten und Universitätsdozenten, so legten wir doch den Nachdruck zunehmend auf dreimonatige Kurse. Nunmehr sind wir in der glücklichen Lage, in der Klinik „Hulp en Heil" in Leidschen-dam unter der Leitung von Pastor W. Zijlstra das erste anerkannte Zentrum für „Clinical training" auf dem europäischen Festland zu be-sitzen[21a], das amerikanischem Niveau entspricht und in dem auch eine ge-regelte Zusammenarbeit mit dem medizinischen Stab besteht. Das Inter-esse an der Arbeit dieses Zentrums nimmt deutlich zu. Die Kurse sind allmählich überfüllt, und wir müssen eine Warteliste einrichten. Nicht mehr lange, so werden wir in größerem Ausmaß Pastoren ausbilden oder nach Amerika zur Ausbildung schicken, um mit ihrer Hilfe in wei-teren noch zu gründenden Zentren unter „supervision" Kurse durch-führen zu können.

Eine der Folgen der Ausstrahlung des „clinical training" besteht darin, daß Pastoren, die keine Gelegenheit hatten, einen Kurs zu besuchen, sich bemühen, durch Gesprächsanalysen, meist unter Leitung eines früheren

[21] Ein ausführlicher Bericht darüber liegt vor in meiner Schrift „Pastoral care and clinical training in America", Arnheim 1961. Deutsch: Klinische Semester für Theolo-gen, Bern 1965.
[21a] Das Zentrum ist inzwischen in die Klinik „Zon en Schild" in Amersfoort verlegt worden. Über die Arbeit dieses ersten europäischen Zentrums für Clinical Pastoral Training ist eine Dissertation von Dr. W. Zijlstra erschienen: Klinisch pastorale vor-ming; een voorlopige analyse van het leer- en groepsproces van zeven cursussen, Assen 1969; deutsch: Seelsorge-Training, München und Mainz 1972. Vgl. auch den Bericht eines deutschen Teilnehmers: H.-Chr. Piper, Pastoralklinikum, in: Wege zum Men-schen 1968, S. 492—498, auch abgedruckt in: Reform der theologischen Ausbildung III (hrsg. von H.-E. Heß und H. E. Tödt), Stuttgart, Berlin 1969, S. 68 ff. Zum jüngsten Stand der Entwicklung in den Niederlanden vgl. G. Eisele, Klinische Seelsorgeaus-bildung in den Niederlanden, in: Wege zum Menschen 1972, S. 113 f.

Kursteilnehmers, Einsicht in die Problematik seelsorgerlicher Gesprächsführung zu gewinnen. So steht auch auf dem Programm eines pastoralpsychologischen Lehrgangs an der Universität Utrecht, in dem amtie-
rende Pastoren durch Vorlesungen mit der modernen Entwicklung der
Seelsorge bekanntgemacht werden, als fester Punkt das Analysieren von
Gesprächen. Das gleiche geschieht an Nimwegens katholischer Universität, wo ehemaligen Studenten das Studium der Pastoraltheologie ermöglicht wird. Einer der Leiter dieses Spezialstudiums, W. Berger, hat ebenfalls zuvor eine Studienreise in die Vereinigten Staaten unternommen.
Er will auf die Dauer einen dreimonatigen Kurs „clinical training" als
festen Bestandteil in das Studienprogramm aufnehmen und läßt schon
jetzt einige Studenten an dem Kurs in „Hulp en Heil" teilnehmen.
Schließlich wäre noch zu berichten, daß ich von Studenten oder Pastoren, die für ihr sogenanntes „Doktorexamen" — das letzte Examen vor
der Promotion — als Haupt- oder Nebenfach Pastoralpsychologie wählen, erwarte, daß sie einen dreimonatigen Kurs absolviert haben. Obwohl das „clinical training" noch im Anfang steht, zeichnet sich allmählich doch eine gute Entwicklung ab. Wir haben bereits viel Erfahrung gesammelt, und die Zukunft hängt vornehmlich von der Gründung
neuer Zentren mit bevollmächtigten „supervisors" ab. Meines Erachtens
sind für ein gutes „clinical training" in Europa die folgenden Gesichtspunkte von ausschlaggebender Bedeutung: 1. Für das Pfarramt gewinnt
man Erfahrungen nicht in erster Linie durch das Studium von Büchern
und das Hören von Vorlesungen und Vorträgen, sondern vor allem
durch das Tun. Das Lernen auf dem Gebiet des Pfarramtes geschieht in
der vollen Bedeutung des Wortes durch „clinical training". Das Wort
„clinical" meint, daß man die Studenten und jungen Pastoren mit
Menschen sprechen läßt, die wirklich Schwierigkeiten haben, vorzugsweise in Krankenhäusern oder psychotherapeutischen Kliniken bzw. psychiatrischen Kliniken, in denen auch psychotherapeutisch gearbeitet
wird. In derartigen Anstalten ist es von vornehrein notwendig, sich auf
Menschen einzustellen, die in einer eigenen Gefühls- und Gedankenwelt
leben, in die man sich, bevor man „verkündigen kann", so weitgehend
wie möglich hineinversetzen muß.
Ein „training" bringt solch ein Kursus mit sich, weil es nicht so sehr auf
das Erwerben bestimmter Kenntnisse als auf ein Stück innerer Bildung,
eine Schulung, ein Wachsenlassen eines bestimmten Habitus ankommt.
Jener „limited, though considerable change of personality", den Balint
erwähnt, ist auch für unsere seelsorgerliche Bildung von wesentlicher Be-

deutung. Das Lernen durch Tun ist Grundprinzip der amerikanischen Methode — es stammt aus der durch Dewey stark beeinflußten Atmosphäre des amerikanischen Schulsystems — und muß auch der leitende Gesichtspunkt eines europäischen „clinical training" sein.

2. Neben der stark praktischen Ausbildung ist eine theoretische Erhellung sehr wichtig, um den Teilnehmern ein deutliches Bild davon zu vermitteln, was dort vor sich geht, und dadurch die Ausbildung bei ihnen zu festigen. Dies geschieht durch psychologische Orientierung und Analyse der theoretischen Aspekte des Kurses. In Amerika legt man darauf weniger Gewicht. Man bietet wohl ein Stück psychologischer Belehrung an und läßt die Teilnehmer auch relativ intensiv mit den Diskussionen der medizinisch arbeitenden Ärzte in Berührung kommen, aber ich habe den Eindruck gewonnen, daß man im allgemeinen allzuviel Zurückhaltung gegenüber der Theorie und Angst vor doktrinärem Denken auf diesem Gebiet hat. Die Folge davon ist, daß die Leitung das System kaum theoretisch verantwortet, ja, sich dieser Aufgabe nur in primitiver Form bewußt ist.

3. Zu einem „clinical training" gehört es, daß die Teilnehmer in seinem Verlauf ein Bild von der „Rolle" erwerben, die sie als Pastoren zu erfüllen haben. Dies hat ebenfalls praktisch und theoretisch zu geschehen. Einerseits läßt man sie die Arbeit von Ärzten oder Psychotherapeuten in einem Krankenhaus kennenlernen und läßt sie mit ihnen über methodische Unterschiede und mögliche Zusammenarbeit diskutieren. Ich habe auch außerhalb von Kursen des „clinical training" häufig an solchen Gesprächen teilgenommen und habe sie immer als besonders fruchtbar empfunden. Freilich bestehen zahlreiche Schwierigkeiten, miteinander in ein wirkliches Gespräch zu kommen. Aber diese Schwierigkeiten verhelfen dazu, sich der eigenen „Rolle" bewußt zu werden. Andererseits bietet uns das amerikanische „training" zur theoretischen Durchdringung kaum Hilfe. Man spricht dort wohl vom „image", vom Leitbild, das der Pastor von sich selber haben muß, aber zu einem tiefgehenden theologischen Durchdenken des Bildes kommt es noch wenig. Meiner Überzeugung nach gehört aber zum training auch die theologische Begleitung, eine Vertiefung und Begründung der seelsorgerlichen Arbeit mit Gesichtspunkten aus anderen Fächern der Theologie.

4. Soll durch das „clinical training" eine Verinnerlichung, ein wirkliches Sich-zu-eigen-Machen des Gelernten, ein Wachsen des Habitus stattfinden, so muß während dieser Zeit hinreichend Gelegenheit bestehen, über das zu sprechen, was dort geschieht. Die Art und Weise der eigenen

Reaktionen und Schwierigkeiten, die Widerstände, die in einem hervorgerufen werden, und die Erhellung, die man sich wünscht, müssen immer wieder zur Sprache kommen. Unser Programm sieht am Anfang jedes Tages ein allgemeines Gespräch vor. Diese Gespräche haben sich als wesentlich für den Erfolg des training erwiesen. Die Widerstände sind nicht primär intellektueller Art, sondern hinter Gefühlen verborgen, ja, meist liegen sie im Unbewußten. Das training muß die Möglichkeit bieten, sie auszusprechen und bewußt zu machen, um auf diese Weise zu Selbstkritik und bewußtem Durchdenken und Bejahen dessen, was mit einem geschieht, zu kommen. Dazu ist das Gespräch, wie jeder weiß, der unter vergleichbaren Umständen mit Menschen zu tun hat, eine unentbehrliche Hilfe.

5. Von großer Bedeutung ist dabei die Gruppe und insbesondere der Leiter der Gruppe. In der Gruppe tauschen die Teilnehmer ihre Erfahrungen aus, zerpflücken und akzeptieren gegenseitig ihre Gesprächsberichte, lernen aus den verschiedenen fehlgeschlagenen und geglückten Versuchen und finden auch die Geborgenheit, in der sie lernen, sich selbst kritisch zu sehen und um Rat fragen. Die Gruppen dürfen nicht zu groß sein. In Amerika überschreitet man nicht die Zahl von sechs Personen. Wir lassen acht Teilnehmer zu, und diese Anzahl erwies sich eher als zu groß als zu klein. Bei unseren ersten kurzen Versuchen empfanden wir noch nicht die Notwendigkeit persönlicher „supervision", wiewohl ab und zu ein mehr persönlicher Kontakt mit dem Leiter wünschenswert schien. Doch in längeren Kursen muß der „supervision" ein Platz eingeräumt werden. Schon in normalen Gruppengesprächen erwies sich der Beitrag des Leiters von großer Bedeutung, wie dies auch die Psychologie der Gruppenarbeit lehrt. Der Leiter hat vor allem durch tolerante, nicht-autoritative Haltung den Teilnehmern ein Gefühl der Freiheit zu vermitteln. Zwar liegt es bei ihm, dem Gruppengespräch eine Struktur zu geben, aber er muß es auch wagen, der Gruppe die Wahl eines eigenen Tempos und Weges zu überlassen. Die Bildung eines guten Kaders von „supervisors" ist also für den Erfolg des „clinical training" von entscheidender Bedeutung.

Schlußbetrachtung

Zum Schluß noch einige Bemerkungen über unsere Erfahrungen. Ich gebrauche bewußt das Wort „Bemerkungen", weil eine ausführliche theoretische Rechenschaft erst gegeben werden kann, wenn mehr. Material vorliegt und eine schärfere Problemstellung gegeben ist, als dies jetzt der Fall ist. Dessen ungeachtet ist doch eine Reihe wichtiger Punkte deutlich geworden.

1. Ein „clinical training" zeigt eine eigentümliche Dynamik. Sie entwickelt sich aus einem Anfangsstadium, in dem deutliche Widerstände zutage treten — Zweifel, Kritik, Bedenken — zu einem zweiten Stadium, in dem man zunächst verstandesmäßig anfängt, das Neue, dem man begegnet, zu verstehen und zu bejahen. Schließlich folgt ein drittes Stadium, in dem man beginnt, über die eigene Arbeit bescheiden zu denken und zu sprechen und — anfangs etwas übertrieben — die eigenen Leistungen und den eigenen Habitus sehr kritisch zu betrachten. Am Ende steht die deutliche Aneignung des Gelernten und das Wachsen eines neuen Habitus.

2. Unsere Kurse bestätigten die amerikanische Erfahrung, daß ein volles „clinical training" etwa 3 Monate dauern muß. Man geht in Amerika wieder von dem Versuch ab, 6-wöchige Kurse zu organisieren. Ein wirkliches Training mit dem Ziel eines „limited though considerable change of personality", einer Aneignung des seelsorgerlichen Habitus, erfordert Zeit und ist wesentlich mehr als eine Frage intellektueller Aneignung. Erst bei ausreichender Zeit werden die „technischen" Aspekte keine Widerstände mehr wecken. Sie sind dann ein integrierender Bestandteil des Habitus geworden.

3. Von wesentlicher Bedeutung ist die Gruppe, die nicht zu groß sein darf, damit sie das Gefühl von Geborgenheit und Vertrautheit zu geben vermag. Bei acht Teilnehmern ist die obere Grenze erreicht. Wir können die allgemeine Erfahrung bestätigen, daß eine Gruppe nicht — im übertragenen Sinn — „wächst" durch das, was sie anhört und aufnimmt, sondern wesentlich mehr durch die Arbeit, die im offenen Gespräch geleistet wird, indem jeder die Gelegenheit bekommt, sich auszusprechen.

4. In diesem Licht muß der Leiter seinen Beitrag zum Kurs sehen. Er darf sich nicht in erster Linie als Dozent fühlen, der seine Kenntnisse an den Mann bringen muß. Sein „Dozieren" muß vornehmlich darin bestehen, die Teilnehmer auf richtige Weise zum Fragen zu bringen. Seine wichtigste Aufgabe besteht in der Schaffung einer Atmosphäre, in der die Gruppe als Gruppe am besten „wächst". Er darf nicht autoritativ sein, sondern muß Freiheit geben, alle Widerstände zu äußern und gemeinsam zu diskutieren. Die Gruppe wird nur imstande sein, seine Gesichtspunkte zu akzeptieren, wenn er nicht versucht, sie ihr aufzudrängen. Von be-

sonderer Bedeutung ist die — von Gruppenleitern oft unterschätzte —
Aufgabe, das Gespräch zu strukturieren, indem der Gruppenleiter am
Anfang immer wieder sagt, wozu die Teilnehmer in diesem Gespräch
beieinander sind und welche Zeitspanne er für die Dauer des Gespräches
vorschlägt. Dieser Vorschlag soll natürlich in Übereinstimmung mit der
Gruppe gemacht werden. Michael Balint gibt in seinem Buch „The doctor, his patient and the illness"[22] eine interessante Analyse dessen, was
in Gruppen von Ärzten geschieht, mit denen er ein vergleichbares Training durchgeführt hat. Diese Analyse, die auch für unsere Pfarrer wertvolle Dinge enthält, bestätigt das, was wir unter Ziff. 3 und 4 über die
Bedeutung der Gruppe und den Beitrag des Leiters bemerkten. Es wird
der Mühe wert sein, nach einer größeren Anzahl Kurse unsere Erfahrungen in weiteren Einzelheiten mit den seinigen zu vergleichen[23].
Balint geht kaum auf einen Gesichtspunkt ein, der in Amerika eine große
Rolle spielt: die persönliche „supervision". Vermutlich tritt dieser Gesichtspunkt bei ihm deshalb nicht in den Vordergrund, weil er mit er-
fahrenen Ärzten arbeitet, während man in Amerika vor allem Studenten
vor Augen hat. Außerdem arbeitete Balint nicht in geschlossenen Kursen, sondern die Ärzte kamen an einer Reihe von Abenden in die Klinik
zur Aussprache. Meiner Erfahrung nach muß mit zunehmender Länge
des Kursus mehr Gelegenheit für persönliche „supervision" vorhanden
sein. Gerade die persönlicheren Schwierigkeiten, die in der Regel am tiefsten liegen, kommen erst im persönlichen Gespräch mit dem Leiter zum
Vorschein. Man wird diese „supervision" allerdings scharf von individu-
eller Seelsorge oder auch Psychotherapie unterscheiden müssen, die eventuell Teilnehmern eines Kurses empfohlen werden kann. Die „supervision" gehört zum Training. Seelsorge und Psychotherapie tragen not-
wendigerweise einen anderen Charakter.

5. Psychologisch gesehen vollzieht sich während des Trainings eine wach-
sende Einsicht in eigene Gewohnheiten, Mängel und Emotionen, und zugleich wächst das Verlangen, andere zu verstehen und ihnen zu helfen,
indem man zu ihnen „hinausgeht". Mit anderen Worten, der Habitus
ändert sich langsam. Ganz allmählich kommt es zu einem „limited,
though considerable change of personality". Die Mittel, mit deren Hilfe
dies erreicht wird, bestehen vor allem in Analysen der gehaltenen Ge-

---

[22] Der Arzt, sein Patient und die Krankheit, Stuttgart ³ 1965.
[23] Vgl. dazu jetzt H. Faber, Eine „Balint-Gruppe" für Pastoren, in: Wege zum Menschen, 1968, 12—18.

spräche, in konstruierten Probegesprächen und im „Rollenspiel", d. h. in gespielten seelsorgerlichen Situationen, die später gemeinsam mit der Gruppe analysiert werden. Auf die Dauer wird sich die persönliche „supervision" als eins der wirkungsvollsten Mittel erweisen. Auch das freie Gespräch über die Arbeit und ihre Probleme bildet einen wichtigen Bestandteil des Trainings, weil in solchen Gesprächen auch immer die persönlichen Aspekte des Kontaktes zum andern zur Sprache kommen.

6. Zum Schluß möchte ich darauf hinweisen, daß die Erfahrung lehrt, daß der überkonfessionelle Charakter des „clinical training" dem Erfolg nicht hinderlich im Wege steht, sondern alle möglichen Probleme, die mit dem seelsorgerlichen Kontakt zusammenhängen, schärfer ins Bewußtsein rückt, während die Tiefe des freien Gespräches beim „Wachsen" der Gruppe dadurch gewinnt. Wir sind überzeugt, daß wir in diesem Punkt auf dem eingeschlagenen Wege weitergehen können und müssen.

Zweiter Teil

Von E. van der Schoot

I. Strukturen

Vergleich des seelsorgerlichen Gesprächs mit anderen
Gesprächssituationen

In den vergangenen Jahren hatte ich in großem Maße Gelegenheit, mich auf das seelsorgerliche Gespräch zu besinnen. Als Dozent behandelte ich in Kollegs und Übungen die Psychologie des Gesprächs, insonderheit die des seelsorgerlichen Gesprächs, auf verschiedenen Tagungen habe ich Diskussionen darüber miterlebt und daneben in persönlichen Gesprächen oft darauf eingehen können. Vor allem muß ich in diesem Zusammenhang die intensive Arbeit in der Kommission für Seelsorge in der Nederlandse Hervormde Kerk erwähnen, der ich viel verdanke. In allen Besprechungen wurde unter anderem immer wieder deutlich, wie schwierig es ist, die spezifische Art des seelsorgerlichen Gesprächs näher zu bestimmen.

Wir tun vielleicht gut, gleichzeitig als Einleitung zu diesem Thema, unsere Aufmerksamkeit zunächst auf die Frage zu lenken, was das Spezifische der Gesprächssituation in einigen andern Berufen ist, in denen ebenfalls die Sorge für den andern eine große Rolle spielt, so daß wir Vergleichsmöglichkeiten bekommen. Bedenken wir zunächst die Gesprächssituation *Arzt—Patient*. Diese wird offensichtlich bestimmt durch das Kranksein oder das Sich-krank-Fühlen des Patienten, der vom Arzt Heilung erwartet. Das Verhältnis *Psychotherapeut—Patient* möchte ich — nicht anders als die Gesprächssituation in anderen medizinischen Spezialdisziplinen — als Spezifikum davon betrachten. Allerdings taucht hier eine besondere Frage auf: Wie steht es in den Fällen, in denen sich ein Mensch ohne Krankheitsbefund mit akuten Lebenskonflikten an den Psychotherapeuten wendet? Ich kann aber an dieser Stelle dem Hinweis nicht näher nachgehen. Bekanntlich herrscht unter den Psychotherapeuten darüber keine übereinstimmende Ansicht. Die einen beziehen auch die Lebenskonflikte dieser Menschen in ihre Therapie ein, andere lehnen dies ab, weil der Psychotherapeut ihrer Meinung nach dann nicht mehr thera-

peutisch arbeitet, sondern sich auf das Gebiet des Seelsorgers, des Konfliktpsychologen, Pädagogen, Sozialarbeiters o. ä. begibt. Bei der Gesprächssituation *Sozialarbeiter/Fürsorgerin—Klient* ist zu bedenken, daß
eine Institution dahintersteht und daß ihre Hilfe ein entscheidender Faktor sein wird. Das Gespräch wird bestimmt durch konkrete Zielsetzungen. Ein gemeinsamer Faktor in allen derartigen Gesprächen ist die Bemühung um Lösungen von Schwierigkeiten unter Berücksichtigung sozia-
ler und psychologischer Aspekte innerhalb der Grenzen der gegebenen
Zielsetzungen.

Eine moderne Gestalt wie die des Sozialarbeiters ist der praktizierende
Psychologe. Die Gesprächssituation *Psychologe-Klient* ist ebenfalls von
konkreten Absichten bestimmt. Dies wird besonders deutlich bei Berufs-
beratern, Konfliktpsychologen usw. Es geht in jedem Fall um einen
Dienst, den man von einem ausgebildeten Kenner psychischer Zusammenhänge erbittet.

Die Eigenart des seelsorgerlichen Gesprächs wird sich schwerer bestimmen lassen. Eines dürfte jedoch deutlich sein: Das Spezifikum kann nicht
im *Gegenstand* des Gesprächs gesucht werden. Wir können nicht sagen,
daß im seelsorgerlichen Gespräch nur theologische Fragen und sogenannte
„Glaubensdinge" zur Sprache kommen. Die Erfahrung jener Pastoren,
die sich dem unbefangen öffnen, geht dahin, daß alle Arten von Fragen,
die das Leben stellt, mit ihnen besprochen werden. Man wird das auch
bei der Lektüre dieses Buches merken.

Grundsätzliches zum seelsorgerlichen Gespräch

In den Niederlanden sind nach dem zweiten Weltkrieg einige Veröffentlichungen erschienen, die im Rahmen unserer Fragestellung Aufmerksamkeit verdienen. Ich nenne an erster Stelle die Antrittsvorlesung von
E. L. Smelik: Das Gespräch in der Pastoraltheologie[1]. Smelik spricht
darin zunächst über *das Gespräch im allgemeinen Sinn* als „die unmittel-
barste geistige Berührung zwischen Menschen", wobei er darauf hinweist,
daß das echte, tiefe Gespräch in der gegenwärtigen Welt versiegt und
verkümmert. Er geht dann auf das *philosophische Gespräch* ein, wie
Sokrates und Kierkegaard es gekannt haben, das „das menschliche Denken in einer fließenden Bewegung hielt". *Im Offenbarungsgespräch* ist der
Mensch in erster Linie der durch Gott Angesprochene. Dieses Gespräch
zwischen Gott und Mensch kann „nicht aufgefaßt werden als ein Zwie-

---

[1] Het gesprek in de pastorale theologie, Nijkerk 1949.

gespräch zwischen zwei gleichwertigen Partnern. Das Sprechen Gottes steht weit über dem Sprechen des Menschen." — Im *mystischen Gespräch* „findet man oft die Form einer visionär erlebten Begegnung, in der die Seele ein Zwiegespräch führt". Schließlich kommt Smelik zum *seelsorgerlichen Gespräch,* über dessen Ausgangspunkt er sagt, „daß in der Umgebung von Christus der Verkehr von Mensch zu Mensch zu einer radikaleren Offenheit gebracht wurde, als es anders je geschah". Das Verhältnis von Mensch zu Mensch ist grundlegend verändert.

Das Spezifische des seelsorgerlichen Gesprächs findet Smelik darin, daß „der Pastor ein Mensch mit einem Auftrag ist". Er führt sein Gespräch „nicht auctoritate sua, sondern im Namen des Herrn, der ihn gesandt hat... Das seelsorgerliche Gespräch ist nicht mehr und nicht weniger als eine der Formen, in der Christus sein Gespräch mit der Welt fortsetzt bis ans Ende der Zeiten". Smelik will das seelsorgerliche Gespräch wesentlich unterscheiden von dem rein psychologischen Gespräch. Das letzte spielt sich ab innerhalb der Grenzen des intra-psychischen; es geht dabei um die Selbstbefreiung des beunruhigten Menschen. Smelik ist jedoch der Meinung, daß auch Psychologe und Psychotherapeut bei einem tieferen Durchdringen an einen Punkt kommen, wo der Patient nicht länger eine *Behandlung* nötig hat, sondern der Mensch der *Lebensleitung* bedarf.

Es geht da nicht mehr um die Frage, ob die biologische Vitalität es schaffen kann, ob die soziale Anpassung auf befriedigende Weise zustande kommt, sondern ob dort ein wahrhaft befreiendes Wort, ein sinngebender Auftrag verkündigt werden kann. Dies führt uns wieder zum Hintergrund und zum Wesentlichen des seelsorgerlichen Gesprächs: „Die Verkündigung des Wortes, das nicht von uns stammt, sondern von Gott, das Wort der Vergebung, Erneuerung und Hoffnung, das in Christus gesprochen ist."

Ferner hat J. H. van den Berg unserem Thema in seinem Artikel „Das Gespräch und die spezielle Art des seelsorgerlichen Gesprächs" [1a] Aufmerksamkeit geschenkt. Nach ihm besteht eine der Voraussetzungen für das Gespräch in der Asymmetrie der Sprechenden. „Besteht eine typische Asymmetrie der Gesprächspartner, dann hat das Gespräch einen typischen Charakter." Man denke beispielsweise an das Verhältnis von Liebenden, von Lehrer und Schüler, von Arzt und Patient usw. „Die Gesprächsformen in diesen und so vielen anderen Kontakten sind ganz und

[1a] Het gesprek en de bijzondere aard van het pastorale gesprek, in: Theologie en Practijk, 10. Jg. 1950, Nr. 9—10.

gar bestimmt durch die besondere Form der Asymmetrie beider Sprechenden." Auch das Besondere des seelsorgerlichen Gesprächs hat man durch die Asymmetrie der Gesprächspartner bestimmt sehen wollen: der Pastor im Gespräch mit dem „Laien", dem Gemeindeglied. Von dieser Sicht aus geht es nach van den Berg um den menschlichen Anknüpfungspunkt, den der Pastor wahrzunehmen hat, zum Beispiel das Bedürfnis nach Trost, die Notwendigkeit der Ermahnung usw. So wird schließlich das ganze Gespräch bestimmt durch die Asymmetrie des menschlichen Zusammenlebens.

Doch — so fährt van den Berg fort — der grundlegende psychologische Einwand dagegen liegt in der überzeugenden Erfahrung, daß das seelsorgerliche Gespräch von grundlegend anderer Struktur ist als alle anderen Gesprächsformen. In diesem Zusammenhang zitiert er Smelik: „Dieser Umgang ist nicht als Freundschaft zu bezeichnen, auch nicht als Feindschaft, nicht als Sympathie und nicht als Gleichgültigkeit. In diesem Umgang muß der Hirte liebevoller sein können als ein Freund, manchmal auch härter als ein Feind, tröstender als eine Mutter, strenger als ein Vater, verstehender als ein Pädagoge, gleichgültiger als ein zufällig Vorübergehender..." Der Umgang des Pfarrers mit seinem Gemeindeglied „wird also nicht durch die Psychologie bestimmt." Weiter sagt van den Berg, daß das seelsorgerliche Gespräch nicht von dieser Welt ist. Es ist ein unpsychologisches Gespräch, wenn es auch sicherlich nicht ohne den Einfluß psychologischer Gegebenheiten verläuft. „Es ist ein Gespräch, das die Psychologie eventuell mit Füßen tritt, das zeitweilig eine merkwürdige Untreue gegenüber aller psychologischen Erfahrung aufweist. Das seelsorgerliche Gespräch ist ein fremdes Gespräch. Es ist nicht durch das Zusammensein bestimmt, das sich als Welt verwirklicht, sondern durch das fremde Wort, durch jenen Dritten, der da ist, wo zwei in seinem Namen zusammenkommen." Zugleich bildet dieses fremde Gespräch in besonderer Weise ein Zuhause. Es schafft einen neuen Raum, in dem das ganze menschliche Sein in ein neues Licht tritt, den Raum der Ekklesia. „Das seelsorgerliche Gespräch ist ein kirchliches Gespräch." Es ist bestimmt durch das fremde Wort. „Dieses fremde Wort selber bildet allerdings nicht den direkten Gegenstand des Gesprächs." Das Gespräch betrifft zwar alltägliche Dinge, aber das Besondere ist, daß diese Dinge hier mit dem fremden Wort konfrontiert werden. Ein Außenstehender braucht jedoch von der Fremdheit des seelsorgerlichen Gesprächs nichts zu merken. Eine Gefahr liegt im Gespräch selber: Wenn der Pastor das fremde Wort zum unmittelbaren Gesprächsgegenstand wählt, kann er es zu einem rein weltlichen — in unserem Zusammenhang will das heißen: sündigen — Gespräch machen. Das „disputare de Deo beispielsweise hat mit einem seelsorgerlichen Gespräch nichts zu tun."

Den referierten Gedanken von Smelik und van den Berg möchte ich einige Bemerkungen hinzufügen. Zunächst: Kann man wirklich mit Smelik behaupten, das rein psychologische — und Smelik meint hier offenbar auch das psychotherapeutische — Gespräch spiele sich innerhalb der Grenzen des intra-psychischen ab, und es gehe dabei um die Selbstbefreiung des beunruhigten Menschen? Mag dies auch zu einem gewissen Grade für bestimmte psychotherapeutische Richtungen gelten, so betonen doch viele Psychologen und Psychotherapeuten schon seit langem, daß man niemals allein wirkliche Heilung finden kann, sondern daß dies nur in liebevoller Gemeinschaft und durch Unterstützung eines andern möglich ist. Man denke nur an den Nachdruck, den man gegenwärtig auf die Bedeutung der *Beziehung* zwischen Psychotherapeut und Patient legt als dem wirksamsten therapeutischen agens. Zu erinnern dabei ist an den bezeichnenden Titel der Schrift von Hans Trüb (ursprünglich ein Anhänger von C. G. Jung): „Heilung aus der Begegnung" (Stuttgart 1951). Auch das „self-help" in der client-centered therapy von C. R. Rogers wird nur möglich durch die Erfahrung des Patienten, einen *Mitmenschen* neben sich zu finden, der es ihm in dieser qualifizierten Beziehung möglich macht, er selbst zu werden. Überall werden demnach die Grenzen des intra-psychischen, der Selbstbefreiung im individualistischen Sinn, durchbrochen. Hat Smelik vielleicht vor allem gemeint, das psychologische Gespräch spiele sich ausschließlich in der menschlichen Sphäre ab und beziehe sich auf nichts außerhalb dessen, also auch nicht auf den religiösen Bereich, so würde ich dazu — auch im Hinblick auf Gedanken van den Bergs — folgendes sagen: Auch van den Berg wies ja darauf hin, daß das seelsorgerliche Gespräch nicht von dieser Welt ist, sondern als ein unpsychologisches Gespräch möglicherweise die Psychologie mit Füßen tritt. Der *Absicht,* die van den Berg zu seinen Äußerungen geführt hat, stimme ich bei. Die Art und Weise, die Dinge darzustellen, und die Formulierungen erscheinen mir aber geeignet, im augenblicklichen Stadium der Besinnung auf den Gegenstand Verwirrung zu stiften. Es geschieht nämlich, daß Pastoren ihn gegen seine Intention zitieren, um sich damit ruhigen Gewissens das anstrengende und notwendige Studium des seelsorgerlichen Gesprächs zu ersparen, weil doch alles auf Gott ankomme und wir „also" nichts von „Methode" und „Training" erwarten können. Aber eine gute, psychologisch verantwortliche Gesprächsführung ist doch von größter Bedeutung im seelsorgerlichen Gespräch. Es gibt lediglich Augenblicke, die — wie van den Berg sagt, „inzident" sein können, bei denen also etwas von außen in die diesseitigen Kategorien „hereinfällt", wobei diese Kategorien transzendiert werden — um van den Bergs Ausdruck „mit Füßen getreten werden" positiv zu wenden — durch das Wort von der Vergebung, den Trost des Evangeliums und das Gebot Gottes. Diese „Inzidenzen" gehören zum Wesen des seelsorgerlichen Gesprächs, und wir müssen uns auf sie sorgfältig vorbereiten, nicht minder aber auf die psychologische Seite.

Diese Überlegung führt zu einer weiteren, die von van den Bergs Meinung ausgeht, daß in einem Gespräch zwischen Psychologe und Klient zwei Personen zu Wort kommen, während an einem seelsorgerlichen Gespräch drei Partner beteiligt sind. Auch Smelik setzt dies meines Erachtens stillschweigend voraus. Wir müssen dem einiges ergänzend an die Seite stellen. Van den Berg und Smelik haben sicher recht im Hinblick auf die durchschnittliche Erfahrung, die uns in vielen Publikationen und aus der praktischen therapeutischen Arbeit begegnet. Von dort aus läßt sich nur sagen, daß „Gott" nichts beiträgt, sofern nicht überhaupt von der Voraussetzung ausgegangen wird, daß er lediglich in einer Projektion des menschlichen Geistes besteht. Andererseits wird mancher Psychologe, der Christ ist, aufgrund dieser Tatsache und auch aufgrund seiner Berufsauffassung protestieren, wenn er hört, das Gespräch zwischen ihm und seinem Klienten spiele sich zwischen zwei Personen ab, während Gott als dritter Partner hinzukomme, wenn statt seiner ein Pastor mit dem Ratsuchenden spreche. Es kommt also darauf an, welche Voraussetzungen den oben erwähnten Unterscheidungen zugrunde liegen und welche Wirklichkeit diese im Blicke haben. Smeliks und van den Bergs Gedanken gaben in den Niederlanden Anstoß zur grundsätzlichen Besinnung auf das seelsorgerliche Gespräch. Beide haben aus Thurneysens Buch „Die Lehre von der Seelsorge" gelernt.

Die spezifische Art des seelsorgerlichen Gesprächs

Ich will versuchen, das Spezifische des seelsorgerlichen Gesprächs zusammenfassend zu umschreiben:

1. Das seelsorgerliche Gespräch begründet sich aus dem Auftrag der Kirche Christi. Daraus leitet der Seelsorger nicht eine Autorität ab, sondern einen Dienstauftrag für Gott.

2. Das seelsorgerliche Gespräch findet seine Erfüllung, wo das „fremde" Wort gehört wird, wo der dritte Partner zu Wort kommt, wo Menschen wissen, daß sie vor Gottes Angesicht stehen. Dies braucht nicht in Erfüllung zu gehen, wenn die erste Bedingung, der kirchliche Auftrag, formal erfüllt ist. Der zweite Punkt kann auch unabhängig von einem kirchlichen Auftrag realisiert werden.

3. Das seelsorgerliche Gespräch kann sehr verschiedene Themen zum Gegenstand haben. Wohl wird sich ein Gespräch über Grundfragen des Glaubens und des Lebens in engerer Bezogenheit auf „Seelsorge" vollziehen, als wenn es sich um die Vorzüge einer Automarke dreht, sofern etwa das betreffende Gemeindeglied im Begriff ist, sich ein Auto zu kaufen. Dennoch *kann* die Frage, ob Gemeindeglied oder Pastor sich ein Auto zulegen wollen, ein sehr viel sinnvollerer Gesprächsgegenstand in einem seelsorgerlichen Gespräch sein, als ein Disput über die Erwählung oder die Versöhnungslehre. Im gewissen Sinn muß man sagen: Das Thema tut nichts zur Sache. Vielmehr kommt es allein darauf an, was das jeweilige Thema im Leben des Betreffenden *bedeutet,* ob und wie stark es ihm zu Herzen geht und seine Seele berührt. Themen völlig „weltlicher" Art können zu einem bewegten seelsorgerlichen Gespräch hinführen, während „Glaubensfragen" und theologische Themen mitunter dazu dienen können, dem Wesen eines seelsorgerlichen Gesprächs zu entrinnen — und wie oft fallen nicht Seelsorger darauf hinein! Das Spezifische des seelsorgerlichen Gesprächs liegt also darin, daß alle Lebensfragen, auch die „gewöhnlichen" Dinge mit dem Evangelium konfrontiert und in das Licht des Glaubens gestellt werden. Anders gesagt: Was auch immer zur Sprache kommt und wie nüchtern auch darauf eingegangen wird, letztlich geht es um das Heil des Menschen und — wie verborgen auch immer — um die letzten Dinge.

Abgrenzungen

Die Abgrenzung in Richtung auf andere Berufe, die im Gespräch Hilfe vermitteln wollen, kann nicht in Gesprächsthemen gesucht werden, aber auch nicht darin, daß im seelsorgerlichen Gespräch Gott als dritter Partner anwesend sein soll. Es muß daher über das Gesagte hinaus noch einiges genannt werden:

1. Blicken wir auf den Psychotherapeuten. An ihn wendet man sich im allgemeinen nur in ernsthaften Lebenskonflikten, bei denen psychische

Momente eine große Rolle spielen. Es geht also um sein spezielles Sachverständnis; außerdem spielt der Zeitfaktor eine große Rolle. Der Gemeindepastor wird nicht eine monate- oder jahrelange Behandlung eines
Menschen in Angriff nehmen können, um ihm zum Glauben zu verhelfen
— selbst wenn ihm dies als eine Bedingung erschiene.

2. Die Abgrenzung zur Sozialarbeit wird sich in der Praxis nicht immer
eindeutig finden lassen. Ich denke hier namentlich an christliche Fürsorgearbeit. Das Sachverständnis angesichts der sozialen Seiten von Schwierigkeiten bildet darin einen ungleich wichtigeren Faktor. Diese Tatsache
bringt die Arbeit in den Bereich verschiedener Gefahren: Pfarrer, Kirchenvorsteher, Gemeindeglieder sehen oft genug nicht die besondere Bedeutung der christlichen Fürsorgearbeit, negieren sie oder nehmen etwa
eine Fürsorgerin nur für Bagatellfälle in Anspruch. Andererseits verstehen die Sozialarbeiter oft nicht die Rolle des Pfarrers und führen
gegen seine Beteiligung an praktischen Problemen etwa ins Feld: Für
Ehe- und Familienfragen sei die Fürsorgerin zuständig, für Glaubensfragen dagegen der Pastor. Wir werden lernen müssen, zusammenzu-
arbeiten und voneinander zu lernen. Für manchen christlichen Sozialarbeiter ist es eine unbeantwortete Frage, wie sein besonderer Hintergrund — die Beauftragung durch eine christliche Organisation wie die
Innere Mission oder letztlich die persönliche Beauftragung durch Christus — seine Gesprächsführung mitbestimmt. Mancher weiß nicht, inwie-
fern und auf welche Weise auch der seelsorgerliche Aspekt in seinen Kontakten Raum gewinnen kann. Mir scheint, daß auf diesem Gebiet viele
Unklarheiten bestehen, und daß die Ausbildung und Fortbildung der
Sozialarbeiter noch zu wenig Hilfen für die Bewältigung dieser Problematik gibt. Es wird noch mehr Gewicht gelegt werden müssen auf eine
psychologisch verantwortlich gestaltete Gesprächsführung und zugleich
auf die Berücksichtigung des evangelischen Auftrags, dem christliche
Sozialarbeiter und Pfarrer gleichermaßen dienen.

3. Was die Abgrenzung zum Arzt betrifft, auch zum Psychotherapeuten
als medizinischem Spezialisten, so ist es das Spezifikum seiner Aufgabe,
daß er das Ziel der Heilung vor Augen hat. Alle Gespräche sind darauf
ausgerichtet. Natürlich wird der bewußt christliche Arzt sich dessen bewußt sein, daß das Heil über der Gesundheit steht, und er wird hoffen,
daß auch die Gesundung dem Heil — dem „Heil-Sein" im tiefsten Sinn
— dienen möchte. Wo es angebracht ist, wird er ein im engeren Sinn
seelsorgerliches Wort sprechen können, ein Wort der Vergebung, des

Trostes, der Ermunterung usw. Aber er ist nicht ein schlechter Arzt, wenn er es nicht tut. Die Meinung, die hie und da vertreten wird, etwa in dem Buch von Hans Gödan, „Christus und Hippokrates", daß nur ein gläubiger Arzt seine Aufgabe wirklich gut erfüllen kann, möchte ich sehr bestimmt zurückweisen.

Oft werden also Pastor und Arzt mit ihren Gesprächspartnern über dieselben Schwierigkeiten und Fragen sprechen. Lediglich ihr Blickpunkt ist verschieden: der eine sieht auf das Heil, der andere auf die Gesundheit. Beide aber wissen, daß diese Abgrenzung niemals eine Scheidung bedeutet. Auch der Pastor kann durch seelsorgerliche, eventuell pastoral-therapeutische Gespräche der leiblichen und geistigen Gesundheit des anderen dienen. Ebenso ist es möglich, daß der Arzt durch seine vielleicht medizinisch-therapeutischen Gespräche indirekt zum Heil des anderen beiträgt, weil dieser durch den Einfluß der Behandlung z. B. innerlich freier wird und — psychologisch gesprochen — besser zu einer echten Glaubensentscheidung imstande ist.

Muß der Pastor „anders" sein als der andere?

Es liegt auf der Hand, daß die Frage nach der spezifischen Art des seelsorgerlichen Gesprächs für den Pastor nicht allein eine Sache theoretischer Besinnung ist, sondern eine Frage an seine tägliche Arbeit. Sehe ich recht, so liegt für viele Pastoren eine große Schwierigkeit darin, Einsicht in das Verhältnis zwischen ihrer Person und dem Besonderen ihres Amtes zu bekommen. Es besteht im Augenblick eine Neigung, dem Pastor zu sagen, er solle sein „wie der Mann auf der Straße" — eine deutliche Reaktion auf eine vergangene Situation, in der die Geistlichen sich in Kleidung, Auftreten, Stil usw. von den Gemeindegliedern unterschieden. Vielerorts erwartet man jetzt vom Pastor „gewöhnliche Menschlichkeit", was manchmal leider dazu führt, daß er sich „gewöhnlicher als gewöhnlich" benimmt und sich gerade durch ein gewollt-gewöhnliches Auftreten als Pastor zu erkennen gibt. Das kann sich in auffallend moderner Kleidung wie in auffallend jovialem Auftreten äußern.

Es gibt auch Pfarrer, die sagen: Alles schön und gut, man hat uns nun bis zum Überdruß vorgehalten, wir sollten vor allem „gewöhnlich" sein, aber unser Problem besteht doch darin, daß wir so viel Mühe mit dem Anders-Sein haben, das sich aus unserm Amt ergibt. Wir sind Träger eines fremden Amtes, wie sollen wir das in unserem täglichen Leben, unserem persönlichen Umgang, unseren pastoralen Gesprächen verwirklichen? Auch hier taucht im Grunde wieder die Frage nach dem Spezifikum des seelsorgerlichen Gesprächs auf. Worin besteht dies „andere", diese Besonderheit des seelsorgerlichen Gesprächs? Es scheint mir, daß nicht selten das Mißverständnis eine Rolle spielt, man müsse die „Andersartigkeit" der Botschaft umsetzen in ein Anders-Sein der Pastoren, eventuell auch in ein Anders-Sein pastoraler Sprache. Aber ist es nun nicht für den Pastor befreiend zu wissen, daß von ihm nichts anderes erwartet wird als von anderen, nämlich daß er wie jeder andere seine Arbeit gut zu verrichten hat? Ein Arzt muß einen Patienten gewissenhaft untersuchen, ein Pastor muß seinen Gottesdienst und seine Konfirmandenstunde gewissenhaft vorbereiten, in einem Gespräch auf die Nöte des andern gewissenhaft eingehen usw. Er muß wie jeder „Vertreter", „Botschafter", „Bevollmächtigter" einer „Instanz" dienen. Mir scheint, viel Verkrampfung in der Haltung von Pastoren, auch im seelsorgerlichen Gespräch, hat ihren Grund in der Meinung, der Pastor müsse etwas Besonderes sein. Er müsse „anders" sein als der andere. Das ist jedoch nicht richtig. Er muß seine Arbeit gut tun wie jeder andere die seine. Natürlich ist es für ihn selbst wichtig, was die Botschaft für ihn bedeutet, aber das darf ihn nicht zu sehr in seiner Arbeit beeinflussen. Ich meine damit dies: Ist der Pastor am Sonnabend in seinem persönlichen Leben nicht zurecht gekommen, oder hatte er mit Glaubenszweifeln zu kämpfen, so soll er nicht denken: Ich kann morgen nicht predigen! Ich kann heute abend nicht das seelsorgerliche Gespräch führen, für das sich Herr X mit mir verabredet hat! — Vielmehr muß er wissen, daß seine Arbeit, für die er geradesteht, weitergeht, ungeachtet der Höhen und Tiefen seines eigenen Lebens. Natürlich gibt es auch eine Grenze, an der man nicht mehr von Höhen und Tiefen sprechen kann, weil er davor steht, an die Sache, der er dient, nicht mehr glauben zu können, so daß er bewußt einen anderen Weg wählt. Dann muß er die Konsequenzen ziehen. Aber solange diese äußerste Grenze nicht erreicht ist, muß er trotz eigener Unsicherheit, trotz eigenen Unglaubens treu weiterarbeiten. Man kann Beispiele für diese Problematik des Pastors auch in der modernen Literatur finden. Man denke etwa an die Werke von Graham Greene und Kaj Munk.

Die „symbolische" Bedeutung des Pastors

Reden wir über die spezifische Bedeutung des seelsorgerlichen Gesprächs, so müssen wir uns auch mit dem befassen, was man die „symbolische"

Bedeutung des Pfarrers nennen könnte. Wer sich an einen Pastor wendet, tut etwas anderes, als jemand, der sich an einen Sozialarbeiter, Psychologen, Arzt usw. wendet. Der Pastor steht für, ist Symbol für und ist Hinweis auf die christliche Gemeinde, auf Christus, auf Gott. Natürlich wird derjenige, der den Kontakt mit ihm sucht, vielfach nicht darüber nachgedacht haben. Vielleicht läßt er sich in den meisten Fällen nur durch vage Gefühle und Assoziationen leiten. Aber diese können doch sehr wichtig für das seelsorgerliche Gespräch sein. Die symbolische Bedeutung, die der Pastor für ein Gemeindeglied hat, kann mancherlei Schwierigkeiten und Möglichkeiten mit sich bringen. Alle möglichen früheren Erfahrungen mit der Kirche, Glaubensvorstellungen, Gedanken, Ängste und Erwartungen im Hinblick auf Gott spielen ihre Rolle, wenn sich jemand an den Pastor wendet. Und nun wird der Pastor auch wieder Erwartungen hervorrufen, je nachdem, wie er für den anderen „Hinweis" auf Gott ist, oder nicht ist. Eine besondere Komplikation kann es sein, wenn der Pastor selbst auf Gott hinweist, sein tatsächlicher persönlicher Habitus damit aber in keinerlei Übereinstimmung steht. Ein Pastor kann nachdrücklich über Gottesvergebung sprechen, während der andere an ihm bemerkt, daß er ihn nicht wirklich annimmt, sondern moralisierend autoritär und ungeduldig ist. Bei einem solchen Fall werden wir entdecken, daß nicht die in Worten formulierte Verkündigung, sondern die Art, wie wir die Botschaft im Umgang mit dem anderen inkarnieren, entscheidend ist.

Glaubt der Pastor an seine Arbeit?

Über die Voraussetzungen für das Führen eines seelsorgerlichen Gesprächs möchte ich später ausführlich sprechen. Im vorliegenden Zusammenhang möchte ich nur eine Voraussetzung nennen: Der Pastor muß selbst an das seelsorgerliche Gespräch glauben, an die Möglichkeiten, die in ihm liegen, und er muß auf eine reelle, redliche Weise daran glauben. Dies gilt selbstverständlich für alle Menschen, die von Berufs wegen Gespräche führen. Ich möchte behaupten, daß zahllose Gespräche zu wenig oder zu nichts führen, weil der verantwortliche Gesprächspartner, der Sozialarbeiter, der Psychologe, der Arzt usw. selbst nicht an seinen Klienten und an das Gespräch mit ihm glaubt. Auf dem Gebiet, das mir persönlich neben dem Pfarramt am meisten am Herzen liegt und auf dem ich es vielleicht auch am besten beurteilen kann, gilt das sicher, nämlich auf dem Gebiet der Psychotherapie. Daß die Psychotherapie häufig

9*

ohne Erfolg bleibt, hat seine Ursache unter anderm in der Einstellung des Therapeuten, im Habitus gegenüber seinem Patienten. Aber auch für das seelsorgerliche Gespräch ist eine Haltung der Liebe, des Annehmens, der Geduld, des Vertrauens und der Achtung vor dem andern notwendig. Ebenso notwendig ist das Vertrauen in die Möglichkeiten des seelsorgerlichen Gesprächs. Diese liegen zweifellos darin, daß man ausdrücklich die Absicht hat, mit dem andern im Licht Gottes zu stehen. Es ist ein Gespräch, das in der Sphäre des Glaubens und des Gebetes stattfindet, auch wenn dies vielleicht im Bewußtsein des Gesprächspartners noch unerreichbare und unmögliche Dinge sind. Für den Pastor muß die Sache anders liegen. Er betet für seinen Gesprächspartner, er glaubt an ihn, weil er hinter dem Leben des anderen Gott stehen sieht, der das Werk nicht fahren läßt, das seine Hände an diesem Menschen begonnen haben. Er glaubt an den Sinn des seelsorgerlichen Gesprächs, er glaubt, daß ein Mensch verwandelt werden kann, auch durch das seelsorgerliche Gespräch. Hat er diesen Glauben verloren, vielleicht weil er nie wirklich ewas davon gespürt hat, so ist dies in erster Linie ein Grund, sich selbst zu prüfen und sich ernsthaft zu fragen, ob es möglicherweise an einem Mangel an Glauben, an Hoffnung und an Liebe gelegen hat, daß das seelsorgerliche Gespräch so sehr durch Machtlosigkeit gekennzeichnet war. Die Besonderheit des seelsorgerlichen Gesprächs liegt nicht zuletzt darin, daß es ein hoffnungsvolles Gespräch ist.

II. Hilfsquellen

Spezifisch seelsorgerliche Hilfsquellen

Der Pastor führt ein seelsorgerliches Gespräch nicht aus einer isolierten Situation heraus, während dies der Psychotherapeut in der Regel bis zu einem gewissen Grade tut. Sein Gespräch spielt sich innerhalb der Geborgenheit seiner vier Wände ab. Therapeut und Patient kannten sich in der Regel vorher nicht. In der neuen Beziehung, die jetzt entsteht, kann viel geschehen, was für das Leben des Patienten von einschneidender Bedeutung sein wird. Aber nach der letzten Sitzung schließt er die Tür des Therapeuten hinter sich, und die Sache ist für ihn abgelaufen, abgesehen von der letzten Rechnung, die noch zu begleichen bleibt.

Der Pastor steht in einer anderen Situation. Er empfängt einen Menschen, weil er von seiner Kirche dazu beauftragt ist, und er handelt als Repräsentant der Gemeinde. Es geht ihm nicht in erster Linie darum, jemanden von psychischen Schwierigkeiten und Konflikten zu befreien, sondern ihm zu einem echten Glauben zu verhelfen. Er will ihm beistehen, sein Leben in Gottes Licht sehen zu lernen und die Gemeinde Christi zu entdecken, so daß er in den anderen seine Brüder und Schwestern erkennt. Das schließt auch ein, daß der Pastor von besonderen Hilfsquellen weiß, die für den andern Bedeutung haben können. Dies soll uns im folgenden beschäftigen.

Die Gemeinschaft der Gemeinde

Jesus Christus hat von Anbeginn an eine Gemeinschaft um sich gesammelt, die Gemeinde, den Leib des Herrn. Die Kinder Gottes stehen nicht isoliert voneinander. Sie kennen eine neue Gemeinschaft mit Gott und untereinander. Pfarramt, Apostolat, Diakonat entsprechen dieser Gemeinschaft. Sie setzen das Mit-dem-andern-Sein voraus. Das sind nicht nur soziologische Gegebenheiten. Es geht hier um die Grundgesetze des Reiches Gottes.

Die Gemeinschaft der Gemeinde ist von großer Bedeutung für jedes ihrer Glieder. Die vielen Vorwürfe und Klagen an die Adresse der Kirche,

„man kümmert sich dort nicht um den einzelnen", „man bietet ihm keine Gemeinschaft" und ähnliches, zeigen uns ein intuitiv vorhandenes Wissen von der Bedeutung, die die Gemeinde als Gemeinschaft haben müßte. Freilich befinden wir uns damit auch mitten in der Problematik des heutigen Lebens überhaupt. Die Gemeinschaft ist nicht nur im Raum der Kirche, sondern überall zum Problem geworden. Die Gesellschaft läßt den Einzelnen los. Sie hat nicht mehr ihre Funktion als Verbindung vieler Einzelner. Man fühlt sich nicht mehr sinnvoll eingefügt als Glied einer Gemeinschaft, weder außerhalb noch innerhalb der Kirche. Das gibt vielen Menschen ein Gefühl innerer Zwiespältigkeit, ja zuweilen von Zerrissenheit. Es macht sie „unangepaßt", unsicher, aggressiv und neurotisch. Diese Problematik macht nicht halt vor den Türen der Kirche. Die Gemeinschaft der Gemeinde ist oft zu wenig überzeugend und spricht weder das Gemeindeglied noch den Außenstehenden an.

Hinzu kommt eine Reihe weiterer belastender Faktoren: Die unerhörte gottlose Hartnäckigkeit, mit der an der vielfältigen Zerspaltenheit der Christenheit festgehalten wird, wodurch alle schönen Worte über Wahrheit, Gemeinschaft, Liebe und Einheit so wenig überzeugend klingen. Es spielen noch andere Faktoren eine wichtige Rolle, die in diesem Zusammenhang unbesprochen bleiben können. Andererseits ist und bleibt die christliche Gemeinschaft in zahllosen Erscheinungsformen für Ungezählte eine geistliche Realität erster Ordnung. Und auch die unzählbaren seelsorgerlichen Gespräche, die täglich in der ganzen Welt geführt werden, werden geführt, weil es die christliche Kirche in dieser Welt gibt.

Es ist wohl deutlich, daß das seelsorgerliche Gespräch, wenn es auch ein rein persönliches Gespräch ist, als Voraussetzung und Hintergrund die Gemeinschaft der Gemeinde hat, und daß es den andern in diese Gemeinschaft (zurück)führen will. Dies will nicht sagen, daß es gilt, auf alle Fälle einen jeden Ratsuchenden in das normale kirchliche Leben einzuschalten. Es ist bestürzend, wie einfach häufig davon ausgegangen wird, daß die Struktur des Gemeindelebens mit allem Drum und Dran selbstverständlich so sei, daß jeder darin seinen Platz finden könne. Ich bin persönlich der Meinung, daß die Struktur des heutigen kirchlichen Lebens in vieler Hinsicht einer überlebten Vergangenheit entspricht. Darum fühlt mancher Christ sich darin nicht mehr zu Hause. Das darf keineswegs immer als Untreue gegenüber der Gemeinde Christi gebrandmarkt werden. Es ist nicht ausgeschlossen, daß jemand, der die Formen und Regeln der Kirche von gestern, die man in der Kirche von heute antrifft, ablehnt und dafür gern bereit ist, sich für den Aufbau der Gemeinde

von morgen einzusetzen. Ich möchte gerade auch im Hinblick auf viele
Erfahrungen in seelsorgerlichen Gesprächen auf die Notwendigkeit eines
differenzierteren Aufbaus des Gemeindelebens und einer nuancierteren
Arbeitsweise hinweisen. Oft hat es mich bedrückt, wenn sich in seelsorgerlichen Gesprächen ergab, daß die Betreffenden gern einen Platz in
ihrer Gemeinde fänden, daß aber in ihrer Umgebung eine angemessene
Möglichkeit nicht zu bestehen schien. Das Argument, man habe sich in
das kirchliche Joch „der" örtlichen Gemeinde oder des „eigenen" Bezirks
einzufügen, ist nicht stichhaltig! Geht man dem einmal nach, so findet
man, daß mit „Gemeinde" eine bestimmte Gruppe von Christen gemeint
ist, die zweifellos *auch* Gemeinde ist, aber nicht mehr. Und diese Gruppe
geht mit einer schauerlichen Selbstverständlichkeit davon aus, daß die
eigene konfessionelle Bestimmtheit, die eigenen traditionellen kirchlichen
Formen usw., *die* „geistige Heimat" für jedermann bedeuten. Ich fürchte,
daß das heutige kirchliche Leben oft allzusehr auf „die" Gemeinde abge-
stimmt ist und daß sich darum so viele Mitchristen von ihm fernhalten.

Wünsche an die Gemeinde

Wollen wir mit dem seelsorgerlichen Gespräch Menschen der Gemeinschaft der Gemeinde zuführen, so sehe ich folgendes als notwendig an[2]:

1. Das kirchliche und das gemeindliche Leben wird eine große Vielgestal-
tigkeit entfalten müssen. In unserer pluriformen, komplexen Gesellschaft
wird nur eine darauf „eingespielte" Gemeinde zur geistlichen Heimat
werden können.

2. Die Gemeinschaft der Gemeinde wird mehr sein müssen als nur liturgische Gemeinschaft. Es muß zwischen dem Einzelnen und der kleinen
Gemeinschaft von Ehe und Familie einerseits und der Gemeinde in ihrem
Gottesdienst andererseits kleine Gemeinschaften geben, die verhindern,
daß sich der Einzelne in egozentrischer Weise verschließt, aber auch, daß
die Zusammengehörigkeit aller nicht bei der Teilnahme an stilisierten
liturgischen Gemeinschaftsformen stehen bleibt. Die kleinen Gemeinschaftsformen werden um der Übersichtlichkeit und der Selbständigkeit
willen höchstens 12 bis 15 Menschen umfassen dürfen, sie müssen aber
offene Gemeinschaften sein, das heißt, sie müssen auf die Außenstehen-

---

[2] Hinsichtlich der folgenden Gedanken habe ich vieles Professor Hoekendijk zu verdanken. Ich beziehe mich meistens auf mündliche Äußerungen und kann daher nicht im
einzelnen kenntlich machen, wo ich ihn „zitiere" und wo ich eigene Gedanken ausspreche.

den ausgerichtet sein, und zwar in erster Linie durch das, was sie *sind*.
Sie sollten ökumenisch sein in dem Sinn, daß ihnen Glieder verschiedener
Kirchen angehören können. Selbstverständlich ergibt sich aus dem allen,
daß der Pastor nicht mehr der Mann sein kann, der für alles verantwortlich zeichnet. Im Gegenteil, es geht hier vor allem um das Pastorat, das
Diakonat und das Apostolat der Gemeindeglieder. Man ist füreinander
Pastor, Diener, Gesandter. Es ist also, wenn wir uns auf das seelsorgerliche Gespräch besinnen, von großer Bedeutung, daß der Pastor es nicht
als seine Aufgabe ansieht, jemandem in den Grenzen dieses Gesprächs
erschöpfend seelsorgerlich zu dienen. Dies wäre für ihn untragbar. Aus
psychologischer Sicht wäre es ungesund und unmöglich, eine derartig
schwere seelische Belastung zu ertragen. Aber auch theologisch ist es abzulehnen. Der einzelne findet in erster Linie dadurch Hilfe, daß er getragen, getröstet und begleitet wird durch die und in der Gemeinschaft
der Brüder und Schwestern. Nur manchmal ist es notwendig, einen
Augenblick beiseitezutreten für ein Gespräch unter vier Augen. Und
manchmal ist es gut, daß dies mit dem Pastor geschieht. Es ist wichtig,
und es kann lebensnotwendig sein, daß diese Möglichkeit besteht. Aber
dann gehen wir so schnell wie möglich zurück in die Gemeinschaft der
Gemeinde. Leider fehlt jedoch diese Gemeinschaft noch allzusehr, und
die Pfarrer können daher im seelsorgerlichen Gespräch meist nur unzureichend helfen. Die Gemeinschaft, die das weiterhin heilende und hel-
fende Medium für die seelsorgerliche Hilfe sein soll, funktioniert oft nur
sehr schlecht.
Ich hoffe, einiges von Formen des Gemeindelebens aufgewiesen zu haben,
nach denen wir gerade im seelsorgerlichen Gespräch oft großes Bedürfnis
haben. Wir müssen den Ratsuchenden aus unserem Sprechzimmer (wieder) mitten unter die Brüder und Schwestern bringen können. Ich möchte
fast sagen: Je besser die Gemeinschaft der Gemeinde funktioniert, desto
weniger wird das persönliche seelsorgerliche Gespräch nötig sein.

Die Bedeutung der Liturgie

Wir sagten bereits, daß die Gemeinschaft der Gemeinde mehr sein muß,
als eine liturgische Gemeinschaft, die sonntags zusammenkommt. Das
schließt also ein, daß der liturgischen Gemeinschaft große Bedeutung zukommt, auch vom seelsorgerlichen Gespräch her gesehen. Pastorat, Apostolat und Diakonat haben ihren Ursprung in der Liturgie, in ihrem
Herzstück, dem heiligen Abendmahl, in dem alles, was Christus uns zu

sagen hat, was er für uns getan hat, was er für uns sein will, in wenigen
Worten und Handlungen zusammengefaßt und geschenkt wird. Auch aus
dem Sprechzimmer heraus hofft darum der Pastor, den andern den Weg
finden zu lassen zu dem Ort, an dem die Gemeinde im Gottesdienst zusammenkommt. Wer im Glauben an der Liturgie, am Gebet, an der Anbetung, an der Abendmahlsfeier der Gemeinde teilnimmt, kann auf un-
aussprechliche Weise auch für seinen persönlichen Lebensweg gestärkt
werden. Dieser Satz wird vielen, auch Gliedern der Kirche, unverständ-
lich sein. Für andere spricht er eine Wahrheit aus, die sie von Herzen
bejahen. Ich möchte an dieser Stelle einige Sätze von Romano Guardini
wiedergeben, die zunächst auf den Menschen in Anbetung Bezug haben,
die aber ausgeweitet werden können auf den Menschen, der an der
Liturgie in all ihren Facetten teilnimmt: „Die Gewähr für die Reinheit
des Geistes ist die Anbetung Gottes. Solange ein Mensch Gott anbetet,
solange er sich vor Gott neigt, als vor Dem, der ‚würdig ist, zu empfangen die Macht und die Ehre und die Herrschaft‘, weil er der Wahre und
Heilige ist — solange bleibt er vor dem Trug gefeit. Reinheit und Gesundheit des Geistes sind das Stärkste im Sein — aber auch, wie der
Mensch nun einmal ist, das Verletzlichste und Verführbarste im Sein. Sie
bedürfen der Hut. Es muß etwas geben, woran dem Menschengeist
immer wieder Wahr und Falsch, Rein und Unrein deutlich werden. Daß
der Mensch das Rechte, das er unterschieden hat, nicht tut, ist schlimm
und macht ihn ‚des Gerichtes schuldig‘. Ungleich furchtbarer aber ist die
Verwirrung im Verhältnis zur Wahrheit selbst; der Trug, der schon im
Blick wirkt, weil er im Geiste selbst sitzt. Darum muß es etwas geben,
an dem das Herz sich immer wieder in der Wahrheit erneuert, der Geist
sich reinigt, der Blick sich klärt, der Charakter verpflichtet wird. Das ist
die Anbetung. Es gibt nichts Wichtigeres für den Menschen, als daß er
lernt, sich mit dem inneren Sein vor Gott zu neigen, ihm Raum zu geben,
daß Er aufsteige und der Eigentliche sei, deshalb, weil er würdig ist, es
zu sein. Zu denken, innerlich zu vollziehen, daß Gott der Anbetung würdig ist, aus Seiner Wahrheit heraus, unendlich, restlos — das ist heilig
und groß und macht gesund von Grund aus[3].“
Daß hier viele praktische Schwierigkeiten liegen, ist uns bekannt. Zahllose werden sich in den durchschnittlichen Gottesdienst „der“ Gemeinde
in der oben skizzierten eingeschränkten Bedeutung schwer oder nicht hin-
einfinden. Auf diesem Gebiet wird einer legitimen Differenzierung Raum

---

[3] Romano Guardini, Der Herr, Würzburg 1951, S. 595 f.

gegeben werden müssen. Übrigens fällt auf, daß scheinbar diejenigen, die in unserer Zeit die „kleine Gemeinschaft" wiederentdecken und üben, auch zurückkehren zur liturgischen Gemeinschaft in Gebetsgottesdiensten, Abendmahlsfeiern usw. Es ist, als ob von vielen die Verbindung zwischen dem, was allzu offen, allzu lange geschieden war, wiedergefunden wird. Und es ist deutlich, daß der Unterschied von der liturgischen Gemeinschaft zu den obengenannten kleinen Gemeinschaftsformen fließend ist, vor allem, wenn wir sehen, daß gegenwärtig diese kleinen Gemeinschaften oft „Hausgemeinden" genannt werden und alle möglichen liturgischen Handlungen kennen wie Gebet, Schriftlesung, Auslegung, Lied, während zugleich die Möglichkeit der Abendmahlsfeier von vielen überdacht wird.

Die Bedeutung des Gebets[4]

W. J. Berger verdanken wir eine Reihe wichtiger pastoralpsychologischer Bemerkungen über das Gebet[5]. Er weist zunächst darauf hin, wie sehr der Mensch an seinen Schwierigkeiten und durch sie wächst. Wer immer etwas Wichtiges in seinem Leben erreichen will, muß eine Schwelle überschreiten, Widerstände überwinden, Abschied nehmen und in eine neue Phase eintreten. Der Widerstand, den wir dabei oft in uns selbst entdecken, ist im Prinzip ein Widerstand gegen das Abschiednehmen, gegen das neue Risiko, gegen die neue Entfaltung, die wir gern möchten und die uns zugleich Angst macht. Diese Erwägungen vermitteln uns eine gute Einsicht in viele Gebetsschwierigkeiten. Dies sind nämlich oft Schwierigkeiten des Erwachsenwerdens. Berger zeigt das an einer Anzahl von Beispielen, wie sie häufig im seelsorgerlichen Gespräch zur Sprache kommen:

1. Es gibt Menschen, die nur beten, wenn sie in Not sind. Außerhalb derartiger Situationen spielt das Gebet in ihrem Leben keine oder kaum eine Rolle. Ist das nicht wie bei einem Kind, das nur bitten kann, wenn Unlustgefühle beseitigt werden sollen? Ist das nicht ein Leben in einem kindlichen, primitiven Lust-Unlust-Schema?

2. Eine andere Schwierigkeit wird so formuliert: Gott erhört mein Gebet nicht, obgleich ich ihn um wichtige Dinge bitte. — Liegt hier nicht

---

[4] Vgl. auch meine Ausführungen in: Hoofdstukken uit de pastorale psychologie, Utrecht 1959, S. 70—74. Die Zusammenfassung dieses Abschnittes lautet: Das Gebet kann eine Quelle der Kraft, des Lebens und der Erneuerung für den Menschen sein. Andererseits schadet das ungläubige, infantile, egozentrische Gebet dem Menschen geistlich und psychisch, ja in seiner Ganzheit.

[5] In: Contactblad van de Aalmoezeniers bij de Inrichtingen van Justitie, 10. Jg., Nr. 6.

auch die Einstellung vor: Gott muß tun, was ich will? Stehe „ich" damit nicht auf falsche Weise im Mittelpunkt? „Wenn ich denke, meine Bitten sind angemessen und werden doch nicht erhört, dann sollte ich mich fragen, ob ich selbst vielleicht unangemessen bin, so unangemessen, daß ich meinen Vater hindere, mir zu geben, um was ich ihn bitte. Ich bitte um angemessene Dinge, aber ich erhalte sie nicht, weil ich mich unzugänglich für sie zeige."

Ich möchte diese Schwierigkeiten an einigen Fällen deutlich machen: Ein dem Trunk versklavter Mann erzählt in einem seelsorgerlichen Gespräch, daß er Gott immer um Erlösung von seiner Versklavung bittet, und er ersucht auch den Pastor, mit ihm darum zu beten. Zugleich ist er nicht bereit, dem ausdrücklichen Rat des Arztes und des Seelsorgers zu folgen, sich einer Entwöhnungskur zu unterziehen. — Eine Frau bittet Gott, sie von ihren homosexuellen Bindungen zu befreien, aber „Gott erhört mich nicht". Zugleich weigert sie sich, psychotherapeutische Hilfe zu akzeptieren, obgleich dies in ihrem Fall angebracht wäre. — Ein Ehepaar macht seine Eheschwierigkeiten seit langem zu einem Gebetsanliegen. Aber obgleich sie auf die stark neurotischen Komponenten in ihrem Eheverhalten aufmerksam gemacht sind, weigern sie sich, sich darin helfen zu lassen. — In all diesen Fällen geht es für das Leben dieser Menschen um wichtige Dinge; aber ihre eigene Unangemessenheit liegt darin, daß sie nicht bereit sind, zu tun, was innerhalb der menschlichen Möglichkeiten liegt und also getan werden muß.

3. Eine dritte Gebetsschwierigkeit: Mein Gebet ist wertlos, denn ich bin nie mit meinem Herzen dabei. Höre ich andere darüber reden, so verstehe ich wohl, daß es für sie viel bedeutet, aber in meinem eigenen Gebet bleibt mein Herz trocken und dürr. Berger stellt dieser Einstellung gegenüber einige Fragen, die letztlich auf eine hinauslaufen: Ist mein Herz wohl jemals wirklich bei etwas oder bei jemandem? Steht mein Herz wirklich jemals offen? Hindere ich mich nicht selbst — wissend oder unwissend —, meine Gefühle sprechen zu lassen? Gibt es kindliche, irrational motivierte Ängste, die mich hindern, mich in alles hineinzuversetzen, was mir den Sinn des Lebens und Gottes Absicht offenbart?

4. Die vierte Schwierigkeit, die Berger bespricht, wird etwa so formuliert: Ich bete nicht, denn es gibt keinen Gott, und wenn es ihn gibt, so ist es eine Macht, mit der ich zerfallen bin, weil an dem Lauf der Dinge doch nichts zu ändern ist. — Wir müssen dieser Einstellung gegenüber fragen: Worum geht es eigentlich — um mich selbst, auch in dem Sinn,

daß ich Norm und Maßstab von allem sein will? Oder will ich lernen, mich anzuvertrauen, fragend, hörend, glaubend? Berger sagt in diesem Zusammenhang: „Der ganze menschliche Lebenslauf ist ein Fortschreiten aus kindlicher Selbstbezogenheit zum Dienen und Sich-zur-Verfügung-Stellen. Es ist leider tragisch zu sehen, daß viele Seelsorger meinen, den Glauben am besten beschirmen zu können, indem sie den Menschen in Glaubens- und Gewissensdingen kindlich zu halten versuchen, wodurch sie dem Erwachsenwerden des Menschen im Wege stehen und die Beziehung zu Gott blockieren."

Menschen mit derartigen Gebetsschwierigkeiten werden wir meist nicht in einem einzelnen Gespräch helfen können. Es geht ja darum, daß der andere seine Unerwachsenheit erkennen lernt. Er muß lernen, seinen Lebenslauf zu übersehen, sein Erwachsen-Werden muß wieder in Gang kommen. Es müssen Schritte nach vorn getan und Entscheidungen gefällt werden. „Man denke an Jesu Gebet: ‚Doch nicht mein, sondern Dein Wille geschehe.' Betend faßte er einen Entschluß, aber es ist genauso wahr zu sagen: Durch diesen Entschluß konnte er beten ... Ich meine, daß jede Gebetsschwierigkeit erst dann gelöst wird, wenn der Lebensentschluß, vor dem ich stehe, gewagt wird, wenn der nächste Schritt gesetzt wird. Manchmal müssen wir auf den nächsten Schritt hinwachsen, und es ist die Pflicht des Seelsorgers, dafür das richtige Klima zu schaffen."

Mir erscheinen die wiedergegebenen pastoralpsychologischen Pastoralerörterungen Bergers sehr wertvoll, weil dort unterstrichen wird, wie sehr das seelsorgerliche Gespräch seelsorgerliche Weisheit und zugleich psychologisch gute Gesprächsführung erfordert, weil der Seelsorger nur so, gemeinsam mit dem Gesprächspartner, den „Sitz im Leben" der Gebetsschwierigkeiten zu entdecken vermag.

Beten im seelsorgerlichen Gespräch?

Welche Rolle soll das Gebet im seelsorgerlichen Gespräch selbst spielen? Das ist oft eine schwierige Frage für den Pastor! — Zuweilen münden Gespräche mit einer gewissen Selbstverständlichkeit in das Gebet ein, bei anderen ist das nicht der Fall, und man soll es dann auch nicht künstlich versuchen. Man dränge nicht mehr oder weniger krampfhaft auf das Gebet als einen Teil des seelsorgerlichen Gesprächs, man gehe ihm aber auch nicht krampfhaft aus dem Wege. Das Gebet kann im Rahmen des seelsorgerlichen Gesprächs von großer Bedeutung sein. Es kann auch als etwas Überflüssiges, ja als Hindernis durch den Gesprächspartner erfahren werden. Auch hier gilt wieder: Zuhören wird uns den Weg weisen müssen.

Was sollen wir tun, wenn der Gesprächspartner fragt: Wollen Sie mit mir beten, und eventuell auch das Anliegen des Gebets umschreibt, während der Pastor das Gefühl hat, daß dies im Augenblick nicht angebracht ist? Ich meine, man sollte ruhig nein sagen und die Weigerung mit Liebe und Takt erläutern. Ein Beispiel für eine derartige Situation: In einer Ehe ist deutlich geworden, daß die Scheidung als das geringste verschiedener Übel angesehen werden muß. Der Mann ist ein sehr ängstlicher, zwangsneurotischer Mensch. Er hat eine andere Frau und quält seine eigene auf abscheuliche Weise. Er bittet den Pastor in einem Gespräch, mit ihm zu beten, daß seine Frau doch den „sündigen" Schritt der Ehescheidung nicht tun möchte. Auf diese Bitte darf der Pastor nicht eingehen. Er darf meines Erachtens auch nicht so darauf eingehen, daß er zwar mit dem Mann betet, aber mit einem ganz anderen Inhalt, als der Mann meinte, etwa daß dieser Mann zu besserer Einsicht geführt werden möge oder ähnlich. Das wäre Mißbrauch des Gebets. Es muß also nicht grundsätzlich auf die Bitte „wollen Sie mit mir beten?" eingegangen werden. Auch hier kommt es auf den „Sitz im Leben" der Frage an.

Beichte und Absolution

Auch unter diesem Thema geht es uns um einige pastoralpsychologische Erwägungen.

1. Zunächst tut man gut, einen Unterschied zwischen Katharsis und Beichte zu machen. Unter Katharsis verstehen wir, daß der andere die Möglichkeit bekommt, sich auszusprechen, sich „abzureagieren". Den Begriff Beichte beschränken wir hier auf persönliche Beichte unter vier Augen, die sogenannte Ohrenbeichte, Privatbeichte oder Geheimbeichte. Jede Beichte setzt voraus, daß vor Gottes Angesicht Sünden bekannt werden unter Beisein eines Menschen, der ein Amt hat, im Namen Gottes zu hören und zu sprechen. Der amtliche Charakter der Beichte bleibt auch bestehen, wenn aufgrund des allgemeinen Priestertums der Gläubigen ein Gemeindemitglied dem andern die Beichte abnimmt. Ein Schuldbekenntnis anhören und das Wort der Vergebung zusprechen kann man nur im Namen Christi. Wohl hat auch die Beichte eine kathartische Wirkung und bringt Entspannung, Klärung, Erleichterung. Es ist ein Irrtum, zu meinen, in der Katharsis gehe es nur um Abreagieren von

Spannungen. Es geschieht weit mehr. Man gewinnt einen größeren Abstand zu sich selbst, mehr Selbsterkenntnis und mehr Selbstvertrauen. Von Beichte kann aber erst dann die Rede sein, wenn es um ein Schuldbekenntnis vor Gott und seinem Diener geht. Man könnte sagen, Katharsis und Beichte verhalten sich zueinander wie Psychotherapie und Seelsorge, wobei zu beachten gilt, daß trotz dieser Unterscheidung das eine in das andere übergehen kann.

2. Die Beichte kann die Funktion haben, Einsamkeit zu durchbrechen, namentlich die Einsamkeit, die die Folge der Sünde ist. Sünde vereinsamt und ist darum oft mit Angst verbunden. Man könnte sagen, Psychotherapie bedeutet Wiederherstellung der Gemeinschaft im allgemeinen, während Beichte Wiederherstellung der Gemeinschaft mit Gott und mit den Brüdern und Schwestern in Christus, also mit der Kirche bedeutet. Meiner Erfahrung nach wird das Aussprechen der gleichen Dinge in einem psychotherapeutischen, evtl. kathartischen Gespräch anders erlebt, als in einem Beichtgespräch.

3. Das Beichtgespräch kann helfen, Unfreiheit, Versklavtheit, Gebundenheit zu meistern. Einer, der sich mit schweren Sünden abmüht, kann sich dabei in starkem Maße als unfrei erleben. Bestimmte Dinge haben eine zu große Macht über ihn bekommen, als daß er ihnen durch einen Willensakt oder durch Vernunft noch Widerstand leisten könnte. Er fühlt sich regelrecht übermannt und überrollt. Er kann nicht anders, selbst wenn er will. In solchen Situationen kann ein Beichtgespräch helfen, Unfreiheit, Gebundenheit und Versklavtheit zu überwinden.

An dieser Stelle liegen die Übergänge von alltäglichen Nöten über psychische Konflikte bis zu ernsthaften neurotischen Störungen oder Schlimmerem. Je mehr eine Neurose das Bild bestimmt, desto weniger genügt in der Regel allein die Beichte. Vielmehr ist therapeutische Hilfe notwendig. Es versteht sich von selbst, daß der Pastor in Gesprächen mit solchen Menschen vor allem die Liebe Gottes zu vergegenwärtigen hat, nicht das Gesetz Gottes. Das hat der Hilfesuchende in der Regel selbst in viel zu starker und auf falsche Weise getan. Zwei Klippen gilt es zu meiden: Man darf weder verharmlosen, weil damit niemandem geholfen ist, noch darf man gesetzlich Gottes Gebote „schwingen". Nur in einer seelsorgerlichen Beziehung, in der die Liebe des Pastors erfahren wird, liegt eine Möglichkeit, um weiterzukommen.

4. In der Beichte geht es um Bekenntnis von Schuld. Damit geraten wir in eine zentrale, aber auch unausschöpfliche psychologische und theolo-

gische Problematik. Einige Bemerkungen, die im Zusammenhang dieses
Kapitels wesentlich sind, mögen hier genügen. Es ist notwendig, zwischen
psychologischer und theologischer Behandlung dieser Fragen zu unterscheiden. Psychologisch ist es gut, gewisse Differenzierungen ins Auge zu
fassen, die zu helfen vermögen, menschliche Wirklichkeit nuancierter zu
betrachten, als das in der Regel geschieht. Es ist sinnvoll, zwischen
Schuld*bewußtsein*, also dem Wissen um eine begangene verkehrte Handlung, und Schuld*gefühl* zu unterscheiden, womit eigentlich das *Leiden*
unter Schuldgefühlen gemeint ist. Die Schuldgefühle treten nur mehr
oder weniger stark in das Bewußtsein. Sie können einen Menschen
geradezu ersticken, ohne daß der Betreffende in der Lage wäre, über sie
Auskunft zu geben. Man kann zwischen echten und unechten Schuldgefühlen unterscheiden. Die ersteren entsprechen adäquat einer wirklich
zugrunde liegenden Schuld. Schuldgefühle, die jemand zeigt, vielleicht
auch nur haben möchte, obwohl er in Wahrheit nicht imstande ist zu
einem adäquaten Schulderleben, sind als unechte zu bezeichnen. Häufig
bezeichnet man mit dem Begriff des „infantilen" Schuldgefühls eine
Form unreifen Schuldgefühls, das von der Angst vor Liebesverlust bestimmt ist. Man hat das Gefühl, gegenüber Personen zu versagen, an
deren Zuneigung einem sehr gelegen ist, und fürchtet, daß die Betreffenden ihre Liebe verweigern werden. Man handelt dann nicht in Ausrichtung nach Wirklichem, Sittlichem oder Religiösem, sondern aus Angst
vor Einsamkeit und Verlassenheit. Rümke hat mit Nachdruck darauf
hingewiesen, daß das infantile Schuldgefühl aus einem Mangel an emp-
fangener Liebe entsteht, während das reife Schuldgefühl, das er für sehr
schwer zu beschreiben hält, die Folge eines Mangels an Geben von Liebe
ist. Auffälligerweise äußert Rümke in demselben Zusammenhang, reifes
Schuldgefühl begegne sehr selten, sei aber möglicherweise doch häufiger
vorhanden, jedoch werde es „gegenüber Ärzten und Seelsorgern weniger
geäußert, als das infantile Schuldgefühl oder Pseudoschuldgefühl[6]."
Sprechen wir von Schuld im theologischen Sinn, so meinen wir das Versagen des Menschen gegenüber Gott und seiner Liebe. „Schuld" hängt
etymologisch zusammen mit „sollen". Es geht um eine Forderung, der
man nur nachlässig Folge leistet, eine Nachlässigkeit, die strafbar ist, die
angerechnet werden darf. So wird die Sünde, das Nichtbestehen-Können
vor Gott, das sich im allgemeinen Zustand des Menschen — man denke

---

[6] H. C. Rümke, De verwerking van schuldgevoel, in: Nieuwe studies en voordrachten
over psychiatrie, Amsterdam 1953, S. 193 f.

an Jesaja 6 — wie auch in seinen Taten zeigt, als Schuld zugerechnet und fordert Versöhnung. Dies setzt auf Seiten des Menschen eine bestimmte Freiheit und Verantwortlichkeit voraus. Dabei erhebt sich die Frage, ob wir von Sünde und Schuld im theologischen Sinn nicht erst sprechen können, wenn irgendeine Form von Gotteserkenntnis vorhanden ist. Nur wer Gott kennt, kann sündigen, wobei sündigen immer heißt, sündigen gegen Gott.

Es ist auch wichtig, sich mit der Schuld unter psychologischem Gesichtswinkel zu befassen, als einer Erscheinung auf der immanent-menschlichen Ebene. Für den Christen geht es gleichwohl um mehr und um anderes. Er weiß, daß er mit seiner Schuld vor Gott steht. Er ist schuldig angesichts der Liebe und der Ordnung Gottes, angesichts der Absicht Gottes in seinem persönlichen Leben. Das ist, sofern es begangene Taten betrifft, nicht zu verändern bzw. wiedergutzumachen. Einen Gedanken, ein Wort, eine Tat kann man nicht zurücknehmen und ungeschehen machen. Nur Gottes Vergebung kann wiederherstellen und heiligen. Sie kann das Unmögliche möglich, die Gottlosen gerecht machen, wie es Römer 4, 5 heißt. Hier erklingt das Wort der Absolution: „Dir sind deine Sünden vergeben." In Beichte und Absolution geht es um das Wissen davon, daß wir von Gott aufs Neue ganz und gar angenommen sind, und es geht um unsere Antwort in Glaube, Hingabe und Liebe. Tiefste menschliche Schuld ist es, sich nicht von Gott liebhaben lassen zu wollen, und deswegen selbst zu versagen, wenn es darum geht, Mitmenschen und Gott Liebe zu geben. Liebevolle Hingabe an den Nächsten und an Gott führt zur Wiederherstellung der zerstörten Gemeinschaft. Im Hinblick auf Schuldgefühle, die im Beichtstuhl geäußert werden, möchte ich einige Gesichtspunkte zusammenfassen und nennen:

a) Für viele Schuldgefühle, die geäußert werden, muß der Pastor sich um eine differenzierte Sicht bemühen.

b) Auf infantile oder unechte Schuldgefühle so einzugehen, als ob es echte oder reife Schuldgefühle wären, kann deren Verstärkung und Vergrößerung zur Folge haben.

c) Auch in der seelsorgerlichen Praxis muß man mit dem Durchbruch mehrerer Jahre alter Schuldgefühle rechnen[7].

d) Infantile Schuldgefühle können leicht einem reifen Schuldgefühl im Wege stehen. Es kann geschehen, daß jemand z. B. bedrückt ist durch

---

[7] Vgl. hierzu H. C. Rümke, Late werkingen van psychotraumata, in: Nieuwe studies en voordrachten over psychiatrie, Amsterdam 1953, S. 99.

den Gedanken an Onanie als eine unvergebbare Jugendsünde, aber eine
abscheuliche Übeltat, die in die Gegenwart hereinragt, kaum als Schuld
erlebt.

Entbindet uns die Tatsache, daß wir uns psychologische Klarheit über
die Schuld und die Schuldgefühle eines Menschen verschaffen, von theologischer Wertung, d. h. davon, die Dinge im Licht des Glaubens zu sehen?
Ich würde eher das Gegenteil behaupten. Je sauberer und nuancierter
wir psychologisch denken lernen, zu desto größerer Klarheit kommen wir
theologisch. Das läßt sich an folgendem Fall illustrieren: Ein Mann erzählt dem Pastor als eine persönliche große Not, daß er sich fortlaufend
der Übertretung des vierten Gebotes schuldig mache und es an Ehrfurcht
und Respekt gegenüber seinem verstorbenen Vater fehlen lasse. Dieser
Vater, an den er auf neurotische Weise gebunden ist, hätte niemals gut-
geheißen, daß er eine Lebensversicherung für Frau und Kinder abgeschlossen hat, seine Kinder impfen ließ usw. Der Vater war strikt gegen
derartiges „Mißtrauen" gegenüber der Vorsehung Gottes. Er hatte ihn
immer beschworen, so etwas nie zu unternehmen. Der Sohn vertrat nun
eine andere Auffassung, erfuhr dies aber als schwere Schuld gegen Gott
und seinen Vater, weil er dessen Willen hier nicht respektierte. — Das
Erkennen der psychischen Wirklichkeit kann den Pastor davor bewahren,
hier in theologischem Sinn von „Schuld" zu sprechen. Jedenfalls in der
Weise dieses Mannes. Wer psychologisch nicht genügend nuanciert und
direkt auf die „Beichte" dieses Mannes eingeht, könnte sagen: „Ja in der
Tat, wer das tut, der versündigt sich gegen Gott". Aber auf diese Weise
würde der Mann immer tiefer in seine infantilen Schuldgefühle verstrickt.

Reue und Beichte

Wie verhalten sich Reue und Beichte zueinander? Zuerst müssen wir
fragen, was unter Reue zu verstehen ist. Folgende Momente können wir
als wesentlich dafür ansehen: eine persönliche, freie Erkenntnis bestimmter Taten als Schuld und die Trauer darüber. Der Wille, in die richtige
Ordnung wieder zurückzukehren, die Bereitschaft, Konsequenzen der
eigenen Taten zu akzeptieren. — Wie steht es nun mit dem Verhältnis
von Reue und Beichte? Eine wichtige Frage. Viele Pfarrer sind der Meinung, man dürfe erst beichten, wenn man wirkliche Reue verspüre.
Sicher muß während des Beichtgesprächs die Reue deutlich sichtbar
werden.

Ist dies so richtig? Ist es nicht vielmehr so, daß Reue einen Prozeß innerlicher Reifung zur Voraussetzung hat und daß gerade dies erst in einer Atmosphäre von Liebe und Annehmen möglich wird? Darum möchte ich sagen, daß das Beichtgespräch in vielen Fällen nicht Reue *voraussetzen* kann, sondern daß es eher *dahin führen* muß. Jenes ängstliche Beobachten, das viele Pastoren und andere Christen üben, ob jemand nach einem begangenen Fehltritt auch genug „echte Reue" zeige, ist abzulehnen. Reue hat als Nährboden eine Gemeinschaft von Glaube, Hoffnung und Liebe nötig. Man darf keinen Druck auf den andern ausüben, indem man ihn spüren läßt, daß man es übel vermerkt, wenn er noch nicht genügend Reue zeigt.

Die Geduld der Liebe als Voraussetzung für das Beichtgespräch

Wenn irgendwo, dann zeigt sich im Beichtgespräch, ob der Pfarrer etwas von der geduldigen, wachen Liebe weiß, die Christus von uns fordert. Im Beichtgespräch redet das Gemeindeglied eventuell auch über unangenehme, gemeine, verborgene Dinge seines Lebens, die vielleicht niemand sonst von ihm weiß. Auch Dinge, die der Betreffende immer wieder verkehrt tut, kommen zur Sprache. Es ist sehr menschlich, wenn der Pfarrer dann denkt: damit wollen wir nun aufhören. Schluß damit! Wenn es jemandem damit ernst ist, daß er über seine Fehltritte spricht, dann muß er sich auch bemühen, von ihnen frei zu kommen! — Doch sollte sich der Pfarrer, der in sich solche Gedanken aufsteigen fühlt, einen Augenblick selbst kritisch unter die Lupe nehmen!

Der Pastor wird viel Geduld mit dem andern haben müssen, so viel, wie Gott mit uns hat. Mit dieser Formulierung wollen wir das Mißverständnis abwehren, als sei hier Schwäche gemeint. Wir werden mit dem Unvermögen des Menschen rechnen müssen, sich fürs erste so zu verhalten, wie es recht ist, auch wenn er gebeichtet hat. Wir werden auch mit dem Umstand rechnen müssen, daß er selbst noch nicht wirklich bereit ist, mit einer bestimmten Sünde zu brechen. Denn einerseits wird er damit noch nicht fertig, und er empfindet Ekel vor sich selbst — darum suchte er ja den Pastor auf —, andererseits hat eine bestimmte sündige Bindung eine solche Bedeutung und Macht in seinem Leben bekommen, daß er sich davon noch nicht völlig lösen kann und will. Im Einzelfall ist es aber schwer zu entscheiden, wie weit von Nicht-Können oder Nicht-Wollen die Rede ist. Das erste Beichtgespräch wird weitere Gespräche nach sich ziehen, und in ihnen geht es darum, die freien Entschlüsse des andern vorzubereiten, wobei wir ihm Zeit lassen, darauf hinzuwachsen und keine Entscheidungen zu erzwingen suchen.

Das Wagnis der persönlichen Beichte

Die folgende Erwägung ist vielleicht für die katholische Seelsorge wichtiger als für die evangelische: Der Pfarrer muß sich im Beichtgespräch frei fühlen gegenüber festen, sicheren Regeln und Vorschriften, nach denen sich Christen gern verhalten, oder nach denen sie meinen, sich verhalten zu müssen. Der Pfarrer muß es wagen, sich wirklich mit dem andern in ein *persönliches* Gespräch einzulassen, d. h. er muß wissen, daß diese konkrete Situation, die an ihn herangetragen wird, sich nie zuvor ereignet hat. Natürlich ist es beeindruckend, daß viele katholische und evangelische Theologen darüber nachgedacht haben, was ein Christ tun und lassen muß. Das gibt vielen ein Gefühl von Sicherheit und Geborgenheit: Jetzt wissen wir, woran wir sind. Aber der gute Pfarrer wird sich frei fühlen gegenüber kirchlichen und christlichen Vorschriften und Auffassungen und mit *diesem* Menschen Gottes Weg in *dieser* Situation zu verstehen suchen. Er wagt sich jedesmal an einen ganz neuen, persönlichen Fall.

Der Segen

Ich vermute, daß das Erteilen des Segens verhältnismäßig selten in einem seelsorgerlichen Gespräch stattfindet, wenn es auch eine Anzahl Pastoren gibt, die es mehr oder weniger regelmäßig in ihrer seelsorgerlichen Praxis üben. Ich bin geneigt zu sagen, daß wir hier den Menschen leicht etwas vorenthalten, was von großer Bedeutung für sie sein kann. Der Segen besteht aus Worten, die je nach der Situation verschieden sein können, die sich aber zumeist an der Bibel oder der liturgischen Tradition orientieren werden, und er ist begleitet von einer Handlung: Die Hände werden auf das Haupt gelegt. Dieses letzte ist ein symbolischer Akt der Gemeinschaft Gottes mit diesem Menschen; andererseits wird darin die Übergabe an Gott symbolisiert: Wem die Hände aufgelegt werden, der wird Gott geweiht. Die Segenshandlung kennen wir auch im evangelischen Bereich bei vielen Gelegenheiten, bei der Ehe, der Ordination, der Konfirmation usw. Würde es eine Bereicherung bedeuten, dem Segen auch in der persönlichen Seelsorge einen Platz zu geben? Ich möchte diese Frage bejahen, namentlich für die Seelsorge an Kranken und Sterbenden oder als Abschluß eines Beichtgespräches. Es ist eine in der Bibel und in der Tradition verankerte Handlung, die auch dem Menschen unserer Tage wirklich „zum Segen" werden kann. Nur, wenn man es tut, muß man es wirklich tun, ich meine wirklich-leiblich. Also bitte keine Hände, die einen Dezimeter oder mehr über dem Kopf schweben, wie man das bei Einsegnungen von Ehen usw. erleben kann. Das bedeutet genau dieselbe Kluft, als wenn man bei einem Händedruck einen Dezimeter Abstand zwischen den Händen lassen würde, um ja keinen leiblichen Kontakt zu fühlen. Es geht aber beim Segen und beim Händedruck um eine konkrete Weise der Gemeinschafts-Bildung. Handauflegung und Segenswort sind gemeinsam eine Tat der Heilung, Reinigung, Vergebung, Ermutigung, ein Schaffen von Gemeinschaft.

Können und dürfen wir dies? In gewissem Sinne nicht. „Segnen kann nur, wer Gewalt hat. Segnen kann nur, wer Schaffen kann. Segnen kann nur Gott", sagt Romano Guardini. Aber er fährt fort, Gott habe denen Vollmacht gegeben zu segnen, die an seine Stelle treten: den Eltern, den Dienern der Kirche Christi, den Gläubigen. „Diesen allen hat Gott die Gewalt gegeben zum Segnen mit seinem eigenen Leben — jedem in verschiedener Weise, nach der Weise seiner Sendung[8]."

Man muß allerdings auch hier bedenken, daß die Frage, ob der Pastor in einem seelsorgerlichen Gespräch den Segen erteilen soll, mit davon abhängt, ob dafür beim andern genügend Verständnis vorhanden ist. Die religiöse Einstellung des andern kann so sein, daß eine derartige Handlung ganz und gar nicht verstanden würde.

Segnende Hände in einer „harten" Gesellschaft

Viele unserer Zeitgenossen erleben selten oder nie, daß eine Hand sie liebevoll anrührt und sich segnend auf sie legt. Der tägliche Umgang ist durch Konkurrenzverhalten bestimmt. Man muß oft hartgesotten sein, um sich behaupten zu können, und echte Aufmerksamkeit und Sorge für den andern ist selten. Häufiger ballen sich die Hände zu Fäusten, wehren ab, greifen ehrfurchtslos gierig, schänden, und selten wird eine Hand ermutigend, tröstend, liebevoll auf einen Menschen gelegt. Wieviel Frauen und Männer sehnen sich nicht danach? Mancher mag es merkwürdig finden, aber ich neige zu der Auffassung, Pfarrer sollten mehr die Hände auflegen und segnen.

---

[8] Romano Guardini, Vom heiligen Zeichen, Mainz o. J., S. 47 f.

Die Bibel und andere Schriften im seelsorgerlichen Gespräch

Die Verlesung eines Bibelabschnittes kann in einem seelsorgerlichen Gespräch eine Überraschung bedeuten und ein völlig neues Element hineintragen. Viele Ratsuchende erfahren es als etwas ganz Besonderes im Unterschied zum Wort des Pastors. Aber das Risiko des Mißbrauchs der Bibel ist auch im seelsorgerlichen Gespräch nicht klein. Man muß wirklich verantworten können, was man tut. *Dieser* Bibelabschnitt, der hier gelesen wird, ist die Antwort auf *diese* Gesprächssituation. Zu beachten ist freilich, daß die Berufung auf die formale Autorität der Bibel und der Verkündigung dem Menschen unserer Tage immer weniger bedeutet. Im Gegenteil, der ungebrochene Gebrauch der Bibel als geistliche Autorität hat manchen dem Amt und der christlichen Gemeinde entfremdet. Sicherlich darf man dem Lesen aus der Bibel im seelsorgerlichen Gespräch nicht in der Weise einen Platz geben, daß man dadurch eine Autorität des Wortes Gottes aufzurichten versucht, der sich der Mensch in jedem Fall zu beugen hat. Meistens ist es angebracht, den Text einfach zu lesen, ohne ihn als Autorität hinzustellen. Der andere wird von sich aus entdecken, welche Autorität diese Worte für ihn haben.

Auch der Rat, die Bibel selbst zu lesen, ist ein wichtiges Moment. In den meisten Fällen bedarf es allerdings vieler Hilfen und Erklärungen, um es einem Menschen zu ermöglichen, die Bibel zu lesen. Das hängt stark davon ab, welchen Platz die Bibel bis dahin in seinem Leben einnahm. Man mache sich keine Illusionen darüber, daß das private Bibellesen in äußerst geringem Maße geübt wird. Vielmehr ist es für zahllose kirchliche wie unkirchliche Menschen ein Problem geworden, dem sie sich nicht stellen. Es ist notwendig, vom seelsorgerlichen Gespräch aus eine Brücke zum privaten Bibellesen zu schlagen, aber es erfordert die Aufmerksamkeit des Pfarrers, wie er dabei jeweils helfen kann.

Es kann auch sehr sinnvoll sein, in einem seelsorgerlichen Gespräch einen meditativen Text, ein Gedicht oder etwas Ähnliches zu lesen. Das hängt von der Gesprächssituation ab, aber auch davon, was dem Pfarrer im Moment zur Verfügung steht. Ein anderes Mittel, von dem ich persönlich ab und zu Gebrauch mache, ist der Plattenspieler oder das Tonbandgerät. Manchmal vermag ein Lied etwas besser zu sagen als der Seelsorger. In jedem Fall gilt es aber, sich gut in den andern hineinzuversetzen und nicht etwa eigene Lieblingsplatten aufzulegen, die der andere womöglich nicht würdigen kann. Wenn etwas gut ausgewählt ist, klingt aber Gottes

Botschaft für einen Ratsuchenden zuweilen deutlicher aus einem Lied oder einer anderen Musikaufnahme als aus dem Gesprochenen.

Freiheit im seelsorgerlichen Gespräch

Der Pfarrer muß sich frei fühlen, zu sagen und zu tun, was in einer Situation am besten angebracht ist. In bestimmten Phasen ist die non-directive Gesprächsführung ein vortreffliches Hilfsmittel, vielleicht auch *die* angebrachte Weise der Gesprächsführung. Dann muß man sie methodisch auch gut beherrschen. Aber das seelsorgerliche Gespräch ist gekennzeichnet durch eine weitergehende Freiheit, etwas zu tun oder zu lassen, wenn damit dem andern gedient ist, also mit dem andern zu beten, ihm vorzulesen, ihm eine Platte oder ein Tonband vorzuspielen, ihn auf einen Gottesdienst oder auf eine Hausgemeinde hinzuweisen, ihm einen Film zu nennen oder ein Theaterstück, das er sich in seiner Situation ansehen sollte. Dies alles bedeutet natürlich nicht, daß man sich alles aus dem Ärmel schütteln und einer subjektiven Willkür Raum geben soll. Im Gegenteil, auch eventuelles Improvisieren soll Frucht eines geduldigen Hinhörens und einer daraus hervorgewachsenen kreativen Antwort sein.

Noch in anderer Hinsicht ist es gut, die Freiheit des seelsorgerlichen Gesprächs zu unterstreichen, nämlich was Raum und Zeit betrifft. In der Regel wird das seelsorgerliche Gespräch nach Verabredung im Amtszimmer des Pfarrers oder in der Wohnung des Ratsuchenden stattfinden. Es kann aber auch auf einer Terrasse bei einer Tasse Kaffee stattfinden, oder über einem Glas Bier in einem Gasthaus, während eines Tanzes mit einer ehemaligen Konfirmandin auf einem Fest oder dergleichen. Meiner Erfahrung nach entschließen sich namentlich jüngere Menschen schwer zu einer Verabredung für ein seelsorgerliches Gespräch, tauen aber in einer Situation, die sich zufällig ergibt, schnell und gern auf.

III. Technik

Verschiedene psychologische Gesprächsformen in ihrer Bedeutung
für das seelsorgerliche Gespräch

Im seelsorgerlichen Gespräch will der Pfarrer dem andern helfen, sein Leben im Licht Gottes sehen zu lernen. Dieser kurze Satz faßt das Eigentliche des seelsorgerlichen Gesprächs zusammen. Es klingt in dieser Knappheit ziemlich einfach und ist es in einem gewissen tiefen und wahren Sinn des Wortes auch. Zugleich ist es aber so umfassend, daß es das ganze Leben mit allen seinen Höhen und Tiefen, Hoffnungen und Schwierigkeiten umfaßt. Oft ist ein langer Weg nötig, bis man zum Kern durchdringt, sich selbst in Gottes Licht zu sehen, sein Leben als Geschenk und Auftrag Gottes erkennen zu lernen. Der Mensch, mit dem wir es im seelsorgerlichen Gespräch zu tun haben, hat oft genug nicht nur den Kontakt mit Gott verloren, sondern auch mit sich selbst und mit seinen Mitmenschen. Er ist sich selbst fragwürdig geworden, ist sich in seiner Beziehung zum Mitmenschen zum Problem geworden. Dies alles kann zutiefst damit zusammenhängen und der Ausdruck davon sein, daß er sich nicht mehr im Licht Gottes sieht.

Im seelsorgerlichen Gespräch wollen wir ihm helfen, das richtige Verhältnis zu sich, zu seinen Mitmenschen und zu Gott wiederzufinden. Mehrfach haben wir bereits darauf hingewiesen, daß dabei eine therapeutische Phase im seelsorgerlichen Gespräch von großer Bedeutung sein kann. Ich meine, daß der Pastor ein gutes Gespräch mit Menschen über ihre oft so komplizierten Lebensprobleme nicht aus dem Ärmel schüttelt, daß er sich nicht nur auf seine Intuition und seine allgemeine Menschenkenntnis verlassen kann, sondern daß er sich auch in seiner Gesprächsführung Rechenschaft darüber ablegen muß, was er tut, und daß wohlüberdachte, systematische Gesichtspunkte bei seiner schwierigen Arbeit zur Geltung kommen müssen. Wie er dies für Predigt und Unterricht gelten läßt, so muß er es auch hinsichtlich seelsorgerlicher Gespräche gelten lassen. Nur dann läßt sich eine therapeutische Phase im Gespräch erwarten, in der vieles geschehen kann, was für den Gesprächspartner von großer Bedeutung ist. Dieser lernt hier neue Möglichkeiten im mitmenschlichen Kontakt kennen. Er lernt seine Schwierigkeiten unter neuen Gesichtspunkten sehen, und eine innere Entwicklung bahnt sich an. Er lernt Seiten von sich selbst kennen, die ihm vorher nicht (deutlich) bewußt waren. Er lernt auch in dieser therapeutischen Phase etwas von Gottes Liebe und Geduld.

Natürlich kann man methodisch das Führen eines Gespräches verschieden anfassen. Wir wollen im folgenden in aller Kürze einiges über verschiedene psychologische Gesprächsformen sagen und erwägen, was daraus im Hinblick auf das seelsorgerliche Gespräch zu folgern ist. Wir beschränken uns dabei auf die Formen, die eine unmittelbare Bedeutung für den normalen Pfarrer haben können, und lassen spezifisch psychotherapeutische Methoden, von denen man dies nicht sagen kann, unberücksichtigt, z. B. Psychoanalyse, Hypnose u. a.

Gelegenheit geben, sich auszusprechen

Zunächst gibt es die Möglichkeit, jemandem, der mit ernsthaften Problemen ringt, die Gelegenheit zu bieten, sich einmal voll auszusprechen. Das kann für den einen oder anderen schon genug sein. Anlaß für ein solches Sich-Aussprechen kann eine plötzlich auftretende, akute Schwierigkeit — etwa der Verlust eines Angehörigen, eine Depression nach einem moralischen Fehltritt, nach einer aufgelösten Verlobung und dergleichen, aber auch ein alter, schwelender Konflikt bzw. das Anwachsen von Spannungen sein. Ein seelsorgerliches Gespräch bringt in einem solchen Fall Entspannung und neuen Mut für die Zukunft. Diese Gesprächsform mag auf den ersten Blick für den Pfarrer als eine kinderleichte Aufgabe erscheinen. Sie ist es gleichwohl nicht. Voraussetzung ist, daß man selbst ruhig, entspannt und unbefangen zuhört und dem andern das Gefühl gibt, daß er bedingungslos akzeptiert wird, gleichgültig, was er zur Sprache bringt. Ich möchte dazu ein Beispiel erzählen: Eine unverheiratete Frau beschloß nach sehr langem Zögern, mit ihrem Hausarzt über ihren Zwang zur Masturbation zu sprechen. Als sie die Sache zur Sprache brachte, bemerkte sie in seinem Gesicht so etwas wie einen Ausdruck von Verwunderung — hast du damit zu schaffen? Das hätte ich nicht vermutet! — einen Ausdruck, den er sofort wieder unter Kontrolle brachte. Aber der Augenblick hatte genügt, um eine Fortsetzung des Gesprächs zu verhindern.

Bei einem solchen Sich-Aussprechen gerät oft der andere in große Emotionen. Dann muß der Pfarrer den nötigen Abstand bewahren und darf sich nicht von den Gefühlen des andern mitreißen lassen. Es ist oft gut, wenn der Pfarrer bei einem solchen Sich-Aussprechen selbst wenig sagt und nur dem andern gelegentlich mit einem kurzen Wort eine gewisse ruhige Führung gibt. Zuweilen wird es auch notwendig sein, die Erregung des andern zu bremsen und ihn zu beruhigen. Meist bedarf es nicht vieler Fragen nach Einzelheiten, ja, solche Fragen empfindet der andere oft als unerwünscht, sofern sie nicht zur Abrundung des Bildes unumgänglich sind. Aber unser eigenes Bedürfnis nach einem vollständigen Bild von den Ereignissen darf keine Rolle spielen. Ein ausführliches Sich-Aussprechen kann Sache eines oder mehrerer Gespräche sein. Es geht dabei nicht in erster Linie um ein Abreagieren von Spannungen, um ein Entladen von Emotionen. Es kann viel mehr dabei geschehen. Ich erinnere mich eines Gepräches mit dem Direktor eines großen Betriebes, einem typischen Manager, der unter der Kälte seiner Ehe litt, aber niemals Bedürfnis nach Wärme und Liebe oder gar den empfundenen Mangel irgendwo äußern konnte. In einem mehr oder weniger zufälligen Gespräch, das auch seine Ehe streifte, brach er auf einmal in Tränen aus. Seine tiefen Wünsche und Sehnsüchte, denen er nie Ausdruck verliehen hatte und die er immer unterdrückt hatte, überwältigten ihn. In dem nun folgenden Teil des Gesprächs kam er zu einer für ihn selbst fruchtbaren Erkenntnis seiner Situation, so daß es ihm möglich wurde, seine Einstellung zu bestimmen.

Ein Sich-Aussprechen, auch in einem einzelnen Gespräch, kann dazu führen, Schwierigkeiten auszusprechen und eine ständig gewachsene Vereinsamung zu durchbrechen. Dadurch bekommt die eigene Situation ein anderes Gesicht. Am Ende eines solchen Sich-Aussprechens sollten Pastor und Gesprächspartner gemeinsam versuchen, die Schwierigkeiten in Gottes Licht zu sehen und zusammen damit vor Gott treten, vielleicht auch im Gebet. Lassen wir es dabei bewenden, dem andern Gelegenheit zu geben, sich auszusprechen, so kann dies von großem Wert sein, aber wir lassen es dann an Seelsorge fehlen, und das bedeutet vor allem, es diesem Mitmenschen an Hilfe fehlen zu lassen, seine Schwierigkeiten im Glauben zu verarbeiten und zu tragen. Natürlich muß an dieser Stelle davor gewarnt werden, dies zu einem starren schematischen seelsorgerlichen Handeln werden zu lassen. Vielmehr sollen uns diese Gedanken zu einem freien, kreativen Umgang mit dem andern in der seelsorgerlichen Begegnung führen.

Suggestion und das suggestive Element im seelsorgerlichen Gespräch

Wir kommen jetzt zu einer Gesprächsform, die in der Seelsorge auf verschiedene Weise bereits eine Rolle gespielt hat. Im Bereich der Psychotherapie läßt sich von der Suggestion im Sinn einer bewußt verfolgten selbständigen Methode sprechen, wie sie vor allem in Theorie und Praxis durch A. A. Liébeault (1823—1904) und E. Coué (1857—1926) verbreitet worden ist. Dabei tritt der Therapeut zielbewußt autoritativ auf und beabsichtigt, durch stets wiederholte Sätze die Denkweise und das Gefühlsleben des andern zu verändern und eventuell einen psychischen Prozeß in Gang zu bringen, ohne daß er bei alledem die persönliche, selbständige, kritische und gefühlsmäßige Mitwirkung des andern sucht. Er macht sich ein Bedürfnis und eine Tendenz zur Unselbständigkeit, Abhängigkeit, Folgsamkeit und Unterwürfigkeit bei dem andern zunutze, beabsichtigt aber nicht seine freie, persönliche Mitwirkung. Zu einem wirklichen Gespräch kommt es dabei nicht. Es ist eher ein Monolog zwingenden, unterwerfenden Charakters. Neben dieser systematisch angewandten Suggestion als einer Form der Psychotherapie kann die Suggestion natürlich in andern therapeutischen Formen eine mehr oder weniger große Rolle spielen. Dies trifft namentlich auf die psychoanalytische Situation und Methode zu, mehr als mancher sich das vielleicht deutlich macht. Auch das Interpretieren von Material nach festen Schemata kann den Charakter einer systematischen Suggestion bekommen.

Der Erfolg der Suggestion erscheint leicht auf den ersten Blick groß. Doch ist dies oft nur Schein. Man hat mehrfach auf die Bedeutung der suggestiven Beruhigung hingewiesen, wenn es um die Verminderung von Angst- und Schuldgefühlen geht, um das Erreichen einer größeren Distanz zu starken Emotionen, um die Förderung der für die Heilung erwünschten Ruhe usw. Darin liegt möglicherweise ein Wahrheitselement und eine Rechtfertigung des suggestiven Auftretens in bestimmten Situationen. Doch in jedem Fall erreicht man angesichts der tieferliegenden Angst- und Schuldgefühle nichts Bleibendes, keine bleibende Entspannung, Besserung und Ruhe. Wir kennen zum Beispiel Menschen, die in den Bann einer geistlichen Erweckungsbewegung geraten sind und dabei einem Pastor begegneten, der stark suggestiv-seelsorgerlich auftrat. Die Menschen kamen begeistert von ihm nach Hause und glaubten von Ängsten, Spannungen, Schuldgefühlen usw. erlöst zu sein, verfielen ihnen aber nach kürzerer oder längerer Zeit wieder.

Neben dieser Suggestion im engeren Sinn, die zielbewußt und systematisch angewandt wird, was sowohl in der Psychotherapie als auch in der Seelsorge abzulehnen ist, ist von einer Suggestion im wesentlich erweiterten Sinn zu sprechen. Wir müssen uns fragen, inwieweit ein gewisses suggestives Element auch im seelsorgerlichen Gespräch verantwortbar und nützlich sein kann. Diese Suggestion im weiteren Sinn beruht auf dem Einfluß des Seelsorgers auf die bewußten und unbewußten Abhängigkeitsgefühle des Gesprächspartners. Ich meine, dies spielt von vornherein, ob wir es wollen oder nicht, eine Rolle, schon aufgrund des Amtes des Pfarrers und durch Assoziationen, die beim andern dadurch geweckt werden. Amtskleidung wird natürlich dieses suggestive Element noch verstärken. Der Pastor ist qualitate sua, Kraft seines Amtes, eine Person, der gegenüber man vielfach bestimmte Gefühle der Abhängigkeit entwickelt. Er predigt das Wort, er teilt die Sakramente aus — in exklusiver Vollmacht — er spielt immer in entscheidenden Momenten eine Rolle und spricht dann oft ein besonderes Wort (bei Geburt, Taufe, Eheschließung, Krankheit, Tod und Begräbnis usw.). Dieses suggestive Element ist mit dem Amt eng verknüpft, ist aber natürlich infolge der Krise, in die das Amt heute geraten ist, blasser geworden. Sofern die Suggestion noch in Kraft ist, ist sie stärker an die Person gebunden und daher ein schwierig zu fassender Faktor: Dieser Pfarrer hat Autorität für diesen bestimmten Menschen, nicht *nur* weil er Pfarrer ist, sondern weil er Pfarrer und *zugleich* dieser feine Mann ist, zu dem man Vertrauen haben kann! Die Verbundenheit dieser beiden Gegebenheiten ist von entscheidender suggestiver Bedeutung.

Wie sollen wir dieses suggestive Element beurteilen? Zweifellos machen viele Seelsorger davon fleißig Gebrauch: Mit einer bestimmten Autorität beruhigen und ermutigen sie, geben Ratschläge usw. Ich halte das in vielen Fällen für eine bedenkliche Sache, sowohl seelsorgerlich als auch psychologisch. Das hat sich aus dem oben Gesagten wohl ergeben. Es gibt aber auch ein legitimes „Sprechen mit Autorität", dem wir psychologisch gesehen ein suggestives Element nicht absprechen können. Der einzige, der dies wirklich mit vollem Recht tat, war Jesus, von dem es im Evangelium heißt, ,er sprach und lehrte mit Vollmacht und nicht wie die Schriftgelehrten'. Wie oft hat er nicht Worte gesprochen wie: ,Fürchte dich nicht! Gehe hin, sündige hinfort nicht mehr!' Meiner Ansicht nach kennt das Neue Testament viele kräftig suggestive Worte, die u. a. auf dem (un)bewußten Abhängigkeitsgefühl des Gläubigen beruhen. In der Tat weiß sich ja der Gläubige von dem Herrn und seiner Kraft abhängig.

Zugleich empfinden wir, wie sehr sich der Seelsorger, dessen Reden nur auf eine abgeleitete Weise ein Sprechen in Autorität sein kann, vor unangebrachtem suggestivem Auftreten im Kontakt mit andern Menschen hüten muß.

Wollen wir — dies im Auge behaltend — die Bedeutung des suggestiven Elements in seelsorgerlichen Gesprächen skizzieren, so ließe sich das folgende sagen:

1. Wir dürfen nicht versuchen, unsern seelsorgerlichen Einfluß suggestiv anzuwenden, um damit einem verantwortlichen, aber desto schwierigeren seelsorgerlichen Gespräch auszuweichen. In diesen Zusammenhang gehört der Hinweis, daß das suggestive Auftreten echt sein muß, als Ausdruck dessen, was wir zu sein und zu sagen beabsichtigen, nicht als Experimentiermittel oder als technischer Kunstgriff (mal sehen, ob das anschlägt!).

2. Ein suggestiver seelsorgerlicher Einfluß muß evangelisch verantwortbar sein in dem Sinn, daß wir uns nicht auf illegitime Weise zwischen Gott und den anderen schieben. In einem solchen Fall droht Gefahr, ein falsches Abhängigkeitsverhältnis zu schaffen. Wir können uns gerade durch unseren suggestiven Einfluß unentbehrlich machen und Gott im Wege stehen. Dazu ein Beispiel: Wir können jemanden, der unter dem Bewußtsein leidet, gesündigt zu haben, durch ein suggestiv-ermutigendes Zureden davon abhalten, seine Schuld im Glauben zu verarbeiten, unter anderem, indem wir die Bedeutung seiner Taten bagatellisieren — aus dem Bedürfnis heraus, ihm zu helfen. Aber es ist eine gefährliche Hilfe! Umgekehrt besteht die Möglichkeit, durch ein suggestiv-seelsorgerliches Auftreten bestimmte, vom Glauben her gesehen vielleicht gänzlich unwichtige Dinge mit Schuldcharakter zu belasten und sie zu Quellen von Angst- und Gewissensnöten zu machen.

3. Wir müssen uns vor Augen halten, in welchem Maß und auf welche Weise wir dem suggestiven Element im Gespräch einen Platz einräumen dürfen. Es gibt bestimmte, manchmal sehr einfache Gläubige, die in einem seelsorgerlichen Gespräch diese suggestive Autorität erwarten und denen wir unrecht täten, würden wir darauf nicht — auf geistlich verantwortliche Weise — eingehen. Bei anderen würde das gerade verkehrt wirken. Ich denke hier zum Beispiel an eine einfache, ältere Frau, deren erwachsener Sohn, auch ein Christ, sich hatte einäschern lassen und der das große Not bereitete. Katholische und evangelische Verwandte hatten ihr gesagt, dies sei eine große, vielleicht sogar unvergebbare Sünde, unvergebbar, weil keine Reue mehr möglich sei. Hier genügte ein seel-

sorgerliches Gespräch, in dem das suggestive Element nicht fehlte, um sie in dieser Sache auf andere Gedanken zu bringen.

Selbstverständlich hat sich suggestiv-seelsorgerliches Reden in einem seelsorgerlichen Gespräch auf etwas zu richten, was der Wahrheit entspricht, und was im Bereich realer Möglichkeiten liegt. Das setzt voraus, daß man die Situation des andern und seine Möglichkeiten erkannt hat. Erzählt z. B. ein endogen depressiver Patient seinem Seelsorger von den Sünden, unter denen er leidet, von seinem Gefühl der Verlorenheit vor Gott usw., so ist es falsch, ihm durch Überreden, also suggestives Auftreten, daraus helfen zu wollen. Oder wenn ein Ehepaar sich in ernsthaften, tief neurotischen Eheschwierigkeiten befindet, so ist es falsch, sie durch suggestiv-seelsorgerliches Auftreten überzeugen zu wollen, daß sie davon befreit werden können, wenn sie nur Gott um Hilfe und Kraft bitten. Ist für jemanden die Selbstbefriedigung ein Problem geworden, so kann es sehr bedenklich sein, durch suggestiv-ermutigendes Auftreten ihn davon überzeugen zu wollen, daß er es durchaus lassen kann usw. Um es allgemein zu sagen: Man suggeriere nicht eine moralische Kraft oder eine Glaubensstärke beim anderen, während in Wirklichkeit solch eine Suggestion ein Schlag in die Luft ist. Man ist auch nicht entschuldigt, ja tut noch größeres Unrecht, wenn man dies mit einem Hinweis auf ein Bibelwort oder ein Gebet tut.

Persuasion und das überredende Element im seelsorgerlichen Gespräch

Man kann auch hier unterscheiden zwischen Persuasion als konsequent angewandter Form von Psychotherapie und als einer Gesprächsmöglichkeit unter anderen, die man gebraucht, wenn es angebracht erscheint. Geschieht dies in der Seelsorge, so können wir von einem Überredungs-Element im seelsorgerlichen Gespräch sprechen. Was die Persuasion als konsequent angewandte Form von Psychotherapie betrifft, so muß hier vor allem der Name des Genfer Arztes Dubois genannt werden, der es als Nachteil der suggestiven Behandlungsweise empfand, daß dabei der Patient zu sehr von der unmittelbaren Beeinflussung durch den Psychotherapeuten abhängig gemacht wurde, während ein persönliches Selbstvertrauen in keiner Weise entstehen konnte. Der Suggestion, die in der konsequenten Form keine Mitwirkung seitens der Patienten voraussetzt, keinen kritischen, persönlichen Einsatz, kein vernünftiges und geistiges innerliches Überzeugtwerden, stellte er die Persuasion gegenüber, in der

der Patient auf sein Mitwirken und seine Selbsterkenntnis angesprochen wird. Der Therapeut bespricht mit dem Patienten das Sinnlose seiner neurotischen Lebenseinstellung und appelliert an seine vernünftige Einsicht.

Kennt man einerseits die Persuasion als eigene psychotherapeutische Methode, so gibt es daneben andere Therapeuten, die in ihrer Behandlungstechnik der Persuasion einen mehr oder weniger breiten Raum zuerkennen. Das gilt zum Beispiel für die Individualpsychologie, die in ihrer Behandlungsweise drei Phasen unterscheidet, eine Erforschende, eine Einsichtgebende und eine Reedukative. Die Persuasion spielt vor allem in der dritten Phase eine Rolle. Man kann aber auch an die Logotherapie von Frankl denken.

In diesem Zusammenhang scheint mir gut, mit einem Wort auf die Psychagogik einzugehen, deren psychotherapeutische Methode man etwa so umschreiben kann: „Die Psychagogik ist eine ordnende und aktivierende, daher dynamisierende Behandlungsmethode, die auf die Entwicklungsmöglichkeit ausgerichtet ist[9]." Ihre Absicht ist: Erziehung durch Selbsterziehung, indem der Patient mit der Wirklichkeit außerhalb seiner und in sich selbst konfrontiert wird. Den Unterschied zur Überredung kann man folgendermaßen umschreiben: „In der Persuasion geht es darum, daß der Patient die Sicht des Therapeuten übernehmen wird, der ihm mit Hilfe vernünftiger Argumentation das Unmotivierte und Sinnlose seiner neurotischen Lebenshaltung zu zeigen versucht. In der Psychagogik dagegen ist es das Ziel, den Patienten so zu aktivieren und dynamisieren, daß die selbstgefundene Einsicht zu einer selbstbestimmten, neuen Einstellung führt[10]."

In der Praxis lassen sich Persuasion, Psychagogik, Reedukation, appellierende Psychologie nicht immer scharf voneinander abgrenzen. Ihnen allen liegt eine direktive Rolle des Therapeuten zugrunde, der an die vernünftige Einsicht appelliert, der dem psychischen oder geistlichen Leben eine gewisse Leitung zu geben versucht und der durch dies alles eine erziehende Aufgabe übernimmt.

In der Seelsorge hat das überredende und psychagogische Element stets eine wichtige Rolle gespielt. Der Seelsorger geht oft bewußt appellierend vor. Im biblischen Begriff des „Ermahnens" liegt auch dies inbegriffen.

---

[9] P. Th. Hugenholtz, De psychagogie of reëducatieve behandelingsmethode, Lochem 1946, S. 32.
[10] J. G. Fernhout, Psychotherapeutische Zielszorg, Baaren o. J., S. 217 f.

Der Appell kann sehr nötig und fruchtbar sein. Die Bibel bietet eine Anzahl Beispiele dafür. Man beachte aber, woran appelliert wird. Es ist ein Unterschied, ob man an jemandes eigene psychische Kräfte und an seinen guten Willen appelliert, oder ob man sich etwa auf seine Taufe beruft, auf die Tatsache, daß er Gottes Kind ist, oder auf sein Konfirmationsversprechen.

Vorsicht ist besonders geboten bei einem psychologisch unnuancierten Appell an den Willen: „Wenn du nur willst, dann kannst du es lassen." — Derartige Bemerkungen fallen in seelsorgerlichen Gesprächen häufig. Manchmal zu Recht, manchmal zu Unrecht. Und letzteres kann ungünstige Folgen haben. Die Schwierigkeit liegt oft genug darin, daß viele nicht (genügend) wollen *können*. Ihr Wille ist in einer großen Unfreiheit befangen, ist falsch ausgerichtet und gehemmt. Oft wissen sie nicht, was sie wollen. Häufig, besonders bei neurotischen Menschen, trifft man eher ein Zuviel an „Wollen", also ein verkrampftes Wollen. Bei diesen Menschen an den Willen zu appellieren, kann genau das Falsche bewirken.

Einen anderen Appell müssen wir auch besonders erwähnen: den Appell an den Gehorsam gegenüber Normen und Werten oder, in der Sicht des Evangeliums, gegenüber Gottes Gebot. Man wird bedenken müssen, daß ein Appell erst dann sinnvoll ist, wenn zuvor die Werte und Normen, um die es geht, für den andern lebendig geworden sind. Dies müssen vor allem Pastoren, Pädagogen, Eltern, Juristen usw. wissen, wenn sie gegenüber jungen Menschen auf Werte und Normen pochen, die von diesen unter Umständen nur als sinnloses Gerede empfunden werden. Natürlich bleibt den jungen Leuten nichts übrig als diese „Predigt" über sich ergehen zu lassen, aber das Ergebnis ist nur eine Vergrößerung der Kluft. Der Ältere bleibt dabei fremd, fern, wenn nicht gar der Feind, und was er sagt, ist wie von einem andern Planeten — wie selbstverständlich es auch in den Ohren des Redners klingen mag. Die gleichen Erwägungen gelten vor allem vom unmittelbar-religiösen Appell. Ein solcher kann in einem bestimmten Gespräch höchste Weisheit, in einem anderen größter Unsinn oder sogar eine Grausamkeit sein. Ich möchte an dieser Stelle ein Wort von Rümke zitieren, das er allerdings besonders im Blick auf Psychotiker gesprochen hat: „Man muß mit einem religiösen Appell außerordentlich vorsichtig sein. Er kann manchmal grausam sein. Er macht es dem Kranken oft völlig unmöglich, zu einem religiösen Erlebnis zu kommen. Ich gebrauche manchmal diesen Vergleich: Wenn ich jemanden zu mir rufe, der in der Ecke des Zimmers an eine Kette gefesselt ist, dann ist das grausam und sinnlos[11]."

Man kann den scheinbaren „Erfolg" und das Fehlschlagen dieser Methode an bestimmten religiösen Strömungen beobachten, deren Anhänger sehr appellierend und überredend vorgehen. Für den Augenblick scheint es, als ob große Veränderungen eintreten, aber die Reaktion läßt nicht lange auf sich warten.

Erhellende Gespräche

Mit dem Begriff „erhellende Gespräche" meine ich solche, die seitens des Pastors, Psychologen oder Arztes eine hinreichende Menschenkenntnis, sowohl intuitiv als wissenschaftlich psychologisch, und eine Kenntnis der menschlichen Konflikte voraussetzen. Weiter denke ich hier an Gespräche, die durch ein analytisch-persuasives Verfahren gekennzeichnet sind, also durch eine einerseits tiefenpsychologisch orientierte Besprechung der Schwierigkeiten und ihrer Hintergründe und andererseits ein agogisch und persuasives Stimulieren und Dynamisieren des Hilfesuchenden.

Meiner Vermutung nach führen viele Ärzte einschließlich Psychotherapeuten, Psychologen und auch Pastoren ihre therapeutischen Gespräche in dieser Weise. Auch Gemeindepfarrer, die in dieser Richtung keine Schulung erfahren haben, versuchen häufig mit mehr oder weniger gutem Erfolg, derartige „erhellende Gespräche" zu führen.

Erhellende Gespräche sind sehr schwierig. Werden sie methodisch verantwortlich geführt, so befinden wir uns bereits im Bereich der Psychotherapie, das bedeutet für den Pastor: in der therapeutischen Phase des seelsorgerlichen Kontaktes. Es ist daher notwendig, sich über eine Reihe von notwendigen Fragen Klarheit zu verschaffen, um entscheiden zu können, ob es verantwortlich und sinnvoll ist, mehrere erhellende Gespräche zu führen, mit deren Hilfe man sich in der Regel nach einem ersten Aussprechen der Schwierigkeiten und einem etwas ausführlichen Eingehen auf die Lebensgeschichte ein vorläufiges Urteil bilden kann. Es geht namentlich um folgende Fragen: Zeigt der Gesprächspartner, daß er über ein normales Integrationsvermögen verfügt? Dürfen wir mit der Möglichkeit rechnen, daß alles, was in diesen erhellenden Gesprächen an die Oberfläche kommt, geistig verarbeitet wird? Dürfen wir

---

[11] H. C. Rümke, Psychiatrie I, Amsterdam 1954, S. 349.

annehmen, daß genügend Kraft für ein geistiges Wachstum vorhanden ist, um durch diese Phase des erhellenden Gesprächs hindurch — und mit Hilfe seiner Ergebnisse weiterzukommen? Ist der andere auch intellektuell imstande, diesen Prozeß zu bewältigen? Ist er ehrlich von dem Wunsch beseelt, seinen eigenen Konflikten und Schwierigkeiten gegenüberzutreten und darin weiterzukommen?

Beschließt man eine Reihe erhellender Gespräche, so gilt es folgende Punkte zu beachten:

1. Man richte sein Augenmerk auf Entstehung und Art der Konflikte und neurotischen Störungen. Das Besprechen bestimmter Konflikte oder neurotischer Verhaltens- und Erlebnisweisen kann sehr erhellend wirken. Es ist aber vor dem Mißverständnis zu warnen, genügend Einsicht in die bedingenden Faktoren bedeute schon Heilung. Man kann eine ausgezeichnete psychologische Einsicht in die eigene Problematik besitzen, ohne daß einem dies auch nur einen Schritt weiter hilft.

2. Man merke auf die oft tief verdrängten, aggressiven Gefühlsbestandteile beim Gesprächspartner, die beim Entstehen und Fortbestehen menschlicher Konflikte eine große Rolle spielen können. Es kann vorkommen, daß jemand anfangs sagt, er habe zwar seine Fehler, kenne aber keine aggressiven Gefühle gegen Eltern oder Ehegatten, während sich im weiteren Verlauf des Gesprächs herausstellt, wie stark dieser Mensch in seine Aggressionen verstrickt ist. Unser heutiges gesellschaftliches Leben spielt dabei eine große Rolle: Man darf nicht aggressiv sein. Man muß — so wird von allen Seiten gepredigt — freundlich sich einordnen, verbindlich im Umgang sein, während auf der anderen Seite tausend Dinge uns zu einem aggressiven Reagieren reizen. Es ist kaum abzuschätzen, wieviel Schaden in unseren zwischenmenschlichen Beziehungen und im persönlichen Leben durch diese innerlich nicht akzeptierten und verkannten Aggressionen entsteht.

3. Man achte auf die Art und Weise, in der der andere sein Mann- oder Frau-Sein in seinen verschiedenen Aspekten, namentlich im Blick auf den sexuellen Bereich, erlebt. Vielleicht ist es gut, daß der Gesprächspartner einmal frei und offen über seine sexuellen Schwierigkeiten sprechen kann. Es kann wichtig sein, daß er die sexuellen Nöte nicht als einen abgegrenzten Bereich in seinem Leben sieht, sondern als ein Gebiet, auf dem zentrale, persönliche Konflikte zum Austrag kommen. Es kann schon eine Befreiung bedeuten, wenn jemand sich von seiner sexuellen Problematik als einem isolierten und dadurch beängstigend feindlichen

Gebiet löst und den Komplex mehr als einen Aspekt seiner Persönlichkeit, seiner ganzen Art zu leben, sieht.

4. Man höre auf die Schuld und die Schuldgefühle, die der andere zur Sprache bringt, und versuche auch hier, die Dinge psychologisch und seelsorgerlich nuanciert zu sehen. Man vergleiche dazu, was wir oben bei der Behandlung der Beichte gesagt haben.

5. Man merke auf die Werte und Ideale, die im Leben des Betreffenden eine Rolle gespielt haben, und darauf, wie weit er sie sich geistig zu eigen oder nicht zu eigen gemacht und in welchem Maße er sie verwirklicht hat.

6. Man achte auf das Bild, das jemand von sich selbst hat. Auffallend viele Menschen unterschätzen sich auf eine für sie selbst schädliche Weise oder halten sich für besser, als sie sind, pflegen ein idealisiertes Bild von sich und stehen so oder so der eigenen, echten Entfaltung im Wege.

7. Man sehe darauf, wieweit jemand imstande ist, sich selbst auf die richtige Weise zu bejahen. Das ist für viele ein Problem. Man muß lernen, sich so zu akzeptieren, wie man ist, einschließlich jener Seiten, die man sich kaum entschließen kann zu bejahen. Sonst kommt man nicht weiter. Auch das eigene Scheitern, die eigene Schuld, Heimlichkeiten und Gemeinheiten, niedrige und verächtliche Dinge, die eventuell geschehen sind, gehören zum Ich. Der Widerstand gegen eine wirkliche Selbstbejahung kann — wie begreiflich ist das! — sehr hartnäckig sein.
Ich sagte schon, diese Art erhellender Gespräche sei schwierig. Die Bemerkungen, die ich dem soeben hinzufügte, haben nur für denjenigen praktisch-therapeutischen Sinn, der über ausreichende psychologische und tiefenpsychologische Kenntnisse verfügt. Wer derartige Gespräche als Arzt, Psychotherapeut, Psychologe, Pastor usw. gut zu führen versteht, kann einem Hilfesuchenden große Dienste leisten. Es kann geschehen, daß der Gesprächspartner anfängt, sich selber besser zu verstehen. Das Leben fängt für ihn wieder an. Ein dynamischer und stimulierender Effekt geht von diesen Gesprächen aus. Man bedenke dabei, daß alles, was wir oben gesagt haben, im Hinblick auf Gespräche mit Menschen gemeint ist, die im Kern ihres Wesens gesund sind, aber ernste Lebenskonflikte haben. Diese Gespräche werden vor allem in der konfliktpsychologischen und seelsorgerlichen Praxis einen großen Raum einnehmen.

Zwei Bemerkungen seien dem hinzugefügt. Zunächst: In solchen erhellenden Gesprächen werden Interpretationen und Erläuterungen in der

Regel eine Rolle spielen. Man bedenke dabei, daß die rein verstandes-
mäßige Interpretation von geringem Wert ist, ja sogar schädlich sein
kann. Vor allem hüte man sich vor Interpretationen, die nach bestimmten, eventuell tiefenpsychologischen Theorien und Schemata vorgenom-
men werden. Es besteht auch die Gefahr, eigene Schwierigkeiten und
Konflikte auf den Gesprächspartner zu übertragen, was meines Erachtens nur allzu oft vorkommt. Man gerät dann natürlich in immer
größere Übertragungsschwierigkeiten. Freilich muß man sich auch bei
gutem Verlauf einer Reihe von erhellenden Gesprächen immer über die
Übertragungssituation im klaren sein.

Und dann: Ist es eigentlich richtig, daß der Pastor erhellende Gespräche
in dem hier beschriebenen Sinn führt? Und warum wird diesen Gesprächen hier soviel Raum gegeben? Meine Antwort lautet: Wir stehen,
ob wir es wollen oder nicht, vor der Situation, daß viele Menschen bei
mehr oder weniger ernsten Lebenskonflikten den Seelsorger aufsuchen
und von ihm Hilfe erwarten. Und viele Pfarrer gehen darauf ein, in
einem oder mehreren Gesprächen den Menschen zu helfen. Mit anderen
Worten, die Pfarrer sind schon lange dabei, solche erhellenden Gespräche
zu führen, und wir müssen uns auf diese vorgegebene Situation besinnen.

Muß der Pfarrer erhellende Gespräche führen? Betrachten wir die Möglichkeit, es nicht zu tun. Ich halte das für eine redliche, legitime Lösung.
Da kommt z. B. jemand mit Lebensschwierigkeiten zu einem Pfarrer,
und dieser erkennt konfliktartige, eventuell neurotische Komponenten,
die eine ausschlaggebende Rolle in der Angelegenheit spielen. Dann ist es
richtig, wenn er sich zwar bereit erklärt, diesen Menschen seelsorgerlich
zu begleiten, zugleich aber erkennen läßt, daß eine Form von psychologisch differenzierterer Hilfe nötig ist, eine Psychotherapie, die er nicht
bieten wird. Der Pfarrer mag das begründen, wie er will, sei es, daß er
sich nicht für kompetent hält, oder daß er diese Tätigkeit für außerhalb
seiner Möglichkeiten hält, oder auch einfach damit, daß ihm die Zeit
fehlt. Ich meine, man kann es keinem Pastor verübeln, wenn er nicht
explizit auf verwickelte Lebensschwierigkeiten eingeht, sondern, während er sich seelsorgerlich an diesen Menschen in seiner besonderen
Lage wendet, deutlich macht, wo und wie er die Grenzen seiner seelsorgerlichen Bemühungen sieht. Er muß dann aber konsequent sein und
darf sich nicht verleiten lassen, trotzdem auf die psychischen Konflikte
einzugehen, so daß es schließlich zu einem Gespräch mehr oder weniger
zwitterhaften Charakters kommt, mit dem niemandem gedient ist. Ich
habe den Eindruck gewonnen, daß dies letzte häufig vorkommt. Der

Pfarrer will sich nicht entziehen, wenn man an ihn appelliert, und er
gerät schließlich in eine Reihe von Gesprächen, beispielsweise über die
Eheprobleme eines Gemeindegliedes, und geht sogar mit, wenn der andere
ihn in Gespräche über die schweren psychischen Hintergründe des Ganzen
hineinzieht. Es liegt auf der Hand, daß dies zu einer Verschlechterung
der Lage, möglicherweise zu einer Ehescheidung führen kann, obwohl
vielleicht mit fachmännischer Hilfe Rettung möglich gewesen wäre. Es
scheint mir von großer Bedeutung zu sein, daß jeder Pfarrer mit sich
selbst ausmacht, wo er seine Grenze zieht, und dies mit dem Betroffenen
jeweils bespricht. Ich kenne fähige Seelsorger, die ganz bewußt von
einem psychologisch tieferen Eingehen auf Lebensschwierigkeiten absehen und recht schnell geneigt sind, den andern auf fachmännische
Hilfe hinzuweisen. Dies scheint mir eine zu verantwortende Möglichkeit
zu sein.

Die andere Möglichkeit sehe ich darin, daß ein Pfarrer auch dem erhellenden Gespräch in dem oben gemeinten Sinn einen bestimmten Platz
einräumt — man könnte sagen, als therapeutische Phase im seelsorgerlichen Kontakt, als Extra-Dienst, den er anzubieten vermag. Aber dann
muß er dazu befähigt sein. Er muß neben seelsorgerlicher Weisheit auch
ein Mindestmaß an psychologischer Kenntnis und praktischer Ausbildung
besitzen. Ich glaube nicht, daß es notwendig ist, dafür ganze Bibliotheken
psychologischer Literatur durchzuarbeiten oder ein psychologisches Studium zu absolvieren. Voraussetzung ist lediglich hinreichende Kenntnis
der wichtigsten Richtungen und Gesichtspunkte in der Psychologie
unseres Jahrhunderts, sofern sie von Bedeutung sind, um den Menschen
im Konflikt besser zu verstehen. Und natürlich ist es notwendig zu lernen, mit dieser psychologischen Kenntnis umzugehen. Ich meine weiter,
es ist von großer Wichtigkeit, daß ein Pfarrer, der sich dieser Form von
Hilfe in seiner Seelsorgepraxis systematisch bedient, gut daran tut, mindestens eine Anzahl von Fällen unter Supervision zu behandeln. Es wird
auch gut sein, wenn etwa ein Gemeindepfarrer, der auf diese Weise arbeitet, sich bestimmte Grenzen setzt, z. B. sich an die Regel hält, zehn
Gespräche nicht zu überschreiten, allein schon deshalb, um das Gleichgewicht in seiner Arbeitsverteilung nicht allzusehr zu stören. Unter Berücksichtigung all dieser Faktoren halte ich es durchaus für verantwortlich, daß geeignete Pfarrer in einer normalen Gemeindearbeit diesen
Akzent ihrer Arbeit hinzufügen, wie andere Pfarrer andere Akzente in
ihrer Arbeit setzen.

„Counseling"

Obgleich schon im ersten Teil des Buches über „counseling" und „pastoral counseling" gehandelt wurde, liegt es in unserem Zusammenhang auf der Hand, darauf ausführlicher zurückzukommen.

Im Begriff „counseling" erkennen wir das lateinische „consilium" wieder, das „Rat" bedeutet und sowohl die gemeinsame Besprechung eines Problems als auch das Ergebnis davon meinen kann. Ursprünglich ist „counseling" ein Gespräch zweier Menschen über ein Problem, wobei vorausgesetzt wird, daß der eine es nicht mehr recht bewältigt, nicht mehr übersieht, sich in Unsicherheit und Zweifel hinsichtlich seines Weges befindet usw. Von dem andern erwartet er eine größere Weisheit, bessere Einsicht, Leitung und Rat. Mangelndes Vertrauen auf das eigene Vermögen, einen Ausweg zu finden und Hoffnung, ein Gespräch werde eine befriedigende Lösung bringen, müssen also zusammenkommen, damit sich jemand an einen „counselor" wendet.

In diesem allgemeinen Sinn kann man verschiedene Typen des „counseling" unterscheiden, die weitgehend abhängig sind von der Instanz, in deren Dienst der „counselor" steht, aber auch von der jeweiligen Beziehung zwischen „counselor" und „Klient". Der Nachdruck beim „counseling" kann darauf liegen, Einsicht zu vermitteln, zu überzeugen oder ähnlichem. Oft wird das „counseling" einen mehr oder weniger „direktiven" Charakter tragen. Von all diesen Formen des „counseling" muß aber die Methode von C. R. Rogers und seiner Schule unterschieden werden. Es bedarf einer nachdrücklichen Betonung: „counseling" in allen möglichen Formen und „counseling" in dem Sinn, in dem wir es hier besprechen, sind zwei generell verschiedene Methoden der Gesprächsführung. Hatte das „counseling" in weiterem Sinn anfänglich vor allem seinen Platz in der Sozialarbeit, so entwickelte Rogers es in erster Linie zu einer eigenen psychotherapeutischen Methode, von der man gleichwohl für andere nicht-therapeutische Beziehungen viel lernen und anwenden kann.

Was das „counseling" als psychotherapeutische Methode betrifft, so nennt man es auch, um Verwechslungen zu vermeiden, häufig „client-centered therapy" oder „non-directive therapy". Über beide Begriffe wird noch zu reden sein.

Die Grundidee der non-directive Psychotherapie ist die, daß der Mensch ein Vermögen zur *self-help* hat, oder etwas genauer: „Der Mensch

besitzt das Vermögen, wenn nicht manifest, so doch latent, die Aspekte
seiner selbst und seiner Existenzbedingungen, die die Ursache seiner Störungen und Schwierigkeiten sind, zu verstehen. Überdies besitzt er das
Vermögen und die Neigung, sich selbst auf solche Weise zu reorgani-
sieren, daß sein Leben das Maß an Bedeutung und Befriedigung verwirklicht, das für ein adäquates Funktionieren erforderlich ist[12]." Hinter
einem solchen Satz vermuten wir eine bestimmte, amerikanisch gefärbte
„Philosophie", die voraussetzt, daß im Menschen analog den biologisch-
vitalen Kräften positive psychische Kräfte wohnen, die zu diesem Vertrauen auf Selbsthilfe Anlaß geben, die aber manchmal dadurch gestützt
werden müssen, daß Widerstände beseitigt und Barrieren durchbrochen
werden, damit das gehemmte Leben wieder in Fluß gerät und in der
festgefahrenen Lebensgeschichte eine neue Phase anbricht. Das Problem
eines Menschen, der in Konflikte verstrickt ist, besteht häufig jedoch
darin, daß Verwirrung, Ohnmacht, Unsicherheit, Unfreiheit und Verkrampfung so groß sind, daß er nicht mehr in der Lage ist, von diesem
Vermögen zur Selbsthilfe Gebrauch zu machen. Wie kommt er aus dieser
Sackgasse? — Zunächst ist an dieser Stelle an die Psychotherapie zu
denken. Die „client-centered therapy" sieht als Grundbedingung für
eine fruchtbare Therapie die bedingungslose positive Bejahung des andern an, die ihren Ausdruck in der Atmosphäre findet, die in der therapeutischen Situation geschaffen wird und die gekennzeichnet ist durch
bergende Wärme. Dies setzt beim Psychotherapeuten bestimmte Einstellungen und Auffassungen voraus, unter denen besonders empathisches
Vermögen, Wahrhaftigkeit, emotionale Reife und ein genügendes Maß
an Selbsterkenntnis genannt sein sollen. Vor allem das empathische Vermögen (empathy) erhält eine große Bedeutung. Es geht dabei um ein
einfühlendes Verstehen, wobei wir versuchen, von jedem vordergründigen
„frame of reference"[13] abzusehen und dem ganz persönlichen inneren
„frame of reference" des andern nachzuspüren: Wie erlebt er die Dinge,
wie empfindet er sie, was bedeuten sie für ihn? Rogers unterscheidet die
empathische scharf von der emotionalen Identifikation. Im letzten Fall
geht die notwendige Distanz zwischen Therapeut und Klient verloren,
weil der Therapeut sich mitreißen läßt von den Gefühlen und Affekten
des andern und die Möglichkeit zu helfen dadurch aufgehoben wird.

---

[12] M. Kinget und C. R. Rogers, Psychotherapie en menselijke verhoudingen, S. 44.
[13] Bezugsystem der Erfahrungen und des Erlebens eines Menschen in einem bestimmten Augenblick.

Die Beziehung zwischen Therapeut und Klient ist von größter Bedeutung,
und die Psychotherapie hat immer stärkeren Nachdruck auf diesen Faktor gelegt, auch die non-directive Psychotherapie. Die von ihr ins Auge
gefaßte Beziehung wird gekennzeichnet durch Achtung vor dem andern,
durch Freiheit — in dem Sinn, daß man dem andern zugesteht, ganz
er selbst zu sein —, durch empathisches Verstehen, ein mitfühlendes
Verstehen „mit" dem Klienten. Achtung, Freiheit und Verstehen geben
zusammen dem Patienten die Erfahrung, daß er seitens des Therapeuten
völlig akzeptiert wird.

Erst wenn dieses Vertrauen auf die Selbsthilfe besteht und die oben
genannten Bedingungen erfüllt sind, kann die „Technik" dieser Psychotherapie sinnvoll funktionieren. Das schließt ein, daß der Therapeut gewisse Dinge nicht tun darf, etwa eine Diagnose stellen und mitteilen. Er
darf nicht fragen, geschweige denn die Dinge aus dem andern „heraus-
ziehen" wollen. Er darf nicht Ratschläge erteilen, nicht moralisieren,
nicht interpretieren, nicht antreiben („pushing"). Der Therapeut soll geduldig und einfühlend zuhören in der oben beschriebenen Weise, also
nicht nur aufmerksam auf die Worte hören, die jemand spricht, sondern
ebenso auf die Gefühle, die dahinter stehen — ein musikalisches Zuhören, wie man es auch genannt hat, ein verstehendes und erhellendes
Reflektieren, das sich nicht nur auf der verstandesmäßigen, sondern vor
allem auf der emotionalen Ebene abspielt. Geschieht dies auf die rechte
Art und Weise, unter Berücksichtigung der besprochenen Voraussetzungen, so beginnt ein wichtiger Prozeß. Es entsteht ein Klima, in dem der
Patient imstande ist, alle möglichen Reaktionen und Gefühle, die oft
bereits in ferner Vergangenheit liegen und vergessen sind, aufs neue
zu erleben und sich mit ihnen konfrontieren zu lassen. Nicht selten
werden es Gefühle aggressiver oder sexueller Art sein, die der Betreffende nie an sich erkannt hat. Es werden Dinge bewußt, die der Klient
negiert oder vergessen hatte, mit denen er nicht leben konnte, weil er
sich keinen Rat damit wußte. Dadurch war er innerlich unfrei geworden,
verkrampft, starr, ängstlich, (unbewußt) aggressiv, unbeherrscht auf se-
xuellem Gebiet, nicht imstande zu einem guten Verhältnis zu anderen
und zu sich selbst, nicht imstande zu einer vernünftigen Beherrschung
seiner Emotionen. Im Verlauf der Therapie sehen wir, wie sich dies verändert. Es kommt zu einer besseren Integration. Es wächst ein größeres
Selbstvertrauen. Der Patient lernt elastischer mit andern und sich selbst
umzugehen, er kommt zu einer inneren Freiheit und ist besser imstande,

seine eigene Verantwortlichkeit auf sich zu nehmen. Rogers selbst umschreibt dieses Geschehen richtungweisend:

Ich muß eine Beziehung herstellen, die „von meiner Seite gekennzeichnet ist,

durch eine Aufrichtigkeit und eine Durchsichtigkeit, in der ich wirklich ich selber bin,

durch eine wahre Bejahung und Zuneigung zum andern als einem selbständigen Individuum,

durch ein sensitives Vermögen, seine Welt und ihn selber mit seinen Augen zu sehen,

dann wird der andere in dieser Beziehung Aspekte von sich selbst erleben und begreifen, die ihm bis dahin verborgen waren,

zu einer größeren Integration kommen,

besser imstande sein, zielbewußt zu funktionieren,

anfangen, der Person zu gleichen, die er sein möchte,

sich selbst besser führen können und

ein größeres Selbstvertrauen aufweisen,

eine starke Persönlichkeit werden, in höherem Maße einzig in seiner Art, selbst-expressiv und

den Problemen des Lebens adäquat und mit größerer innerer Ruhe entgegentreten können" [14].

Wir sagten bereits, daß für diese Psychotherapie auch zwei andere Bezeichnungen gebräuchlich sind: „non-directive" und „client-centered". „Non-directive" bezieht sich auf das Sich-Enthalten von direktiven Ratschlägen, Anweisungen usw. seitens des Therapeuten. Rogers hat später darauf hingewiesen, daß der non-directive Charakter einer Therapie unter Umständen eine rein *äußerliche* Einstellung sein kann und in diesem Fall nicht den geringsten therapeutischen Wert hat. Nur wenn das nicht-directive eine natürliche Folge der inneren Grundeinstellung (basic attitude) des Therapeuten ist, wie wir es oben beschrieben haben, hat es eine positive therapeutische Bedeutung. „Sich dessen zu enthalten, Richtlinien zu geben, ist zweifellos eines seiner Kennzeichen, aber eines, das sich aus der Grundidee ergibt, und nicht die Grundidee selbst [15]."
Die Bezeichnung „client-centered therapy" versucht, das Neue dieser Psychotherapie genauer zum Ausdruck zu bringen, wenn es natürlich auch nicht möglich ist, einen ganzen Ideenkomplex mit einem einzigen Terminus zu kennzeichnen. Es geht darum, daß die ganze therapeu-

---

[14] Kinget-Rogers, a. a. O., S. 116 f.   [15] a. a. O., S. 12.

tische Situation so auf den Klienten ausgerichtet ist, daß ein Klima geschaffen wird, in dem und durch das seine innere Dynamik wieder in
Bewegung kommt und er die Möglichkeiten wiederfindet, mit sich selbst
zu leben. In diesem Sinn wird das counseling „client-centered" sein.

Wir haben damit eine kurze Beschreibung einer psychotherapeutischen
Methode gegeben, die in Amerika Epoche gemacht hat und auch in den
Niederlanden mehr und mehr in Übung kommt. Zwei Bemerkungen
möchte ich dem hinzufügen.

1. Das non-directive counseling ist eine sehr schwer zu praktizierende
Methode. Dies sei zur Warnung gesagt, weil manche Ärzte und Pastoren
glauben, ihre Arbeit am besten mit ein wenig „einfachem" non-directive
counseling therapeutisch ausrichten zu können. Das ist mit Sicherheit
ein fundamentaler Irrtum. Diejenigen, die behaupten — und zu ihnen
gehören Psychotherapeuten und Psychologen —, daß dies eine kinderleichte und so zugleich wenig wirksame „Technik" sei, beweisen damit,
daß sie über eine Sache urteilen, die sie nicht wirklich verstanden haben.
Man sollte stets bedenken, daß es sich um eine Methode handelt, die
nicht allein durch theoretisches Studium zu erlernen ist, wie das m. E.
auch von anderen Methoden gilt. Es fällt auf, daß es „Fachleute" gibt,
die viel Literatur über das Thema gelesen haben, in der Praxis die Methode aber nicht anzuwenden vermögen, denn sie fordert eine bestimmte
innere Haltung vom Therapeuten, die man nicht simulieren kann, sondern
die Ausdruck einer bestimmten Lebenseinstellung ist. Die Frage, ob in
der Regel nicht eine „Lehrtherapie" Vorbedingung für die Tätigkeit als
non-directive Therapeut ist, muß ich bejahen. Die beste Art, das counseling in die Praxis umzusetzen ist die, es eine Zeitlang selbst als Klient
an sich zu erfahren. Das hat vor allem folgende Gründe: Einmal ist es
für jede Form von Psychotherapie sehr wichtig, daß der Therapeut auch
die andere Seite der therapeutischen Situation kennt. Er muß sie sich
nicht nur vorstellen können, sondern sie auch am eigenen Leibe erfahren
haben. Dazu kommt, daß das non-directive counseling vom counselor
fortwährende Reflexion auf sich selbst und die eigenen Reaktionen sowie
eine Korrektur der eigenen Reaktionen erfordert. Eine kommende Generation wird es möglicherweise damit leichter haben, aber unsere Generation von Ärzten, Psychologen und Seelsorgern ist durch Bildung und
Ausbildung im allgemeinen noch besonders directive eingestellt, und ich
glaube, wir haben viel Mühe, dies zu verlernen. Daher ist es sehr er-
wünscht, sich die Methode so anzueignen, daß man eine Zeitlang selbst
Klient ist. Das Gelingen eines non-directive counseling hängt zum

großen Teil von dem Maß ab, in dem der counselor sich die Methode zu eigen gemacht hat.

2. Trotz des deutlichen Vorzuges, den dieses Buch dem counseling im engeren Sinn gibt, möchte ich diese Methode nicht als allein seligmachende proklamieren wollen, sondern alles für eine weitere Diskussion und Untersuchung offen lassen. Ich bin auch nicht sicher, wieweit es richtig ist, counseling im Sinne von Rogers als die angebrachte Therapie für alle Fälle anzusehen. Es ist sicher zu überlegen, ob es nicht Klienten gibt, denen auf andere Weise besser geholfen werden kann. Ich bin auch der Meinung, daß es hervorragende Psychotherapeuten gibt, die mit ganz anderen Methoden arbeiten, wie etwa der Psychoanalyse oder mit erhellenden Gesprächen usw., und die vielleicht nie lernen würden, das counseling gut anzuwenden. Dies gilt auch in umgekehrter Richtung. Um es kurz zu sagen, ich glaube nicht, daß jeder Psychotherapeut in der Lage ist, jede Form der Psychotherapie mit gleichem Erfolg auszuüben. Die Einschränkungen, die ich damit mache, gelten besonders für das counseling, weil es allzusehr einer Reihe grundlegender Einsichten von psychotherapeutischen Strömungen widerspricht, die in Westeuropa Fuß gefaßt haben, und weil es allzusehr die Erwartung derer, die Hilfe suchen, durchkreuzt. Das hängt u. a. mit dem non-directive Charakter der Gesprächsführung zusammen. Kinget hat in diesem Zusammenhang vom „Schock des non-directive" gesprochen. Es läßt sich nämlich die emotionale Reaktion bemerken, daß man im non-directive counseling Feigheit und Mangel an Kompetenz und Verantwortlichkeit glaubt sehen zu müssen[16]. „Die Idee des non-directive rührt auch — bewußt oder unbewußt — an den Kern dessen, was die meisten von uns glauben, wünschen oder gewöhnt sind. Man könnte darum sagen, daß die erste Reaktion auf Rogers' Prinzip des non-directive bis zu einem gewissen Grade mit dem verglichen werden kann, was durch Freuds Prinzip der Sexualität entfesselt wurde... Es besteht kein Zweifel, daß das Bedürfnis zu führen und geführt zu werden, vor allem in verborgenen Formen noch immer stärker ist, als das Verlangen nach Autonomie und die Bereitschaft, diese auch anderen zuzugestehen." Natürlich wollen Rogers und seine Schüler keineswegs die unersetzbare Bedeutung der Kompetenz des Therapeuten und der Verantwortung, die er trägt, in Zweifel ziehen. Aber sie meinen, daß diese gerade eine andere Verwirklichung erfordert, als es in directive psychotherapeutischen Richtungen gewährleistet ist.

---

[16] Kinget, a. a. O., S. 22 ff.

Seelsorgerliches counseling

Es ist deutlich, daß Voraussetzungen und Methoden des counseling nicht nur für die psychotherapeutische Praxis von Bedeutung sind, sondern auch für andere, die in ihrem Beruf Gespräche mit Mitmenschen zu führen haben, wie Seelsorger, Sozialarbeiter, aber auch freiwillig in der Gemeinde Arbeitende. Es wird darum gehen, zu entdecken, wie man einerseits diese Art der Gesprächsführung für die eigene Arbeit jeweils nutzbar machen kann, und dabei andererseits am eigenen Auftrag festhält, den man in seiner Funktion hat. Nur so wird man die eigene Rolle, die man den Gesprächspartnern gegenüber zu spielen hat, erfüllen und die Ziele, die verwirklicht werden sollen, auch erreichen. Natürlich ergibt sich in anderen Berufen eine andere Gesprächssituation als die psychotherapeutische, weil andere und mehr Faktoren bestimmend werden als für den Psychotherapeuten. Das führt uns zu dem Problem des seelsorgerlichen counseling. Was kann der Seelsorger von Rogers lernen?

Als Pastor hat er in erster Linie den Auftrag, die Menschen zum Glauben zu führen und sie darin zu bewahren, d. h. ihnen zu helfen, sich in Gottes Licht zu sehen. Es geht darum, daß Menschen zu Jüngern Jesu werden und als Kinder Gottes leben. Der Pfarrer ist Diener am Wort Gottes und am Sakrament, auch wenn er seelsorgerliche Gespräche führt. Aber letztlich sind die Dinge doch nicht so einfach strukturiert.

Es ist eine Tatsache, der wir in diesem Buch Rechnung tragen, daß viele Seelsorger heutzutage in eine bunte Mannigfaltigkeit der Glaubens- und Lebensproblematik hineingeraten. Ebensosehr ist es eine Erfahrungstatsache, daß das „direkte seelsorgerliche Wort" oft nicht oder nur ungenügend funktioniert. Ein Gemeindeglied kann z. B. zum Seelsorger mit einer komplizierten Eheproblematik kommen und über eigenes ernsthaftes Verschulden sprechen, über ambivalente Gefühle gegenüber dem Ehegatten, über das Gefühl der Ohnmacht, diese Situation zu verändern, und die Meinung, darüber nicht mehr im Gebet mit Gott sprechen zu können. — Es kann jemand seine Absicht äußern, vom Kirchenvorsteheramt zurückzutreten, weil er es in seiner persönlichen schwierigen Lage nicht mehr ausüben kann usw. In solchen Fällen kann der Pfarrer ein ruhiges Gespräch führen, indem er ernst und liebevoll die Vergebung Gottes zusagt, eine Reihe erhellender Bemerkungen über die Ehesituation macht und auf die Notwendigkeit hinweist, am Gebet festzuhalten, bzw. indem er dem Kirchenvorsteher sagt, er solle und dürfe mit dem Rücktritt von seinem Amt noch warten. Dies alles ist vielleicht richtig und sicherlich ein gutes seelsorgerliches Gespräch, und doch kann das jeweils betroffene Gemeindeglied das Gefühl haben, mit alledem, was der Pastor gesagt hat, wenig anfangen können. Und auch der Pastor kann ein unbefriedigendes Gefühl haben. Er mag sich sagen, es sei gewiß ein gutes Gespräch gewesen, aber er wird auch sagen müssen, daß die anderen damit nicht weiterkommen. Auch wenn wir einmal alle „Theorie" beiseitelassen, werden wir aus der Praxis gezwungen, uns zu fragen, wie wir in unserem Pfarramt andern helfen können, innerlich damit weiterzukommen, Barrieren und Verwirrungen im seelischen Leben zu überwinden, so daß das betroffene Gemeindeglied aufs Neue das Evangelium in seiner Relevanz für sein Leben hören, das Abendmahl wieder mitfeiern und bewußter in seinem Glauben leben kann. Es erhebt sich etwa die Frage, ob nur die Form der Gesprächsführung, die im counseling als Psychotherapie eine ganz eigene konsequente Anwendung findet, auch in der Seelsorge uns helfen kann, seelsorgerlich weiterzukommen. Der Pastor gibt dann im seelsorgerlichen Gespräch einer therapeutischen Phase Raum, die den Charakter des counseling in der oben beschriebenen Bedeutung erhält. Natürlich bleibt ein deutlicher Unterschied zwischen dem counseling in der normalen psychotherapeutischen Praxis und dem seelsorgerlichen counseling. Im seelsorgerlichen Gespräch rechnen wir nicht nur mit einem im psychologischen Sinn kontinuierlichen Prozeß, sondern es kommt auch eine vertikale Dimension zur Sprache, weil der Mensch im Glauben eine Diskontinuität kennenlernt, die die psychischen Kategorien durchbricht.

Der Pastor ist der Träger einer Botschaft, die nicht vom Menschen stammt und nicht durch das Bewußtsein von etwas, das er aus sich selbst schon wissen könnte, zu erfahren ist, sondern die nur verkündigt werden kann. Offenbarung und Glaube sind grundsätzliche Kategorien des seelsorgerlichen Gesprächs. Aus der seelsorgerlichen Verantwortung ergibt sich für den Seelsorger auch ein Interesse daran, was der Gesprächspartner mit seiner wiedergewonnenen psychischen Freiheit tut. Wird er danach verlangen, in Glaube, Liebe und Hoffnung zu wachsen? Wird er, wenn psychische Spannungen und Konflikte überwunden sind, begehren, weiterhin als Kind Gottes zu leben? Der Pastor zielt also auf mehr und anderes als der „neutrale counselor", auch wenn er in seiner Seelsorge eine Phase des counseling kennt. Es mag sein, daß er dieses „andere" nicht einmal zu sagen braucht, weil der Gesprächspartner es inzwischen — auch dank der Hilfe des seelsorgerlichen counseling — wiedergefunden und ausgesprochen hat, aber als Seelsorger hat er es doch stets im Auge. Es geht ihm ja doch zutiefst darum, daß der andere den großen Pastor Jesus Christus kennenlernt, auch durch das seelsorgerliche counseling.

Beispiele für die Anwendung der non-directive Gesprächsführung

Es ist wichtig, nachdrücklich zu betonen, daß das counseling als Gesprächsführung nicht allein Bedeutung für die Fälle hat, in denen Menschen mit ernsten Lebenskonflikten Hilfe beim Seelsorger suchen, sondern daß es in anderen täglich vorkommenden seelsorgerlichen Gesprächssituationen wertvoll sein kann. Ich möchte dies an einigen Beispielen verdeutlichen.

1. Das counseling kann wichtige Dienste leisten, die besondere geistige Situation des anderen kennenzulernen, also, um ein Schlagwort zu prägen, zur geistigen Situationserkundung. Mit dieser Schwierigkeit haben wir fortwährend etwa bei Hausbesuchen zu tun. Wenn früher der Pastor bei einer Familie eintrat, die zur Gemeinde gehörte, dann begegneten sich Menschen, die in ein und derselben Welt lebten, in der sie einander verstanden. Sie teilten denselben Glauben, dieselbe Kirche usw. Die meisten Dinge hatten für sie ein und dieselbe Bedeutung. Daß der Glaube sich beispielsweise im Kirchengang äußerte, wurde beiderseits vorausgesetzt. Daß man seine Kinder taufen ließ, war selbstverständlich, daß die „papistische Messe" eine abscheuliche Abgötterei war, ebenso. Daß die Bibel Gottes Wort war, daß man bestimmte Dinge am Sonntag nicht tat, daß man ein Tischgebet sprach — diese Einzelheiten waren außerhalb der Diskussion. Wenn man heute einen Besuch macht, so ist es oftmals vollkommen ungewiß, in was für eine geistige Welt man eintritt, auch wenn es sich um Gemeindeglieder handelt. Man begibt sich von Mal zu Mal in ein Abenteuer, und die erste Aufgabe besteht darin, den andern in seiner geistigen Welt kennenzulernen. Ich werde nicht grundsätzlich von der Annahme ausgehen können, der andere denke genau wie ich, und falls er es nicht tut, werde ich ihn von meinem „richtigen" Standpunkt aus sogleich korrigieren. Ein Beispiel mag dies verdeutlichen.
Der Kirchenälteste Wilhelm Willemse besucht die Familie Hendriks. Er trifft Frau Hendriks zu Hause an. Herr Hendriks ist Arzt und besucht Patienten. Die drei heranwachsenden Kinder sind auch nicht im Hause. Der Kirchenälteste, der erst seit kurzem in der Gemeinde arbeitet, macht

diesen nicht angekündigten Besuch im Rahmen regelmäßiger Gemeinde-
besuche. Frau Hendriks empfängt ihn freundlich.

W.: Ich finde es schön, daß Sie mich eben hereinlassen wollen. Ich bin
erst kurz Kirchenältester und kenne viele Gemeindeglieder noch nicht
persönlich. Darf ich Sie einmal fragen: Haben Sie regelmäßigen Kontakt
mit der Gemeinde? Besuchen Sie regelmäßig den Gottesdienst?

H.: Nein, Herr W., mein Mann und ich sind zwar getauft und gehören
der Kirche an, wir haben auch beide als Kinder die Sonntagsschule besucht und später am kirchlichen Unterricht teilgenommen. Aber wir
sind nicht konfirmiert[17]. Und seit wir verheiratet sind, sind wir kaum in
die Kirche gekommen. Eigentlich ist das merkwürdig und auch nicht
ganz richtig, daß dies bei uns immer etwas undeutlich geblieben ist und
daß wir in dieser Hinsicht nie eine gewisse geistliche Ordnung geschaffen
haben. (Lacht verlegen)

W. (unmittelbar antwortend): Ja, das ist sehr schade, daß Ihr Mann
und Sie es bei der Taufe belassen haben und sich nicht konfirmieren
ließen und praktisch auch nie zum Gottesdienst kommen. Auf diese Weise
leben Sie doch ohne Gott und haben es sich selbst und Ihrer Familie in
geistlicher Hinsicht an vielem fehlen lassen und geschadet.

H. (schweigt)

W.: Und Ihre Kinder, Frau H., wenn ich fragen darf: Haben Sie sie
taufen lassen und zum Unterricht geschickt?

H.: Nein, das ist nicht der Fall. Die Kinder sind nicht getauft und gehen
auch nicht zum kirchlichen Unterricht.

W.: Es ist schade, daß nun auch die Kinder ohne Glauben aufwachsen
müssen, ohne geistliche Leitung. Was soll ich nun in meiner Kartei hinter
die Namen Ihrer Kinder schreiben? „Moderne Heiden", oder etwas
ähnliches? Ist *das* Ihre Absicht?

H. (nach einer Pause): Herr W., ich möchte vorschlagen, daß wir das
Gespräch als beendet ansehen, ich glaube, es hat nicht viel Sinn, daß wir
weiter darauf eingehen.

---

[17] Die Konfirmation, auf Holländisch „Bekenntnis ablegen", gehört ebenso wie die
Kindertaufe nicht mehr zur selbstverständlichen kirchlichen Sitte, selbst wenn man an
einem mehrjährigen Katechumenenunterricht teilgenommen hat, wie Frau H. ihn erwähnt. Die Konfirmation ist erst nach Beendigung des 18. Lebensjahres möglich. (Anmerkung des Übersetzers).

Das Gespräch hätte natürlich ganz anders verlaufen können. Sehen wir einmal davon ab, daß der Gesprächseinstieg des Kirchenvorstehers, der sofort nach Kirchgang fragt, unglücklich war, und stellen wir uns vor, wie das Gespräch hätte verlaufen können. Der Leser frage sich selbst, was er nach der ersten Mitteilung von Frau Hendricks unter Berücksichtigung von Einsichten, die in diesem Buch gewonnen sind, geantwortet hätte. Wir wiederholen hier noch einmal die Antwort von Frau H.

H.: Nein, Herr W., mein Mann und ich sind zwar getauft und gehören der Kirche an, wir haben auch beide als Kinder die Sonntagsschule besucht und später am kirchlichen Unterricht teilgenommen. Aber wir sind nicht konfirmiert. Und seit wir verheiratet sind, sind wir kaum in die Kirche gekommen. Eigentlich ist das merkwürdig und auch nicht ganz richtig, daß dies bei uns immer etwas undeutlich geblieben ist und daß wir in dieser Hinsicht nie eine gewisse geistliche Ordnung geschaffen haben. (Lacht verlegen)

W.: Sie sind beide in Ihrer Jugend mit dem christlichen Glauben in Berührung gekommen, doch das hat für Sie nicht zu einer festen Bindung mit der Kirche geführt, wobei Sie den augenblicklichen Zustand noch nicht ideal finden?

H.: Ja, so ist es. Der Glaube hat immer noch etwas für uns bedeutet. Mein Mann und ich versuchen, als Christen zu leben, und wir haben auch versucht, unsere Kinder christlich zu erziehen, aber wir sind dabei, ehrlich gesagt, wohl etwas sehr individualistisch vorgegangen, und das befriedigt uns auf die Dauer doch nicht.

W.: Sie haben sich mit Ihrer Familie nicht vom Glauben trennen wollen, aber Sie lebten ohne enge Bindung an die Kirche, sehen das aber offenbar nicht als richtig an.

H.: In der Tat. Es gibt wohl Gründe, weshalb damals unser Verhältnis zur Kirche sehr abkühlte, aber das ist lange her, und daran denken wir nun nicht mehr. Es gibt auch vieles in der Kirche, was uns gegen den Strich geht, aber wir wissen selbst, daß wir deshalb nicht in einer negativen Haltung steckenbleiben und uns abseits halten dürfen. Aber es geht darum, daß wir über die Brücke kommen müssen, und das ist schwierig nach so langer Zeit. Darum ist es schön, daß Sie uns einmal aufsuchen. Können Sie uns etwas sagen über die Möglichkeiten, die wir in unserer Gemeinde für uns und die Kinder finden können?

W.: Natürlich kann ich das.

Hier kann das Gespräch fortgesetzt werden als eine Information über
das Gemeindeleben und die Möglichkeiten, Anschluß daran zu finden.

Es sei noch angemerkt, daß wir es hier — wie bei allen angeführten
Beispielen — mit einem Fall zu tun haben, der sich tatsächlich so ab-
gespielt hat. Ein erster Kontakt mit einem Kirchenältesten war in der
zuerst beschriebenen Weise verlaufen. Nach einigen Jahren fand eine
Begegnung mit einem anderen Vertreter der Gemeinde statt, was rasch
zu einem Suchen nach der Gemeinschaft der Gemeinde und schließlich
zur Konfirmation des Ehepaares führte. Man kann ruhig sagen, daß
das „seelsorgerliche Gespräch" des ersten Ältesten zum Schaden der Betroffenen und der Gemeinde verlaufen war und diese Familie noch
einige Jahre länger von der Kirche ferngehalten hatte. Die non-directive Gesprächsführung des zweiten Besuchers diente der Situations-Er-
kundung und ermöglichte ein fruchtbares Gespräch. Der Besucher stand
vor einer für ihn unbekannten Situation. Er trug Sorge, nicht aus den
ersten Mitteilungen der Frau H. voreilige Schlüsse zu ziehen. Durch
seine reflektierenden Antworten erkundete er für sich selbst die Situation
und gab Frau H. die Möglichkeit, sich Rechenschaft von dem Zustand
abzulegen, in dem sie und ihre Familie sich befanden. Dadurch erkannte
Frau H. schnell das Unbefriedigende daran und sprach auch ihren
Wunsch nach einer Veränderung aus. Im ersten Gespräch hatte der Besucher seine Schlüsse und Beurteilung sofort parat. Für ihn ist Glaube
ohne Kirchgang und Konfirmation nicht denkbar, ebenso wenig geistliche Führung ohne kirchlichen Unterricht, und weil diese Dinge so
große Bedeutung für ihn haben, scheut er sich nicht, diese im Grunde
doch gläubige Familie dem „modernen Heidentum" einzuordnen. Ein
derartiger Gemeindebesuch tut der Gemeinde Abbruch und verheert die
Seelen.

2. Ein weiteres Beispiel dafür, wie man die non-directive Gesprächsführung in einem „normalen" seelsorgerlichen Gespräch anwenden kann,
betrifft Widerstände gegen die Kirche. Es ist bekannt, wie oft wir damit
bei Gemeindebesuchen zu tun haben.

Der Kirchenvorsteher des folgenden Beispiels hat in der Kartei festgestellt, daß sein Vorgänger zwei Jahre zuvor bei der Familie Jansen,
die damals gerade zugezogen war, einen kurzen Begrüßungsbesuch gemacht und daß kürzlich eine Frau aus dem Besuchskreis nach der Geburt
eines Kindes bei der Familie gratuliert hat. Das Kind ist jedoch noch
nicht getauft worden. Der Besuch des Kirchenvorstehers ist angekündigt.

J. (ziemlich aggressiv): Na, da sind Sie also! Das erste Mal in meinem Leben, daß endlich jemand von der Kirche sich sehen läßt. Ich muß schon sagen, ein schöner Verein. Zwei Jahre wohne ich schon hier, und niemals hat sich jemand um uns gekümmert, außer, wenn es ums Geld ging, da weiß man mich immer zu finden, aber sonst — kein bißchen Interesse!

K.: Ich bin sehr froh, Herr Jansen, daß ich diese Vorwürfe sofort mit Tatsachen widerlegen kann. Aus meiner Kartei geht hervor, daß vor zwei Jahren, als Sie hierhergezogen waren, der Kirchenvorsteher H. Ihnen einen Besuch gemacht hat und daß vor kurzem nach der Geburt Ihrer Tochter eine unserer Besuchsfrauen Ihrer Frau im Namen unserer Gemeinde persönlich gratuliert hat. Ihre Anschuldigung entspricht also nicht der Wahrheit!

J.: Nun höre sich das einer an! Sie wollen also sagen, daß ich Sie belüge! Dieser Klatschbesuch von der Frau da heißt Gemeindebesuch! Und der Herr, der mich damals einen Abend mit seinem Gerede gelangweilt hat, als wir noch mitten im Umzug saßen. — Das muß ich nun als Besuch von der Kirche ansehen!

Viel Gutes wird von diesem Gespräch nicht mehr zu erwarten sein. Wir wollen sehen, wie das ein anderer Kirchenvorsteher nach dem aggressiven Ausfall des Herrn J. anfaßt. Wir setzen die oben eingangs zitierte aggressive Antwort von J. voraus und hören die Antwort des anderen Kirchenvorstehers:

K.: Sie sind sehr enttäuscht, weil die Kirche niemals persönliches Interesse für Sie gezeigt hat, es sei denn, wenn man es auf Ihr Geld abgesehen hatte.

J.: Na ja, niemals, das ist nun auch wieder zuviel gesagt. Ein- oder zweimal hat uns schon jemand besucht, aber wissen Sie, ich habe im Lauf meines Lebens so viele Enttäuschungen mit der Kirche erlebt, vor allem mit unserem vorigen Pastor, der mich in einer schweren Angelegenheit im Stich gelassen hat, und das steckt mir immer noch in den Gliedern. Ich bin vielleicht deshalb nicht immer ganz gerecht gegen die Kirche.

K.: Sie haben das Gefühl, mit Recht traurig und empört über verschiedene Dinge zu sein, die Sie erlebt haben, aber auch, daß es Sie manchmal Mühe kostet, die richtige Einstellung dazu zu finden?

J.: Ganz recht. — Eigentlich finde ich es sehr schön, daß Sie da sind, denn ehrlich gesagt, wollten meine Frau und ich einmal mit Ihnen über die Taufe unserer Kleinen sprechen, was denn eigentlich von uns gefordert und erwartet wird. Können Sie uns darüber etwas erzählen?

K.: Sehr gern . . .

Hier kann sich ein Gespräch über die Taufe anschließen, über den Sinn der Taufe, die Voraussetzungen und die Konsequenzen.
Der Leser spürt: Der erste Kirchenvorsteher „hatte recht" mit seinen Widerlegungen. Aber das wiegt für ein viel größeres Unrecht nicht auf. Der zweite Besucher wußte, daß Herr Jansen, was die Tatsachen betraf, unrecht hatte, und doch stellte er das bewußt nicht zur Debatte. Er erkannte die Aggression, die hinter Herrn Jansens Worten stand und reflektierte sie. Herr Jansen fühlte sich auf einmal nicht einem Widersacher gegenüberstehen, sondern jemandem, der neben ihm stand, der ihn ungeachtet seines Ärgers akzeptierte und verstehen wollte. Nun kehrte er sofort zur Wirklichkeit zurück, urteilte gerechter und konnte über das reden, was ihn wirklich bedrückte: seine früheren Erfahrungen mit der Kirche und vor allem mit einem bestimmten Pastor. So öffnete sich der Weg für ein Gespräch über die Taufe des Kindes. Später wird es natürlich möglich, vielleicht auch nötig sein, auf die früheren Schwierigkeiten einzugehen. Aber dazu muß erst eine Vertrauensbeziehung geschaffen sein, die für weitere Schritte eine gute Grundlage schafft.

3. Das dritte Beispiel für die Anwendung der non-directive Gesprächsführung bei einem Hausbesuch illustriert die Möglichkeit, jemandem zu helfen, sich bestimmter Gefühle bewußt zu werden und zur Einsicht, ja, zur Ordnung der eigenen Emotionen zu gelangen.
Eine kirchliche Sozialarbeiterin besucht Frau V., die bereits längere Zeit krank ist und mit großen Schwierigkeiten in ihrem Familienleben zu kämpfen hat. Deshalb ist die Sozialarbeiterin herangezogen worden. Frau V. klagt ihre Not. Wir blenden uns in das Gespräch ein:

Sozialarbeiterin: Es kommt bei Ihnen wohl auch sehr viel auf einmal zusammen, so daß es Ihnen fast zu viel wird. — Manchmal frage ich mich, ob Ihnen in all diesen Schwierigkeiten Ihr Glaube wohl hilft?

V. (heftig): Bitte, bitte — sprechen Sie nicht darüber. Bitte, schweigen Sie davon. Gehen Sie lieber weg. Gehen Sie bitte fort! (Bricht in Tränen aus)

Der Leser frage sich, wie er auf einen derartig unerwarteten und emotionierten Ausbruch reagiert hätte. Es ist in der Tat nicht einfach.

Wir können uns den Verlauf des Gesprächs auf verschiedene Weise vorstellen. Hier eine erste Möglichkeit: —

S.: Aber Frau V., ich meine es doch nur gut! Wie sprechen Sie denn plötzlich mit mir? So etwas können Sie doch nicht ohne weiteres sagen! Was glauben Sie denn, wen Sie vor sich haben?

V.: Nehmen Sie es mir nicht übel, daß ich mich so benommen habe. Nein, Sie begreifen natürlich nichts davon. Bitte entschuldigen Sie, aber lassen Sie mich jetzt bitte lieber allein. Wirklich, das habe ich lieber.

Der Leser spürt, wie die Sozialarbeiterin sich persönlich getroffen fühlte durch den Gefühlsausbruch von Frau V. und entsprechend reagierte. Das Gespräch ist mißglückt. Eine andere Möglichkeit:

S.: Nein, Frau V., ich gehe jetzt nicht so einfach weg. Es ist besser, daß Sie doch einmal hinhören, was Sie nötig haben. Eine Christin muß auf Gott vertrauen. Der Herr ist auch Ihnen nahe, und vergessen Sie nicht, daß es immer noch Menschen gibt, die es schwerer haben als Sie.

V.: Ach Fräulein X, was verstehen Sie davon ... Entschuldigen Sie, daß ich eben so unfreundlich gegen Sie wurde, aber Sie begreifen doch nichts davon. Wir wollen darüber lieber nicht weitersprechen.

Wir spüren, daß diese Sozialarbeiterin sogleich eine Diagnose gestellt und ihr Urteil gefällt hat. In voller „evangelischer" Waffenrüstung geht sie auf ihren Mitmenschen los. Das Ergebnis spricht für sich selbst. Eine dritte Möglichkeit:

S.: Sie sind offenbar sehr schockiert von dem, was ich eben sagte?

V.: Fräulein X., Sie wissen nicht, was Sie mit diesen Worten alles in mir wachrufen. Ich *kann* nicht mehr darüber nachdenken!

S.: Sie wurden da eben an Dinge erinnert, die Ihnen furchtbar zu schaffen machen, und mit denen Sie sich keinen Rat wissen?

V.: O ja. Wissen Sie, ... ich ... habe lange nicht mehr daran zu denken gewagt. An Gott, meine ich. Es gibt ... es ist vor langer Zeit Schreckliches geschehen ... ich habe etwas sehr Böses getan ... und ich versuche, es zu vergessen. Ich will auch nicht mehr an Gott denken. Manchmal fühle ich mich so schuldig und auch so ängstlich ... ich kann nicht mehr beten, ich will nicht mehr an Gott denken. Manchmal glückt es mir eine kleine Zeitlang, aber eben, als Sie das sagten, war es wieder da.

S.: Es ist etwas geschehen, wodurch Sie sich schuldig und ängstlich fühlen und weshalb Sie auch nicht mehr an Gott zu denken wagen.

12 *

V. (ruhiger): So ist es. Ich möchte so gerne wieder glauben können, daß es für alle Dinge Vergebung gibt, auch für das, was ich getan habe.

Auch diese Sozialarbeiterin hat natürlich im ersten Augenblick nichts von dem emotionierten, unfreundlichen Ausfall von Frau V. begriffen. Aber sie hat sich nicht aus der Fassung bringen lassen. Sie fühlte sich nicht persönlich getroffen, obwohl es, oberflächlich gesehen, wohl begründet gewesen wäre. Sie stellt auch keine schnelle falsche Diagnose und verfällt deshalb nicht in eine falsche Therapie. Sie hört nur zu. Es geht ihr weniger um den Inhalt der Worte, als um die zugrundeliegenden verwirrten Emotionen, um den Schrecken, die Unruhe, die Angst und die Abwehr. Das einzige, was ihr ganz deutlich ist, ist, daß diese Frau plötzlich zutiefst angerührt ist, und diesen Schock reflektiert die Sozialarbeiterin: „Sie sind offenbar sehr schockiert von dem, was ich eben sagte?" Der Leser möge sich klarmachen, daß es sehr auf den Ton ankommt, in dem dies gesagt wird, ob eine derartige Reflexion, eine solche „spiegelnde Antwort", „ankommt" oder nicht. Worte allein bewirken nichts! Auf einmal steht jemand neben dieser Frau, jemand der nur versucht, bei ihr zu sein und sie zu verstehen. Und jetzt wird sehr schnell etwas von dem Hintergrund dieses merkwürdigen Ausfalls deutlich. Die non-directive Gesprächsmethode verhilft dazu, eine undeutliche, verwirrte und emotionale Situation zu erhellen und einigermaßen zu ordnen.

Mit diesen Beispielen hoffe ich deutlich gemacht zu haben, daß die non-directive Gesprächsführung nicht nur in der systematischen Besprechung ernsthafter Lebenskonflikte ihre Bedeutung für die Seelsorge haben kann, sondern auch in alltäglichem pastoralen Kontakt. Natürlich hätte das Gespräch auch auf eine andere Weise erfolgreich geführt werden können. Ein gutes „erhellendes" Gespräch hätte eventuell auch Erfolg gehabt. Wir sehen die non-directive Gesprächsführung nicht als einzige Möglichkeit an, aber wir hoffen deutlich gemacht zu haben, weshalb wir ihr in vielen Situationen den Vorzug geben.

Über die Schwierigkeiten der non-directive Gesprächsführung

Wir haben mehrfach auf die Schwierigkeiten der non-directive Gesprächsführung hingewiesen. Ist es angesichts dieser Tatsache richtig, auf ihre Anwendung in der Seelsorge einen derartigen Nachdruck zu legen? Ist es sinnvoll zu versuchen, auch dem freiwilligen Mitarbeiter darin einige Schulung und Ausbildung zukommen zu lassen? Oder soll man, wenn das Gespräch schwieriger wird, nicht doch die Richtung des „erhellenden" Gesprächs einschlagen? Die Schwierigkeit der non-directive Gesprächsführung liegt nicht in erster Linie bei der „Technik", sondern vor allem in der Grundhaltung, in der inneren Einstellung dessen, der das Gespräch führt. Sie praktisch zu realisieren, fällt uns immer wieder besonders schwer. Von Professor Buitendijk wird erzählt, er habe einst zu seinen Psychologie-Studenten im ersten Semester gesagt: „Meine Damen und Herren, ich bin nicht hier, um Sie etwas zu lehren, sondern um Ihnen etwas abzugewöhnen." Ähnlich möchte ich das Lehrziel der non-directive Gesprächsmethode formulieren. Man muß sich abgewöhnen, jemandem etwas einreden zu wollen, womit er nichts beginnen kann, jemandem Urteile, Normen oder Werte aufzudrängen, jemanden zu zwingen, die theologischen und ethischen Einsichten zu beherzigen, die ich für richtig halte. Durch alle diese Dinge würde ich ihn vielleicht abhalten, seinen eigenen Weg zu Gott zu finden, seine eigenen Fehler zu machen und seine eigenen Tugenden zu haben. Dies alles, was man sich abgewöhnen muß, ist natürlich die Kehrseite von dem, was man lernen muß: in Ehrfurcht, Geduld und Vertrauen dem andern zu begegnen, ihm zur Verfügung zu stehen, offen für ihn zu sein, ihm zu helfen, seinen eigenen Lebensstil zu entwickeln, auf seine eigene Weise Gott lieb zu haben und mit den Mitmenschen zu leben. Diese „basic attitude", diese Grundhaltung dem andern gegenüber zu finden, deren wichtigste Erscheinungsweisen wir anführten, das macht vor allem die non-directive Psychotherapie so schwierig. Aber zugleich ist diese schwierige Grundhaltung Bedingung für alle rechte Gesprächsführung, und je schwieriger die Gesprächssituation ist, desto notwendiger ist diese Grundhaltung. Ich möchte sogar sagen, wer das seelsorgerliche Gespräch führen will, gleichgültig wie er es methodisch handhabt, steht immer vor der Notwendigkeit, diese Grundhaltung nicht nur mit dem Mund, sondern auch mit der Tat zu bekennen. Erst wer dies gelernt hat, für den wird die non-directive Gesprächsführung eine Möglichkeit in der seelsorgerlichen Praxis.

Häufig wurde die Frage aufgeworfen, ob das Führen von erhellenden Gesprächen einfacher sei als die non-directive Gesprächsführung. Ich meine, Gespräche über psychische Hintergründe von ernsten Lebenskonflikten darf man auch in der Seelsorge nicht ohne hinreichende Kenntnis der wichtigsten Gesichtspunkte aus der Tiefenpsychologie, der Entwicklungspsychologie und der Psychologie der Ehe tun. Die non-directive Gesprächsführung setzt dagegen nicht in erster Linie ausführliche psychologische Kenntnisse voraus, sondern vor allem eine gründliche

Schulung und Ausbildung im counseling. Das ist im Blick auf das Erwerben expliziter psychologischer Kenntnisse weniger anspruchsvoll, hinsichtlich der Aneignung des richtigen Habitus gegenüber dem Gesprächspartner aber um so schwieriger. Es fordert ja nicht mehr und nicht
weniger als eine radikale Umkehr im Vergleich zu der üblichen Einstellung bei vielen Gesprächen.

Bedeutet seelsorgerliches counseling, daß alles relativiert wird?

Die Befürchtung, daß counseling in der Seelsorge alles relativiere, begegnet häufig. Wo bleibt die Gültigkeit des christlichen Glaubens? Wo
die Gültigkeit des Gebotes Gottes? Wird auf diese Weise nicht alles dem
Menschen überlassen? Wir müssen doch wagen, die Wahrheit Wahrheit
und die Sünde Sünde zu nennen!?
Wir sind nicht dieser Meinung, im Gegenteil, relativiert werden lediglich Art und Weise, in der alle möglichen, wechselnden Formen des Glaubens und des Lebens verabsolutiert werden. In diesem Punkt machen
sich auch viele großzügig denkende Christen häufiger schuldig, als ihnen
bewußt ist. Die Weise, in der wir unser Christsein verwirklichen als
einzelner oder als Gruppe, ist eine relative Angelegenheit. Verabsolutie-
ren wir dies in der Praxis, wie es in Kirche und Gesellschaft vielfach geschehen ist und geschieht, dann stehen wir nicht allein uns im Wege,
sondern auch andern, und können ihrer Seele Schaden zufügen. Wir
stehen so sehr im Bann dessen, was wir im Konfirmandenunterricht und
in der Kirche gelernt haben, daß wir nicht offen sind für ganz neue
Möglichkeiten und Ansichten. Das bedeutet eine Verkümmerung und
Verarmung unseres Lebens. Viele Christen haben schon ihr Christsein
auf eine ängstliche, verkrampfte und weltfremde Weise verwirklicht, in
der sie auch sich selbst in vielen Stücken entfremdet waren. Wer aus
einer solchen Einstellung heraus Seelsorge betreibt, wird immer geneigt
sein, den andern auf bestimmte Wege treiben zu wollen: Will der andere
Christ sein, so muß er so sein, so muß er dies akzeptieren und das tun
usw., kurz, er muß alle möglichen, letztlich relativen Einsichten und
Muster für Glaube und Leben als absolute Richtlinien annehmen und
wird auf diese Weise letztlich von der Freiheit der Kinder Gottes ab-
geschnitten.
Im seelsorgerlichen counseling geht es darum, dem Menschen zu helfen,
in Gottes Licht zu leben. Der seelsorgerliche counselor wird dem andern

die Freiheit lassen, seinen eigenen Weg zu gehen, seine Schwierigkeiten selbst zu durchschauen, in ihrer Bewältigung weiterzukommen und darin er selbst zu werden, so wie Gott *ihn* gemeint hat. Das seelsorgerliche Gespräch will einen Raum von Vertrauen, Liebe und Glauben schaffen, in dem der Ratsuchende bereit wird, das Evangelium zu hören, und sich frei fühlt auf seine Weise darauf zu antworten. Ich glaube daher nicht, daß man hier von einem Konflikt zwischen Theologie und Psychologie reden kann, wie dies oftmals behauptet wird, sondern viel eher von einem Konflikt zwischen seelsorgerlichen Methoden, die aufgegeben werden müssen, weil sie die Freiheit des Evangeliums und der Christen antasten und einer neuen, allerdings stärker psychologisch gegründeten Methode, die den Menschen helfen kann, einen eigenen Weg im Glauben zu finden und auf eine eigene, persönliche Weise der Kirche anzugehören.

IV. Praxis und Analyse

Der Seelsorger in „seiner" Gemeinde 1925 und 1965

Zweifellos werden viele Menschen, auch Pfarrer, ein Buch wie dieses für völlig überflüssig halten. Viele haben das Gefühl, daß hier Probleme künstlich geschaffen werden, die eigentlich nicht existieren. Mancher wird darauf hinweisen, daß der Seelsorger nun schon viele Jahrhunderte seine Arbeit getan hat und auch Gespräche geführt hat, ohne sich um Pastoralpsychologie zu kümmern, wie wir sie heutzutage zur Diskussion stellen. Der Seelsorger sprach sein Wort aus dem Bewußtsein, daß ein anderes Wort dahinterstand, das Wort Gottes. Es ist nicht abzuschätzen, wieviel Heil und Segen die pastoralen Worte der Ermutigung, der Ermahnung, der Tröstung, der Weisheit, der Freude und des Friedens in ungezählten seelsorgerlichen Gesprächen gebracht haben, in denen Christus nach seinem irdischen Leben das Gespräch mit den Seinen fortsetzen wollte. Von daher ist es in der Tat berechtigt, nach dem Sinn des neuartigen „clinical training" zu fragen, was wir mit soviel Nachdruck fordern.

Es scheint mir gut, die Antwort darauf aus der Praxis zu nehmen. Wir erhalten sie von zwei Seiten. Auf der einen Seite müssen wir die Klage der Gemeindeglieder und Nichtgemeindeglieder hören, die in Gesprächen mit Vertretern der Kirche oder auch durch Besuche, die sie unaufgefordert bekommen hatten, sehr enttäuscht wurden und deren Erfahrungen sich derartig summiert haben, daß man der Folgerung nicht mehr ausweichen kann, daß es so nicht weitergeht. Zum andern sind sich viele Pastoren und kirchliche Mitarbeiter dessen bewußt, daß sie angesichts vieler seelsorgerlicher Situationen hilflos bleiben. Wir haben das an folgendem erlebt. Die Mitglieder der Kommission für Seelsorge in der niederländischen reformierten Kirche besuchten in den letzten Jahren eine große Anzahl ihrer Kirchenkreise, um unter anderm auf diesem Wege ein klares Bild von der gegenwärtigen Seelsorge zu bekommen. Eine ihrer wichtigsten Erfahrungen ist die, daß das seelsorgerliche Gespräch an und für sich schon für viele Pfarrer zum Problem geworden ist. Das betrifft natürlich den Inhalt des seelsorgerlichen Gesprächs, aber nicht weniger die Form. Nicht nur, *was* man den Menschen sagen soll, sondern *wie* man es tun soll, ist fraglich. Wie spricht man den andern wirklich an, so daß er auch mit dem, was zur Sprache kommt, etwas anfangen kann? Viele seelsorgerliche Gespräche führen zu wenig oder zu nichts und hinterlassen ein Gefühl der Fruchtlosigkeit. Das hat seinen Grund nicht einfach darin, daß das Evangelium den Menschen nun einmal nicht nach dem Munde redet und darum *geistliche* Ärgernisse und Widerstände weckt, sondern darin, daß der Pastor das Gefühl hat, auf der menschlichen Ebene versagt zu haben, weil er keinen Rat zu der Situation fand, um die es in dem Gespräch gegangen war. Es wurden — wie so oft — wohl Worte gewechselt, aber von einem wirklichen, gegenseitigen Verstehen konnte keine Rede sein. Es fand kein „Kontakt" statt, man fand nicht die richtige „Wellenlänge". — Ich betone nochmals, daß ich hier nicht Gespräche im Auge habe, die daran gescheitert sind, daß der andere sich der Botschaft Gottes verschloß. Uns geht es hier allein um die *psychologischen* Probleme, vor die uns das seelsorgerliche Gespräch stellt.

Weshalb kannten frühere Generationen diese Schwierigkeiten nicht in dem Maße? Weshalb nötigen sie uns heute besondere Aufmerksamkeit ab? Ich möchte wiederum die Praxis antworten lassen und zwei seelsorgerliche Gesprächssituationen näher unter die Lupe nehmen, aus denen uns deutlich wird, was früher überflüssig und überdies unmöglich war, heute aber notwendig geworden ist. Dann wollen wir uns ausführlich mit einem Gespräch beschäftigen, das uns sehen läßt, wie man heute einen Weg für seelsorgerliche Gesprächssituationen finden kann, indem man sich der non-directive Gesprächsführung bedient.

Begleiten wir zunächst einen Landpfarrer im Jahre 1925 auf einem Besuch bei einer gläubigen, kirchlichen Familie.

In der Familie Jansen funktionierte die kirchliche Tradition mit großer Selbstverständlichkeit und hatte dem ganzen Lebensstil ihren Stempel aufgedrückt. Die Familie erwartete in der Regel vollzählig den Besuch des Pfarrers. Jeder Hausbesuch hatte einen bestimmten Inhalt und eine bestimmte Form. Beide Seiten wußten vorher, welche Dinge zur Sprache kommen würden. In diesem Fall ging es um eine besondere Schwierigkeit, und zwar um die Bekanntschaft der 22jährigen Tochter des Hauses mit einem Lehrer des Nachbardorfes, einem jungen Mann, der der Kirche nicht angehörte. Der Pfarrer wies, wie schon früher, mit ernsten Worten auf die Gefahren einer solchen Situation hin. Doch war dies eigentlich kaum noch nötig, denn auch das Mädchen war davon bereits überzeugt:

So etwas tut man nicht in Israel! Zum Schluß las man aus der Bibel, und es wurde gemeinsam gebetet. Später würde man diesen Besuch häufig würdigen. — Man führte ein Gespräch, man hatte einen guten Kontakt miteinander, es erfolgte ein seelsorgerlicher Rat. Warum geht hier alles so glatt auf? Weil der Pastor sich intensiv mit der Psychologie des seelsorgerlichen Gesprächs beschäftigt hat? Weil er Tagungen über Seelsorge mitgemacht hat und sich einige Zeit einem Gesprächstraining unterzogen, vielleicht auch eine Anzahl Gespräche unter Supervision geführt hat? — Alle diese Dinge sind in seiner Welt überflüssig und unmöglich. Dieser Pastor und seine Gemeinde leben in ein und derselben Welt, sie sprechen die gleiche Sprache, sie teilen einen gemeinsamen Glauben, sie gehören derselben Kirche und derselben politischen Partei an, sie haben ein klares Bild von dem, was christliches Leben ist, sie stimmen darüber überein, was ein Pastor ist, was man von ihm erwarten kann und in welchem Geist er sprechen wird. Er kommt auch nicht allein auf Besuch und trifft auch nicht allein diese Familie an. Er befindet sich in einer zahlreichen Gesellschaft. Er hat seine Bibel mit sich, bringt die Propheten und Apostel mit, auch die Kirchenväter, die Reformatoren, die orthodoxen Väter, eine bestimmte politische Überzeugung und eine bestimmte Kultur. Und tritt er ein, so findet er dieselbe ehrwürdige Gesellschaft bereits anwesend. Es herrscht ein gegenseitiges Wiedererkennen und Verstehen innerhalb eines großen Zusammenhanges einer in sich festen Gesellschaft. Was wollen wir hier mit unserer Psychologie des seelsorgerlichen Gesprächs? Natürlich kann auch 1925 ein Hausbesuch verschieden ausfallen, und der Kontakt kann mehr oder weniger glücken. Es können sich auch wohl Schwierigkeiten mit einem Pastor ergeben, aber das bleiben Schwankungen innerhalb eines festen Rahmens. Es bleiben Kontaktschwierigkeiten innerhalb einer klar strukturierten Gemeinschaft, Mißverständnisse innerhalb eines größeren Zusammenhangs von Verstehen und Akzeptieren. Handelt der betreffende Pastor, der den Besuch macht, nicht übermäßig geschickt und taktvoll, so bemerkt man dies zwar, und man findet überhaupt Pastor X angenehmer als Pastor Y, aber man betrachtet die Differenz nicht als Katastrophe, denn Pastor Y ist ja nie allein da. Er kommt immer in Gesellschaft der Propheten und Apostel, der Kirchenväter, Reformatoren und orthodoxen Väter, und darum versteht man einander letztlich doch gut. Schließlich wird niemand bezweifeln, daß dies allen zum Segen gereichen wird. Zwar lagen auch 1925 in zahllosen Familien die Dinge bereits viel komplizierter und erforderten eine nuanciertere Seelsorge, aber es kamen doch auch Familien, wie die hier skizzierte, namentlich in „gutkirchlichen" Gegenden, noch häufig vor. Inzwischen ist die Welt anders geworden. Ich möchte dies an einem anderen seelsorgerlichen Gespräch aus meiner eigenen pfarramtlichen Tätigkeit verdeutlichen, wobei ich, wie sonst auch, Veränderungen einschalte, die jede Identifikation mit den Betroffenen ausschließen.

Elli H. lernte ich kennen, als sie 15 Jahre alt war. Sie kam aus einer einfachen, streng religiösen Familie. Der Vater war ein schroffer, schwieriger Mann, der sehr stark an sein kirchliches und christlich-religiöses Erbe gebunden war. Sein dominierendes Auftreten verursachte viele Schwierigkeiten mit den Kindern. Auch Elli war fortwährend mit ihm zerfallen. Die Mutter, eine einfache, weiche Frau, wußte sich ihrem Mann gegenüber nur schwer zu behaupten. Elli hatte künstlerische Neigungen und träumte davon, später in dieser Richtung ihren Weg zu suchen. Der Vater hingegen gab ihr zu verstehen, daß er dies nicht akzeptieren würde, weil Gottesfurcht und Kunst miteinander nichts gemein hätten. In religiöser und kirchlicher Hinsicht übte er auf die Kinder einen starken Druck, um nicht zu sagen, Zwang aus. Elli ging unter Protest zur Kirche und kam widerstrebend zu mir in den kirchlichen Unterricht. Ich bekam aber einen guten Kontakt zu ihr und sprach sie im Alter von 15 bis 18 Jahren verschiedene Male persönlich. Nachdem sie woanders hingezogen waren, ließ sie sich als 18jährige dort konfirmieren. Dann verlor ich sie aus dem Auge, als 26jährige Frau traf ich sie wieder. Sie war trotz des väterlichen Widerstandes ihren eigenen Neigungen gefolgt. Nach einigem Zögern fragte sie mich, ob sie mich einmal aufsuchen dürfte, sie würde gern etwas über die hinter ihr liegenden Jahre erzählen. Ich versuche im folgenden von dem, was sie mir zu sagen hatte, eine kurze Zusammenfassung zu geben:

„Merkwürdig, daß ich doch wieder zu Ihnen komme, wo Sie Pastor sind, denn ich fühle mich gar nicht mehr der Kirche zugehörig. Wenn ich an die Kirche denke, oder auch selten einmal hingehe, so muß ich oft an die Art und Weise denken, in der Vater uns den Glauben hat aufdrängen wollen und an all den Ärger, der dadurch entstand. Und dann — was macht er selber daraus? Ich finde, daß viele Eltern große Heuchler sind: Fromme Worte — aber ihr eigenes Verhalten ... Jedenfalls der Glaube sagt mir nur noch wenig. Ich kann mir nichts mehr bei all den theologischen Begriffen denken. Es sagt mir nichts — und was habe ich davon? Ich finde die Kirche und die Gottesdienste hoffnungslos altmodisch. Ich kann auch nicht zu einer verabredeten Stunde meinen

Glauben erleben, soweit ich ihn überhaupt noch habe. Und dann die Autorität, die sich viele Pastoren anmaßen. Sie wissen immer auf alles eine Antwort und auch, warum Andersdenkende unrecht haben. Ich finde es so schrecklich kompliziert, was man über die Fragen von Glauben und Lebenshaltung und von Leben und Tod denken soll. Es gibt so viele verschiedene Meinungen darüber, von denen viele Eindruck auf mich machen. Manchmal möchte man das eine, dann wieder das andere glauben. In der einen Situation möchte man Christ sein, aber in der anderen kann man damit wieder nichts anfangen. Es ist alles so relativ, auch die Werte und Normen, an die man glaubt. Darum rege ich mich über das alles nicht mehr sehr auf. Aber ich fühle mich glücklich. Ich verdiene gut. Ich finde es herrlich, alles zu genießen und finde es großartig, in einem Auto spazierenzufahren oder auf dem Roller den Wind in den Ohren sausen zu fühlen. Ich liebe die Natur und auch die Stadt, in der man so viel genießen kann. Ich muß aber zugeben, daß ich in gewisser Hinsicht wenig zu mir selber komme. Ich habe keine Zeit dafür. Alles was mit Glauben zusammenhängt, wird dadurch an den Rand meines Horizontes gedrängt, und in meinem augenblicklichen Freundeskreis kümmert sich eigentlich niemand um diese Dinge, und so kommt man selbst auch immer weniger dazu. Und bei all meinen Freunden geht es doch auch ganz gut ohne Glauben und ohne Kirche? Es sind sehr begabte Menschen darunter, auch Wissenschaftler, die nichts mit Glauben anzufangen wissen. Manchmal habe ich das Gefühl, je mehr der Mensch kann, je mehr Sicherheiten er sich erwirbt und je stärker die Wissenschaft fortschreitet, desto mehr nimmt der Glaube ab. Vielleicht ist der Glaube nur noch ein Wunschtraum? Ist Gott vielleicht eine Vater-Projektion? Ich habe es andererseits nicht so einfach, wie viele Menschen es wohl denken, die mich nur oberflächlich kennen. Vor allem, als ich mich zuerst von meinem Elternhaus getrennt hatte und mir ein Zimmer gesucht hatte, habe ich es sehr schwer gehabt. Ich fühlte mich oft sehr einsam. Das ist jetzt anders geworden durch meine Arbeit und die vielen Kontakte. Ich habe damals auch einen Freund gefunden und war dann nicht mehr so allein. Er ist viel älter als ich und verheiratet — schlimm, denn ich war mit beiden befreundet. Manchmal fühle ich mich gemein ihr gegenüber. Ich habe ihr doch ihren Mann weggenommen, aber warum sollten er und ich kein Recht auf Glück haben, wenn wir uns lieben? Ach, das ist wieder etwas, was Menschen in der Kirche nicht verstehen können. Ich muß aber ehrlich zugeben, daß ich mich in dieser Situation auch oft elend fühle. Manchmal kann ich mich gut in die Welt der Bücher von Francoise Sagan hineinfühlen, weil ich selbst etwas von Gefühlen und Erfahrungen kenne, die man dort immer wieder findet. Andererseits ekeln mich diese Bücher an. — Es ist eigentlich merkwürdig, daß ich mich damals konfirmieren ließ. Ich war erst 18 Jahre, aber ich hatte einen guten Kontakt zu ihnen, und das spielte auch eine Rolle. Nun bereue ich es manchmal. Oft denke ich, daß ich nicht mehr glaube. Aber manchmal sehne ich mich auch sehr nach Gott. Vor allem, wo die Scheidung jetzt ausgesprochen wird und wir wohl bald heiraten werden, quälen mich diese Dinge doch sehr. Manchmal möchte ich beten können..."

Diese ausführlichen Enthüllungen, die ich hier etwas geordnet wiedergebe, wurden Ausgangspunkt für einige Gespräche, auf die hier nicht näher einzugehen ist. Es geht uns darum, die Situation zu zeigen, mit der wir es heute zu tun haben. Worin besteht der Unterschied zu der vorigen? Ich möchte auf einige Punkte aufmerksam machen:

1. Der Pastor tritt hier nicht in das Haus eines seiner Gemeindeglieder ein, wo er die Familie wie eine Ekklesiola in der Kirche versammelt findet. Im Gegenteil: Wenn es einen Platz gibt, an dem das seelsorgerliche Gespräch mit Elli vollkommen mißglücken würde, so ist es dort. Mit Elli bekommen wir keinen Kontakt im Schoß der Familie — das galt auch schon, als sie noch in ihrem Elternhaus wohnte —, sondern nur in der ruhigen Atmosphäre eines persönlichen Gesprächs im Amtszimmer des Seelsorgers, in das sie für einen Augenblick hineinschneit.

Als wir bei der Familie Jansen eintraten, wußten wir, wen wir dort antreffen würden: Die Familie Jansen auf dem Vordergrund, aber darumherum und dahinter die Propheten und Apostel, die Kirchenväter und Reformatoren, die orthodoxen Väter, die reformierte Synode, die Dorfgemeinschaft usw. Aber wenn Elli unser Sprechzimmer betritt, tritt mit ihr eine höchst merkwürdige, bunte Gesellschaft auf. Vielleicht haben einige Pastoren Assoziationen in der Richtung von: „Philister über dir, Simson!" oder „Aufstand der Massen!" Auch in ihrer Gesellschaft finden wir noch Propheten, Apostel, Kirchenväter, Reformatoren usw., aber Elli hat sich in verschiedenem Grade schrecklich mit ihnen überworfen. Sie sind in den Hintergrund getreten. In ihrer unmittelbaren Umgebung findet man andere Gestalten, z. B. Sigmund Freud, D. H. Lawrence, Francoise Sagan, um einige verschiedenartige Namen zu nennen, die Elli durch ihre Schriften mit beeinflußt haben. Sie kommt mit wirrem Haar herein, weil sie so herrlich auf ihrem Motorroller angebraust kam, in ihrem Kopf noch Fetzen von Gesprächen mit Freunden, von denen sie gerade kommt und unter denen es wenig Übereinstimmung gibt, außer in dem einen Punkt, daß es Gott nicht gibt. Und unter diesen Freunden ist dann als erster und vornehmster der verheiratete, ältere Mann, der ihr deutlich machen will, daß alles erlaubt ist, wenn man sich liebt, und daß es nur Heuchelei ist, wenn man anders darüber denkt, und mit starren Regeln die reinen Gefühle von Menschen füreinander in Fesseln legen will.

Das ist die Gesellschaft, die zusammen mit Elli bei uns eintritt und in unser Gespräch mit einbezogen sein wird. Und hier sitzt der Pastor. In seiner Gesellschaft befinden sich die Propheten und Apostel, die Kirchenväter und Reformatoren, die orthodoxen Väter und noch eine Anzahl Gestalten, u. a. Psychologen, zum großen Teil auch Gestalten, die mit Elli eintraten. Aber ihr Verhältnis zueinander ist sicher anders, als bei ihrer Aufstellung um Elli herum.

Es ist völlig klar, daß wir eine andere Gesprächssituation vor uns haben, als anläßlich des Hausbesuchs von 1925 bei der Familie Jansen. Ob wir in diesem Gespräch nun wirklich Kontakt miteinander bekommen werden, hängt von einer Reihe Faktoren ab. Ein winziger Fehler genügt, um das Gespräch hoffnungslos werden zu lassen, so daß man aneinander vorbeiredet. Dann ist dieses Gespräch vielleicht das letzte, das Elli überhaupt mit einem Pastor haben wird. Wir wollen uns Rechenschaft davon ablegen, was in ihr an Erwartungen lebt und berücksichtigen dabei, was wir von ihrer Vorgeschichte wissen und was sie im ersten Teil des Gesprächs über ihre Situation und ihre Einsichten erzählte.

a) Sie erwartet, daß sie voll und ganz zu Wort kommen darf und daß sie ernstgenommen wird, wenn sie auch über zahlreiche Dinge völlig anders denkt als der Pastor.

b) Sie erwartet, daß auch alle anderen, die sie mitbringt und die in ihrem Leben eine Rolle spielen, ernstgenommen werden.

c) Sie erwartet nicht einen kurzen und deutlichen seelsorgerlichen Rat, sondern sie hofft, Kontakt mit jemandem zu finden, der sie in ihrer Selbständigkeit akzeptiert und der ihr auf die eine oder andere Weise vielleicht helfen kann, ihren Weg weiterzufinden.

d) Sie erwartet, ein Gespräch mit jemandem führen zu können. Vielleicht nicht in erster Linie, weil er Pastor ist, sondern weil sie ein gewisses Vertrauen hat, sich hier aussprechen zu können, und daß es einen Sinn hat, mit ihm über ihre Schwierigkeiten zu sprechen.

e) Sie erwartet — trotz ihrer Ambivalenz in dieser Hinsicht — daß dieser Mann ihr im Namen Gottes etwas sagen können wird. Sie erwartet, daß er schließlich doch *Pastor* sein wird.

Dieser Pastor steht vor einem außergewöhnlich schwierigen und zugleich fesselnden und wichtigen Auftrag. Er tut gut, nicht nur die Bibel, die Kirchenväter und die Reformatoren zu lesen, nicht allein offen und horchend in der Welt von heute zu stehen, sondern sich auch intensiv in die Psychologie des seelsorgerlichen Gesprächs zu vertiefen.

Für seinen Kollegen aus dem vorigen Beispiel wäre das eine Torheit gewesen, überdies eine Unmöglichkeit — die Wissenschaft, die wir Pastoralpsychologie nennen, bestand ja noch nicht. Und zurecht!

Wir haben versucht, das seelsorgerliche Gespräch so zu beschreiben, wie wir es in zwei weit auseinanderliegenden Situationen antrafen. Viele Fälle, mit denen wir zu tun bekommen, werden weniger extrem sein. Insgesamt aber können wir sagen, daß das seelsorgerliche Gespräch uns vor allem deshalb in unserer so sehr veränderten und sich verändernden Gesellschaft vor viele Probleme stellt, weil heutzutage die Situationen unendlich voneinander abgestuft sind und wir jedesmal mit zahllosen Unbekannten und unsicheren Faktoren zu rechnen haben, so daß jeder neue seelsorgerliche Kontakt ein Abenteuer ist. Die Gefühlsrelation zwischen Pastor und Familie Jansen wurde bestimmt durch die feste Rolle, die der Pastor in der Erlebniswelt seiner Gemeinde spielte. Die Gefühlsrelation zwischen Pastor und Gesprächspartner heute ist weit weniger abhängig von einer klaren kirchlichen Vorgegebenheit und wird in jeder Begegnung neu entdeckt und erkannt, vielleicht auch korrigiert werden müssen. Jedenfalls wird vom heutigen Pastor eine Aufmerksamkeit für diese Gefühlsrelation gefordert, die früher in dem Maße nicht notwendig war, weil vieles a priori feststand. Und gerade die Art dieser Gefühlsrelation spielt eine äußerst wichtige Rolle für das Glücken eines Gesprächs.

Wir wollen jetzt ausführlich ein Gespräch wiedergeben und besprechen, in dem ein Beispiel für die Möglichkeit gegeben wird, die non-directive Gesprächsführung für die Seelsorge in einem ernsten Konflikt fruchtbar zu machen.

Der Fall Betty van O.

Frau van O. aus Den Haag ruft an und bittet dringend um ein Gespräch mit dem Pastor. Als sie kommt, erzählt sie folgendes: Ihre 23jährige

Tochter, das älteste ihrer vier Kinder, ist seit einem halben Jahr mit einem 28jährigen katholischen Mann befreundet, will jetzt katholischen Unterricht nehmen und erwägt, katholisch zu werden. Sie und ihr Mann betrachten sich als „evangelisch", machen aber keinen ausdrücklichen Gebrauch davon. Sie sind nur konsequent gegen eine Konversion zur katholischen Kirche und gegen eine eventuelle Heirat mit einem Katholiken. Auch meinen sie, der betreffende junge Mann habe eine wenig solide gesellschaftliche Stellung und machen sich über die Zukunft ihrer Tochter auch in dieser Hinsicht Sorgen. Einer Heirat wollen sie auf alle Fälle ihre Zustimmung versagen.

Die jungen Leute sind hingegen fest entschlossen, in wenigen Monaten zu heiraten. Die Tochter ist nicht religiös erzogen, sondern hat ihren Weg in dieser Richtung selbst gesucht. Sie war vor einiger Zeit zweimal bei diesem Pastor im Gottesdienst und ihre Reaktionen darauf gaben Frau van O. die Hoffnung, daß sie vielleicht bereit sein würde, mit ihm zu sprechen. Er teilt ihr mit, daß dies nur dann möglich sei, wenn Betty es selber wünsche, und bittet sie, ihre Tochter von diesem Gespräch zu informieren — sie war ohne Wissen der Tochter gekommen. Der Pastor selbst schreibt Betty einen Brief, in dem er ihr unter Hinweis auf das Gespräch mit der Mutter mitteilt, daß er bereit sei, sie zu empfangen, wenn sie selber wünsche, mit ihm über die ganze Situation zu sprechen.

Als sie kommt, findet nach kurzer Begrüßung das folgende Gespräch statt:

P.: Sie wissen, daß dieses Gespräch durch den Umstand veranlaßt wurde, daß Ihre Mutter bei mir gewesen ist. Offensichtlich sind Sie auch selbst bereit, mit mir über Ihre Situation zu sprechen. Vielleicht können Sie selbst erst einmal etwas über die Dinge erzählen, um die es geht — soweit Sie darüber reden wollen?

B.: Ja, ich hatte, ehrlich gesagt, auch schon einmal die Absicht, Sie anzurufen. Eigentlich ist es ein merkwürdiger Lauf der Dinge, daß nun meine Mutter gewissermaßen den Kontakt hergestellt hat. Das ist sicher dadurch gekommen, daß ich ihr einige Male davon erzählt habe, daß ich bei Ihnen in der Kirche gewesen bin. Wie dem auch sei, ich hatte unabhängig davon schon den Wunsch, davon sprechen zu können... Ja, es ist wohl eine schwierige Situation... (Kurze Pause, dann plötzlich erregt.) Warum will Mutter mir auch immer alles vorschreiben? Warum darf ich nicht selbst entscheiden? Ich werde doch selbst wissen, ob ich katholisch oder etwas anderes werden will? Ich werde doch selbst wissen, wen ich heiraten will? Mutter braucht mir doch nicht alles vorzuschreiben?!

P.: Es kann Sie wütend machen, daß Ihre Mutter Ihnen nicht die Freiheit läßt, Ihren eigenen Weg zu finden?

B.: Genau. Ehrlich gesagt habe ich mir noch nie so klargemacht, daß ich sie deswegen hassen könnte. Oh, natürlich meint sie alles nur gut, aber sie hat mir in meinem Leben alles vorschreiben wollen, und nun mache ich das nicht mehr mit. Ich wähle mir meinen Mann selbst, wenn ich heiraten will, und ich schließe mich der Kirche an, die ich will.

P.: Sie sind jetzt fest entschlossen, selbst zu entscheiden und sich nichts mehr vorschreiben zu lassen.

B.: Ja. Wissen Sie, schon vor ein paar Jahren wollte ich aus dem Hause und mir ein eigenes Zimmer mieten. Ich fühlte, daß das viel besser für mich gewesen wäre und auch für die ganze Situation zu Hause. Ich hatte das Gefühl, eigentlich nie so werden zu können, wie ich gern sein wollte, wenn ich bei meinen Eltern blieb. Jeden Tag gab es Spannungen und Reibereien. Aber denken Sie, daß meine Eltern einwilligten? Nirgendwo hast du es besser als bei deinen Eltern, sagten sie. Vor allem: Was werden die Leute sagen, wenn du dir in derselben Stadt ein Zimmer nimmst, in der auch deine Eltern wohnen? Diese Schande darfst du uns nicht antun! Aber jetzt habe ich endgültig genug davon! Ich will raus, ich will meine Freiheit!

P.: Sie empfinden es als Ihr wichtigstes Problem, daß Sie Ihr eigenes Leben führen möchten und dazu nicht die Möglichkeit haben, wenn Sie bei Ihren Eltern wohnen bleiben.

B.: Ja, so ist es. Wissen Sie, ich glaube bestimmt, daß Vater und Mutter mich lieb haben, aber sie begreifen mich zuwenig. Manchmal kommen Mutter und ich auch ganz gut zusammen aus ... (Sie geht nun ausführlicher auf das Verhältnis mit ihren Eltern und auf die darin gelegenen Schwierigkeiten ein. Dann geht das Gespräch wie folgt weiter:)

B. (spricht jetzt ruhiger als im vorhergehenden Teil): Ich glaube auch, daß ich viel ruhiger über meine Verlobung nachdenken könnte, wenn ich nicht mehr zu Hause wäre, und über die Frage, ob ich nun wirklich katholisch werden will.

P.: Sie haben das Gefühl, daß Sie im Augenblick nicht die richtige Atmosphäre um sich haben, um zu einer verantwortlichen, eigenen Entscheidung kommen zu können?

B.: In der Tat. Vater und Mutter sind nun auf einmal so gut evangelisch und haben so viel Kritik an der katholischen Kirche. Das kann ich nicht ausstehen. Als ob die Katholiken nicht auch gute Christen sein können. Ich hasse die antikatholische Haltung von Mutter ... Aber was ich selbst möchte, das weiß ich eigentlich noch gar nicht ... Ich weiß nicht ... Ich bin wenig religiös erzogen worden und wäre vermutlich von mir aus evangelisch geworden, wenn ich Henk nicht kennengelernt hätte. Ich gehe jetzt regelmäßig mit ihm zur katholischen Kirche und nehme an einer Art Katechumenen-Unterricht teil. Vieles in der katholischen Kirche fesselt mich ... Aber ich komme mit mir selbst nicht ganz klar. Ich weiß es wirklich nicht ... Jedenfalls wünsche ich hierbei keine Einmischung seitens meiner Mutter.

P.: Sie finden es *unmöglich,* daß Ihre Eltern Ihnen hierin Vorschriften machen wollen, aber Sie haben selbst nicht das Gefühl, die Sache zu übersehen und glauben, daß Sie Ihren eigenen Weg noch entdecken müssen.

B.: Ja ... und so ist es auch eigentlich mit Henk. Wenn ich manchmal etwas ruhiger darüber nachdenke, bin ich, ehrlich gesagt, auch nicht so sicher, ob wir so gut zusammenpassen. Henk sagt, er sei ganz sicher und will gern bald heiraten. Als ich mit meinen Eltern darüber sprechen wollte, waren sie sofort wütend dagegen und verweigerten mir ihre Zustimmung. Einen schrecklichen Krach hatten wir; und da dachte ich: dann sollt ihr auch merken, daß die Zeit vorbei ist, mir Vorschriften zu machen. Plötzlich ist dann alles sehr schnell gegangen — und in zwei Monaten werden wir verheiratet sein ... (Stille) Ehrlich gesagt hätte ich selbst lieber noch etwas gewartet bis ich mehr Sicherheit gehabt hätte ... Henk hat auch so sehr gedrängt ... Zu sehr, denke ich manchmal.

P.: Sie haben das Gefühl, daß durch die Haltung Ihrer Eltern und durch Henks Drängen sich alles zu schnell entwickelt hat und daß Sie sich selbst noch unsicher fühlen im Hinblick auf die bevorstehende Heirat.

B.: Ja, wissen Sie, manchmal nimmt Henk auch wenig Rücksicht auf mich. Wenn *er* findet, daß wir uns genug lieben und daß wir im April heiraten können, dann *muß* das auch geschehen. Und er will dann nicht begreifen, daß es für mich anders liegt. Das kann mich manchmal zur Raserei bringen. Habe ich denn kein Recht, es auf meine eigene Weise zu erleben?

P.: Sie erfahren es so, daß Henk Ihnen nicht genug Freiheit läßt, hierin eine eigene Entwicklung durchzumachen, und das nehmen Sie ihm manchmal sehr übel?

B.: Ja... Manchmal denke ich: Bin ich nun verrückt, daß ich auf diese Weise von einem Käfig in den andern gehe?... Ich will erst einmal Zeit haben, darüber nachzudenken... (Stille) Ich werde heute abend Vater und Mutter einfach mitteilen, daß ich mir ein Zimmer nehme. Ich frage sie nicht, ich frage Henk nicht, ich teile es ihnen mit. Und dann wollen wir einmal sehen, was wird.

P.: Sie sehen jetzt, was Sie zunächst tun wollen. (Stille) Wenn Sie gern möchten, daß wir in Kürze weiter darüber reden, können Sie mich anrufen.

Eine Woche später kommt Betty wieder zum Pastor, sie ist jetzt deutlich entspannt und erleichtert. Am Abend nach dem vorigen Gespräch hat sie ihren Eltern mitgeteilt, daß sie sich ein Zimmer sucht. Schon am folgenden Tag hatte sie Erfolg und zog um. Sie ist jetzt vor allem mit ihrer Unsicherheit angesichts der bevorstehenden Hochzeit und mit ihrem Gefühl gegenüber Henk beschäftigt.

Vier Tage später kommt sie zu einem dritten Gespräch. Sie teilt darin mit, daß sie ihre Hochzeit für unbestimmte Zeit verschoben hat, den Pfarrer vorläufig auch nicht mehr sprechen will, daß sie den katholischen Katechumenenkurs abgebrochen hat und mit einer Freundin eine mehrwöchige Ferienreise unternehmen will.

Nach zwei Monaten kommt sie wieder. Der Pastor hat dann noch zwei Gespräche mit ihr. Die Verlobung ist jetzt endgültig gelöst. Betty geht regelmäßig zu ihren Eltern, zu denen sie ein weit besseres Verhältnis hat als zuvor, und mit denen der Pfarrer in Bettys Einverständnis inzwischen auch ein erhellendes Gespräch geführt hat. Betty nimmt auch an einem Konfirmandenunterricht teil, tritt dann in die Kirche ein und heiratet später einen evangelischen Partner.

Von den fünf Gesprächen, die der Pastor mit ihr geführt hat, sind vier konsequent non-directive verlaufen. Im fünften sprach er mit ihr informativ und belehrend über den christlichen Glauben, als sie dies wünschte, zugleich verwies er sie in diesem Gespräch an ihren zuständigen Gemeindepfarrer.

Gefahren und Risiken

Der oben wiedergegebene Fall bot zahllose Möglichkeiten, bei der seelsorgerlichen Bemühung in Schwierigkeiten zu geraten. Wir wollen dem etwas nachgehen.

Frau van O. nimmt ohne Wissen der Tochter Kontakt zu dem Pfarrer auf. Sie hofft, ihn als Bundesgenossen einschalten zu können, da sie voraussetzt, daß ein Pastor, der mit einem derartigen Fall in Berührung kommt, nur eine Aufgabe sehen wird: der bedrohten protestantischen Festung zu Hilfe zu eilen und das Mädchen vor einem Übergang zur katholischen Kirche zu bewahren. Auf diesen Punkt der Angelegenheit legt sie daher allen Nachdruck: „Unsere evangelische Tochter will katholisch werden, was sagen Sie dazu, Herr Pastor?" — Inzwischen konstatiert der Pfarrer für sich selbst folgende Einzelheiten:

1. Diese Frau ist in ihrer Familie sehr dominierend.

2. Ihre eigentliche Sorge ist nicht die eventuelle Glaubensentscheidung ihrer Tochter, sondern die, daß sie den Partner als Person und im Blick auf seine gesellschaftliche Stellung nicht akzeptabel findet.

3. Diese Frau wird im allgemeinen ihre Tochter schwer loslassen können.

Für einen seelsorgerlichen Kontakt bedeutet es in der Regel einen sehr unglücklichen Start, wenn die Beziehung auf Initiative einer Person zustande kommt, mit der die Person, um die es eigentlich geht, in einem Konfliktverhältnis steht. Ich persönlich gehe meistens auf derartige Dinge nicht ein. Wenn Vater oder Mutter, Mann oder Frau über ihre Konflikte mit dem Kind oder dem Ehepartner ohne Wissen des Betroffenen mit mir sprechen wollen und mich bitten, Kontakt mit dem anderen aufzunehmen, so weise ich das in der Regel zurück. Sehr viele Menschen glauben auf diese Weise den Pastor zum Bundesgenossen gewinnen zu können! Es gibt jedoch gelegentlich gute Gründe, von dieser Regel abzugehen.

Und zum anderen meinte die Mutter, aufgrund von Äußerungen ihrer Tochter Grund für die Annahme zu haben, daß diese zu einem Gespräch mit diesem bestimmten Pastor bereit sein würde. Geht man auf derartige Vermittlungen ein, so ist die Grundbedingung, von vornherein mit offenen Karten zu spielen. Die Mutter muß ihrer Tochter erzählen, daß sie ohne ihr Wissen über sie gesprochen hat, und der Pastor muß seinerseits die Tochter auf eine Art und Weise einladen, daß sie sich frei fühlen und ohne Bedenken ablehnen kann.

Betty kommt. Worüber wird das Gespräch gehen? Über die Tatsache, daß ein guter Protestant nicht einfach katholisch wird und daß sie ihren Eltern diese Schande nicht antun darf? — So erwartet es die Mutter. Der Pastor wird geneigt sein, zu glauben, er habe hier einen der schwierigen Fälle von bevorstehender „Mischehe" vor sich. Er wird also alle möglichen Gesichtspunkte, die dabei eine Rolle spielen, mit Weisheit und Takt zur Sprache bringen, um das Mädchen vom Anfechtbaren ihrer Pläne zu überzeugen. Wir wollen uns einmal vorstellen, wie ein anderes Gespräch beginnen könnte.

P.: Sie wissen, daß Ihre Mutter von den Schwierigkeiten erzählt hat, in denen Sie sich befinden, und ich bin froh, daß Sie einmal mit mir darüber sprechen wollen. Wissen Sie, unsere Erfahrungen als Pastoren gehen dahin, daß die meisten Menschen nicht überblicken, was alles mit einer Mischehe oder mit einem eventuellen Übertritt zur katholischen Kirche verbunden ist. Es kann darum außerordentlich wichtig sein, daß man sich darüber einmal ausspricht. Man darf nicht unterschätzen, wie tief diese Dinge in unser Leben eingreifen. Auch eine Konversion eines Partners schafft diese Schwierigkeit nicht aus der Welt.

Eigentlich sieht dieser Anfang nicht unsympathisch aus: Der Pastor will ohne Umschweife auf den Kern der Sache zu sprechen kommen. Aber das ist ein gefährlicher Start. Seine Sätze können Betty das Gefühl geben, der Pastor gehe davon aus, daß die Version ihrer Mutter über den Fall selbstverständlich von ihm als objektiv richtig akzeptiert worden ist, d. h. sie erfährt den Pastor als parteiisch. Alle weiteren Schwierigkeiten liegen darin, daß der Pastor einfach das Kernproblem in der konfessionell gemischten Ehe sieht, während in Wirklichkeit die Dinge ganz anders liegen. Schließlich kann Betty aus seinen Worten eine Bestätigung ihres alten Gefühls gewinnen: „Wieder einer, der es besser weiß als ich und der mir jetzt erzählen wird, wie es richtig ist!" Wie hätte Betty also geantwortet?

B.: Ich verstehe, Herr Pastor, daß meine Mutter Sie gut informiert hat. Lassen Sie mich darauf antworten, daß Henk und ich die Dinge tatsächlich sehr wohl übersehen und daß wir wissen, was wir wollen. Natürlich verstehe ich, daß es um wichtige Dinge geht, aber ich weiß bestimmt, was ich tun muß. Das braucht meine Mutter mir nicht zu sagen und — bitte nehmen Sie mir es nicht übel, wenn ich es so sage — dabei habe ich schließlich auch keinen Pastor nötig, der mir den Weg weist.

Damit ist das geschehen, was wir erwarten konnten: Betty hat den Autoritätskonflikt, in den sie verstrickt ist, auf ihren Kontakt mit dem Pastor übertragen. *Wieder* trifft sie jemanden, der „es besser weiß", der „es ihr wohl sagen wird". Und sie reagiert entsprechend. Daß sie damit dem freundlichen Pastor nicht gerecht wird, spielt für ihr persönliches Erleben keine Rolle. Zwar ist schon jetzt deutlich, daß das Gespräch festgefahren ist. Wir wollen uns aber vorzustellen versuchen, wie es weitergehen könnte.

P.: Aber natürlich Fräulein van O. haben Sie keinen Pastor nötig, der es für Sie entscheidet. Selbstverständlich akzeptiere und respektiere ich völlig Ihre persönliche Freiheit, aber ich frage mich, ob Sie wirklich die Konsequenzen genügend wissen und übersehen. Angenommen, Sie wollen evangelisch bleiben, wissen Sie dann wirklich, was die katholische Kirche von Ihnen bei Ihrer Trauung fordert, und können Sie dazu mit gutem Gewissen ja sagen? Oder gesetzt den Fall, Sie wollen selbst katholisch werden, haben Sie sich hinreichend klar gemacht, was für eine große — meiner Meinung nach unüberbrückbare — Kluft zwischen den reformatorischen Kirchen und der katholischen Kirche besteht, und daß Sie sich an alle möglichen menschlichen Ansichten und unbiblischen Praktiken werden binden müssen?

Was für Gefühle und Gedanken mag eine derartige Beweisführung bei Betty auslösen? Ich denke etwa in der Richtung von: Er sagt wohl, er respektiert meine persönliche Freiheit, aber er tut es nicht! Er drängt mir seine Behauptungen auf. Er glaubt es doch alles besser zu wissen als ich. — Genau wie meine Mutter! Er will mich doch in eine bestimmte Richtung zwingen. — Genau wie meine Mutter! — Natürlich fühlt sich Betty jetzt bedroht, und sie wird in ihrer Abwehr bestärkt. Sie wird immer aggressiver, wenn sie sich auch während des Gesprächs ordentlich benimmt. Sie sagt möglicherweise:
Sie sehen es so, aber ich habe die Überzeugung, daß ein Protestant, wenn er den katholischen Partner wirklich liebt, das Opfer bringen kann, diese Bedingungen zu unterschreiben. Schließlich heiratet man doch einen Mitchristen!? Und stecken die reformatorischen Kirchen nicht auch voll von menschlichen Ansichten und unbiblischen Praktiken? Es ist doch hochmütig, das nur dem andern vorzuwerfen.
Wir können uns vorstellen, daß der Pastor das Gespräch auf den Inhalt und die Tragweite der Dispens-Bedingungen der katholischen Kirche bringt, oder daß er die Mariologie, die Transsubstantiationslehre oder

dergleichen zur Sprache bringt, um die seines Erachtens unüberbrückbare Kluft zwischen Rom und Reformation zu verdeutlichen. Aber eines ist uns sicher klar: dies bleibt ein hoffnungsloses Gespräch. Man redet aneinander vorbei. Der Pastor wird am Ende das Gefühl haben: „Sicher ein nettes Mädchen, aber wie ist sie schwierig und eigensinnig! Und sie hört schlecht zu und begreift wenig von den Dingen." Eines hat der Pastor sicher erreicht: Betty geht fort mit dem Gefühl „meine Eltern bekommen nicht ihren Willen, und wenn sie tausend Pastoren zu Hilfe rufen!" Der Pastor hat wesentlich mit dazu beigetragen, daß die Hochzeit stattfinden wird. Ein fatales Ergebnis eines gutgemeinten seelsorgerlichen Gesprächs! Ich denke, das Beispiel illustriert sehr schön, daß das seelsorgerliche Gespräch „etwas" tut, zum Guten oder zum Schlechten. Es zieht oft eine Veränderung der Situation nach sich. Es spielt eine Rolle in den folgenden Entschlüssen der Beteiligten. Darum ist es ein Vorrecht, aber auch eine heikle Sache, seelsorgerliche Gespräche führen zu dürfen. Durch das seelsorgerliche Gespräch können wir jemanden zum Glauben führen — aber ihm auch den Weg dorthin versperren. Durch das seelsorgerliche Gespräch können wir eine Familie und eine Ehe retten — aber auch ihren Zerfall fördern. Es muß darum alles getan werden, was menschlich möglich ist, damit wir befähigt werden, dieses Werk zu tun!

Nähere Analyse

Das Gespräch hat in Wirklichkeit, wie wir gesehen haben, eine andere Entwicklung gehabt. Der Pastor hat es nur damit eingeleitet, den unmittelbaren Anlaß zu nennen, den Besuch der Mutter, um dann alles weitere Betty zu übergeben: „Vielleicht können Sie selbst etwas über die Dinge erzählen, um die es geht — soweit Sie darüber reden wollen?" Durch nichts bekommt Betty das Gefühl: Oh, er meint, daß er durch Mutter schon weiß, wie die Dinge liegen! Vielmehr wird ihr ein Kontakt angeboten, den sie nach ihrem freien Willen enger oder lockerer gestalten kann. Sie kann über die Dinge sprechen, die für *sie* wichtig sind, und zwar so, wie sie sie erlebt. Auch in diesem Fall ist es natürlich wichtig, in welchem Ton die Worte des Pfarrers gesprochen sind. Man spreche für sich selbst einmal den soeben wiederholten Satz laut aus, und zwar auf eine strenge, vielleicht etwas drohende Weise oder auch zynisch oder sarkastisch, mit einem Nebenklang von: Mal sehen, ob das eigensinnige Fräulein, das wegen ihres Bräutigams katholisch werden will, meint, ihre Haltung rechtfertigen zu können! Oder man spreche den Satz auf eine freundliche, entgegenkommende, zur Kommunikation einladende Art. Man spürt dann, daß im ersteren Fall der Kontakt sofort abgebrochen ist, auch wenn das Gespräch noch fortgesetzt wird, während sich im zweiten Fall ein Weg öffnet, auf dem man weitergehen kann.

In unserem ersten Gespräch geschah etwas Merkwürdiges auf diesen Satz des Pfarrers hin: Betty erzählte, sie habe selbst schon einmal daran gedacht, Kontakt mit dem Pfarrer aufzunehmen. Nach einer Pause kam der Satz: „Ja, es ist wohl eine sehr schwierige Situation." Dann wieder eine Pause. Darauf plötzlich ein emotionierter Ausbruch: „Warum will Mutter mir auch immer alles vorschreiben..." usw. Jetzt besteht wiederum eine große Versuchung für den Pfarrer. Er kann antworten: „Ja, ich verstehe natürlich sehr gut, daß Sie es im Augenblick schwer vertragen können, wenn Ihre Eltern sich einmischen und daß Sie aufsässig reagieren, das ist menschlich, aber das Kernproblem ist und bleibt doch Ihre bevorstehende Mischehe, Ihr eventueller Übertritt zur katholischen Kirche. Darauf müssen wir doch acht geben, denn es geht doch um Ihre Zukunft! Deshalb wollen wir von Nebensächlichkeiten und begreiflichen menschlichen Reaktionen absehen und zur Sache selbst zurückkehren."

Dies wäre alles sehr vernünftig und weise gedacht und gesagt, aber der Pastor zeigte damit, daß er nicht imstande ist, zuzuhören und daß er sich nicht in die Situation des andern einlebt und nicht versucht, die Erlebniswelt des andern kennenzulernen und aus ihr heraus mitzudenken. Vielmehr geht er davon aus, daß er als Pastor die Probleme des andern besser übersieht als dieser selbst und daß der andere doch bitte die rechte Sicht der Dinge annehmen möge.

In unserem ersten Gespräch hatte der Seelsorger hingegen auf die heftige, aggressive Entladung gegen die Mutter gesagt: „Es kann Sie wütend machen, daß Ihre Mutter Ihnen nicht die Freiheit läßt, Ihren eigenen Weg zu finden." Und in der Weise in der er das sagte, klang die Emotion des Mädchens nach. Wir könnten das etwa so umschreiben: „Wenn ich die angestauten Gefühle, die in Ihnen leben, richtig verstehe und wenn ich aufgrund dessen, was Sie sagen und wie Sie es sagen, mitzufühlen versuche, worum es geht, wenn ich schließlich in der Verwirrung der Gedanken und Emotionen und in den Spannungen, in denen Sie augenblicklich leben, versuche, so dicht wie möglich bei Ihnen zu stehen, dann scheint mir, Sie fühlen im Moment vor allem: ‚Es macht mich wütend, daß Mutter mir nicht die Freiheit läßt, meinen eigenen Weg zu finden'." Betty reagiert mit einem nachdrücklichen „genau". Sie fühlt sich verstanden. Da ist plötzlich jemand, der nicht mit ihr über den Gegensatz evangelisch — katholisch zu reden anfängt, der nicht die Nachteile der Mischehe breit entfaltet, der nicht sagt, daß hinsichtlich der gesellschaftlichen Stellung des Verlobten einige Fragen gestellt werden sollten, der nicht darauf hinweist, daß eine Tochter doch nicht so aggressiv über ihre Mutter urteilen darf, sondern der merken läßt, daß er bei ihr ist und bereit, sie weiter zu begleiten bei ihrem Sich-selbst-Kennenlernen. Sie kann nun fortfahren, indem sie sich Rechenschaft gibt von dem Druck, den ihre dominierende Mutter auf sie immer ausgeübt hat, und von ihren eigenen, wachsenden Gefühlen des Widerstandes, des Protestes, die in ihren gegenwärtigen Schwierigkeiten kulminieren. Und sie sieht die Gefahr, daß ihre Lebenskonflikte auf eine unerquickliche und trübe Weise ausgefochten zu werden drohen im Zusammenhang mit zentralen Lebensentscheidungen, nämlich Religion und Lebenspartner: „Ich wähle mir meinen Mann selbst, wenn ich heiraten will, und ich schließe mich der Kirche an, die ich will!"

Wieder droht hier eine neue Gefahr für den Seelsorger, besonders wenn er etwas von Psychologie weiß. Er hat natürlich durchschaut, daß dieses Mädchen offensichtlich in einem heftigen, aktuellen Autoritätskonflikt Lebensentscheidungen forciert, die nicht zu verantworten sind. Es fehlt ihr im Moment die innere Freiheit, um zu reifen Entscheidungen zu kommen. Glaube und Liebe sind in einer beängstigenden Weise in den Streit mit ihrer Mutter einbezogen, und man kann sich gut vorstellen, daß der Pastor, der dies durchschaut, meint, ihr seine Einsicht mitteilen zu müssen. Er könnte etwa sagen: „Ich fange jetzt an, die Situation zu verstehen. Aber leuchtet Ihnen nicht selbst ein, daß Sie auf diese Weise unter dem Einfluß des Konflikts mit Ihrer Mutter vielleicht zu Entscheidungen kommen, die Sie hinterher bereuen könnten?"

Das Risiko dieser interpretierenden, diagnostizierenden Antwort ist meines Erachtens, daß Betty den Pastor doch als denjenigen erlebt, der „es besser weiß" als sie und der sie von daher beurteilt, — und sie ist an diesem Punkt überempfindlich! Sie würde vermutlich antworten: „Ja, ich verstehe sehr gut, was Sie meinen, aber Sie brauchen nicht zu denken, daß Henk und ich nicht wüßten, was wir wollen. Das überlassen Sie ruhig uns." Und dem Pastor bliebe nur übrig zu sagen: „Ja, ich verstehe, daß Sie das so sagen. Aber die Erfahrung hat mich gelehrt, daß ein Mensch in einer solchen Situation sich selbst oft kaum noch kennt", und so kann die Diskussion um den heißen Brei herum fortgesetzt werden.

Eine weitere Gefahr besteht darin, daß die Diagnose bzw. die Prognose des Pastors falsch sein kann. Er mag sich durch die jetzt zum Vorschein kommenden Gegebenheiten alarmiert fühlen, aber er hat kein Recht zu denken: „Oh, ich weiß, wie die Dinge liegen." Es ist darum nicht nur *sicherer*, sondern auch *richtiger*, auf dem eingeschlagenen Weg weiterzugehen und Bettys Gedanken und Gefühle zusammenfassend zu spiegeln: „Sie sind jetzt fest entschlossen, selbst zu entscheiden und sich nichts mehr vorschreiben zu lassen." Betty hat weiterhin die Freiheit, auf ihre Konflikte einzugehen, und wiederum antwortet der Pastor mit einer zusammenfassenden empathischen Reflexion: „Sie empfinden es als Ihr wichtigstes Problem, daß Sie Ihr eigenes Leben führen möchten und dazu nicht die Möglichkeit haben, wenn Sie bei Ihren Eltern wohnen bleiben." In der folgenden Phase spricht Betty weiter die Spannungen zwischen sich und ihren Eltern durch und kehrt erst dann in ruhigem Ton zum Problem ihrer bevorstehenden Heirat und zu ihrem eventuellen Übertritt zur katholischen Kirche zurück.

Wir bemerken, daß sie nun das Kernproblem freier und entspannter in den Blick nehmen kann, und zwar sowohl hinsichtlich ihres Verlobten als im Blick auf ihren Glauben. Sie wird sich jetzt ihrer eigenen Unsicherheit bewußt, die sie sich vorher nicht eingestanden hat, und realisiert auch ihre ambivalente Gefühlseinstellung gegenüber Henk. Dies aber bedeutet nun für sie etwas völlig anderes als eine psychologische Interpretation durch den Pastor. Am Schluß stellt sie selbst fest, daß sie noch Zeit nötig hat, um zur Klarheit zu kommen. Dann tritt eine Stille ein, in der ein notwendiger Entschluß reift: Ich nehme mir ein Zimmer. Das bedeutet für sie: Ich will Raum und Freiheit, um mich selbst finden zu können. Die spätere Fortsetzung dieses Gesprächs haben wir oben bereits kurz wiedergegeben.

Die Beziehung, die dem Gespräch voranging

Wir werden nun versuchen, uns ausführlich über einige Seiten des Falles Betty van O. Rechenschaft abzulegen.

Zunächst einiges, was von Bedeutung für die Beziehung Pastor—Betty ist, die dem Gespräch vorausging. Bei einem Psychotherapeuten kann es geschehen, daß ein Klient hereinkommt, der von jemand anders überwiesen ist und dem Psychotherapeuten völlig fremd gegenübertritt. Dies ist meistens bei einem seelsorgerlichen Gespräch mit einem Pastor nicht der Fall. In der Regel ist eine bestimmte Beziehung bereits vorhanden, mindestens als eine Beziehung Pastor—Kirchgänger, Pastor—Konfirmand usw., oder man hat einen Artikel des betreffenden Pfarrers gelesen, der einen interessiert hat, und dadurch hat man eine bestimmte Beziehung zu ihm.

In Bettys Fall enthält die Beziehung einen negativen Aspekt, weil die Mutter bereits versucht hat, ohne Wissen der Tochter den Pastor als Bundesgenossen gegen die Tochter zu gewinnen. Diese Tatsache konnte das Gespräch erschweren, wenn nicht unmöglich machen. Es gab aber auch einen positiven Aspekt: Betty war vorher zweimal bei dem Pastor im Gottesdienst gewesen und wurde dort von bestimmten Dingen, die er gesagt hatte, angesprochen. Diese Gottesdienstbesuche gaben ihr genügend Vertrauen, so daß das Auftreten ihrer Mutter in diesem Fall keine nachteiligen Folgen hatte. Man mache sich als Pastor an diesem Beispiel klar, daß die Predigt den Weg zum persönlichen, seelsorgerlichen Gespräch öffnen oder verschließen kann. Man kann zum Beispiel über die Geschichte von David und Bathseba so predigen, daß jedem, der das sechste Gebot übertreten hat, der Mut genommen wird, jemals einem Pastor eine Not auszubreiten. Das hat nichts mit der Frage zu tun, ob man Sünde Sünde nennen soll, aber wohl mit der Frage, inwieweit der Pastor den Mitsünder [!] lieb hat mit der Liebe Christi.

Was geschieht in diesem Gespräch?

Wie steht es nun mit Betty tatsächlich? Es ist deutlich, daß sie dies selbst übersieht. Sie ist mit einem katholischen jungen Mann verlobt und nimmt katholischen Unterricht. Sie befindet sich in einem heftigen Aufstand gegen ihre Eltern, die sie nicht selbst ihren Weg suchen lassen. Aber sie ist sich nicht bewußt, daß sie Gefahr läuft, sich durch ihre Auflehnung unfreiwillig in eine bestimmte Richtung drängen zu lassen, auch wenn sie in den letzten Wochen noch so oft erzählt hat, daß sie sehr wohl wisse, was sie will. Mit anderen Worten: in ihr herrschen Verwirrung, Ohnmacht und emotional bestimmte Unfreiheit, Entscheidungen zu fällen. Sie findet keinen Abstand zu sich selbst.

Was geschieht nun in diesem Gespräch? Welche Gefühle kommen zum Vorschein? Wie erfährt sie die Beziehung zum Pastor? — Um mit dem letzten zu beginnen: Sie erfährt offensichtlich in der Beziehung zum Pastor eine Atmosphäre, in der ihr einmal nichts auferlegt oder eingeredet wird, sondern in der sie sich eingeladen fühlt, in Freiheit sie selbst zu sein. Das schließt die Freiheit ein, angestauten Gefühlen Luft zu machen, was sie auch von Herzen tut. Es ist erstaunlich, wie schnell sie dann zum Kern der Dinge durchdringt. Was in ihr und mit ihr geschieht, wollen wir in einigen Punkten zusammenfassen:

a) Sie wird sich plötzlich verdrängter Impulse scharf bewußt — namentlich ihrer Aggressionen gegen ihre Mutter und gegen ihren Verlobten.

b) Sie nimmt Abstand von den Problemen und wird ruhiger.

c) Eine bessere Integration wird möglich. Aus der Verwirrung findet sie den Weg zu einer Übersicht über ihre Problematik und weiß jetzt damit etwas anzufangen.

d) Dies alles gibt ihr mehr Selbstvertrauen und macht einen vorläufigen Entschluß möglich.

e) Sie fängt an, mehr der jungen Frau zu gleichen, die sie gern sein möchte (vgl. ihre Worte: „Ich hatte das Gefühl, eigentlich nie so werden zu können, wie ich gern sein wollte, solange ich bei meinen Eltern blieb.").

Abschließende Erwägungen

Ist dieser Fall nun repräsentativ für die Situation konfessionell gemischter Verlobungen und Ehen, mit denen der Pastor in Berührung kommt? — Ich glaube das nicht, betrachte ihn aber als gute Illustration für die Notwendigkeit, sehr lange und geduldig „empathisch" zuzuhören, ehe man als Pastor zu wissen meint, worum es geht. Komplizierende und trübende Einflüsse spielen eine viel größere Rolle, als man meist anzunehmen pflegt. Viele konfessionell gemischte Ehen wären vermutlich nie geschlossen worden, wenn Eltern und Geistliche sich nicht so dagegen gesträubt hätten!
Aber natürlich erfordert eine in Aussicht genommene, konfessionell gemischte Heirat oft ein viel direkteres Eingehen. Ein solches Beispiel finden wir in dem Fall von Dirk H., der in die Sprechstunde kommt und erzählt, daß er seit einem halben Jahr mit einem katholischen Mädchen befreundet ist. Sie lieben sich und finden beide, daß sie eventuelle Konsequenzen einer dauernden Bindung ins Auge fassen müssen. Dirk erzählt: „Wir haben uns sehr lieb. Darüber sind wir uns einig. Darum wollen wir uns auch alle Mühe geben, eine Lösung zu finden, damit wir trotz der großen kirchlichen Unterschiede heiraten können. Wir haben zusammen viel über den Glauben gesprochen, und ich glaube, ich darf

sagen, daß wir uns nicht nur als Christen akzeptieren, sondern daß wir auch zusammen eine Glaubensgemeinschaft haben, z. B. im Gebet. Wir finden, wenn man sich lieb hat und sich auch im Glauben verbunden weiß, muß es auch einen Weg geben, um zusammen weiterzukommen. Aber nun ist die Schwierigkeit, daß wir eigentlich beide nicht genügend Bescheid wissen über die Standpunkte und die genauen Bestimmungen, die in der katholischen und in der evangelischen Kirche gelten. Solange man persönlich nichts damit zu tun hat, vertieft man sich auch nicht bis in alle Einzelheiten darein. Darum möchten wir jetzt zuerst einmal wissen, woran wir sind. Können Sie mich genauer informieren?"

Der Leser fühlt, daß wir angesichts dieser Frage die non-directive Gesprächsführung loslassen müssen. Dirk offenbart in diesen Worten nicht emotionale Schwierigkeiten, die er nicht übersieht. Erhellung durch Reflexion oder etwas Derartiges hat hier keinen Sinn. Versuchen wir es, so wirkt es lächerlich. Man stelle sich den Pastor vor, der nach Dirks letzten Worten sagen würde: „Sie haben das Gefühl, daß sie nicht genügend über die kirchlichen Standpunkte informiert sind und daß Sie sie ganz gerne von mir wissen möchten." Dirk hätte natürlich höchst erstaunt geguckt: „Was fehlt dem denn? Das fragte ich ihn doch?" — Wir können im allgemeinen sagen, daß richtiges „counseling" die Gedanken und den Gefühlsstrom des anderen weiterführt. Es *geschieht* etwas. Eine Reflexion, die nicht am rechten Ort ist, wie in dem hier konstruierten Fall, läßt das Gespräch stocken. Hier geschieht nichts mehr. Hier muß der Pastor einfach erzählen, wie die Dinge liegen. Er muß so ehrlich und so objektiv wie nur möglich informieren. — Dirk erfährt nun vieles, was weder er noch seine Verlobte über Mischehenprobleme wußten. Als er weggeht, ist er ziemlich düsterer Stimmung. „Wir werden weiter darüber reden."

Dirk und sein Mädchen haben viel darüber gesprochen. Es hat ein Gespräch mit einem Priester stattgefunden. Nach einigen Monaten kommt Dirk noch einmal wieder. Die Entscheidung ist bereits gefallen: sie sind auseinandergegangen. „Wir sahen schließlich keinen anderen Weg. Wir finden es beide schrecklich. Wir sind zu dem Schluß gekommen, daß die kirchlichen Bestimmungen, die uns auseinandertreiben, nicht etwas sind, was Gott will. Wir sind beide der Überzeugung, daß die Bedingungen, die die katholische Kirche für eine eventuelle Dispens aufstellt, vom Evangelium her nicht erlaubt sind. Aber weil wir uns doch nicht von unserer Kirche lösen wollten, sahen wir keine andere Möglichkeit, als uns zu trennen."

In diesem Fall liegen die Schwierigkeiten im Zusammenhang mit der Mischehe sehr viel anders als bei Betty van O. Hier geht es um zwei junge Menschen, die einander lieb haben, die ihre Zugehörigkeit zu verschiedenen Kirchen ernst nehmen, die den Pastor um Information bitten und auf Grund dessen weiter ihre Probleme besprechen, bis sie schließlich zu einem Ergebnis kommen. Betrübt und empört über die seelsorgerliche Praxis der Kirche beschließen sie, dennoch in der Glaubensgemeinschaft ihrer Kirchen zu bleiben und einander loszulassen.

Eine weitere Bemerkung: Wir haben es in Betty mit einem psychisch gesunden und gescheiten Mädchen zu tun, das in eine Konfliktsituation geraten ist, in der sie gefährliche Schritte zu unternehmen droht. Sobald ihr auf eine adäquate Weise geholfen wird, findet sie schnell den Weg, sich selbst zu helfen, kommt sie rasch zu einer besseren Selbsterkenntnis und fällt selbständig wichtige Entscheidungen. Hätte Betty sich unter dem Einfluß ihrer Erziehung mehr in neurotische Richtung entwickelt, dann wäre eine so schnelle Neuorientierung nicht zu erwarten gewesen.

„Pastoral counseling"

Der oben beschriebene Fall Betty van O.'s ist ein typisches Beispiel von „counseling". Der Pastor entdeckt durch sein Zuhören und sein empathisches Sich-Einleben, daß er es mit einem psychischen Konflikt zu tun hat, der Betty hindert, zu einer klaren Problemstellung zu kommen. Darum reagiert er darauf durch den Einbau einer therapeutischen Phase und tritt ihr zunächst als counselor entgegen. Aber zugleich ist der Fall ein typisches Beispiel für das *pastoral* counseling", weil die Relation vor der therapeutischen Phase „pastoral" bestimmt war. Zwischen Betty und dem Pastor hatte im Gottesdienstbesuch ein „Dialog" eingesetzt, ehe noch von persönlicher Begegnung die Rede war. Und der Kontakt endete nicht, als Betty sich von ihren psychischen Schwierigkeiten befreit sah und sie sich folglich freier orientieren konnte. Im Verhältnis Psychologe—Klient liegt im allgemeinen an dieser Stelle der Schlußpunkt. Für den Pastor setzt aber eine seelsorgerliche Auslaufphase ein, die in Bettys Fall darin bestand, daß im fünften und letzten Gespräch aufs Neue und in einer neuen Weise die Frage zur Sprache kam, wie sie, die von Hause aus in dieser Hinsicht keine Leitung gehabt hatte, weiter ihren Weg zum Glauben finden würde. Diese Frage hatte sie auch schon lange vor ihrer Bekanntschaft mit Henk beschäftigt. Das Gespräch endete mit einem Hinweis auf einen Konfirmandenunterricht für Erwachsene, der ihr verhalf, ein Glied der christlichen Gemeinde zu werden. Auf die Frage, ob dieses fünfte Gespräch nicht auch das erste hätte sein können, und ob der lange Umweg über vier nondirective Gespräche nötig war, würde ich antworten, daß natürlich jeder Pastor die Freiheit hat, direkt auf das Ziel loszugehen. Ich fürchte nur, daß er sein Ergebnis bald so formulieren wird: ‚Mit diesem Mädchen war einfach nicht zu reden. Sie will durch dick und dünn diese Heirat durchsetzen.' Und damit hätte er dann wohl recht — aber auf eine andere Weise, als er selbst meint.

V. Ausbildung

Training

Beide Autoren dieses Buches haben eine Anzahl Versuche unternommen, das Training und die Ausbildung, die sie verfechten, in die Praxis umzusetzen. Was meinen Anteil daran betrifft, so habe ich das u. a. durch Praktika für kirchliche Mitarbeiter getan. Die Teilnahme daran steht Berufskräften wie freiwilligen Mitarbeitern offen. Bestimmte Praktika dauern drei Tage, andere mehrere Abende oder einen Abend und einen Tag. Zweifellos ist das mehrtägige Praktikum vorzuziehen[18].

Es erscheint mir nützlich, einige erste Folgerungen aus der praktischen Erfahrung hier kurz zu besprechen. Es geht in einem derartigen Praktikum, das höchstens zehn Teilnehmer umfassen kann[19], einerseits um eine gute Gesprächsführung in psychologischem Sinn, andererseits darum, daß man seine Arbeit auf Grund eines bestimmten Auftrages tut, der für den Pastor, den kirchlichen Sozialarbeiter, den Jugendleiter, die Gemeindeschwester usw. verschieden akzentuiert, formuliert und realisiert werden muß. Aber letzten Endes heißt der Auftrag für sie alle: im Namen Christi dem anderen dienen.

Es geht in einem derartigen Praktikum darum, sich Rechenschaft von der Weise zu geben, in der wir unsere Gespräche führen. Wir gehen meistens viel zu selbstverständlich von der Richtigkeit unserer „intuitiven Gesprächsführung" aus. Aber hier wollen wir uns miteinander als Menschen, die gleiche Schwierigkeiten und Aufgaben kennen, selber unter die Lupe nehmen und aus den Tugenden und Fehlern aller Beteiligten lernen. Wichtig ist dabei, daß wir dahinterkommen, wie ein anderer unsere Art, Gespräche zu führen, erfährt. Diese lehrreiche Erfahrung

---

[18] Der Bericht von einem deutschen Teilnehmer, dem Übersetzer dieses Buches, über eines dieser Praktika, das im April 1965 durchgeführt wurde, findet sich in: Wege zum Menschen 1965, S. 217 f.

[19] Im ersten Teil dieses Buches nennt Faber eine Höchstzahl von acht Teilnehmern je Gruppe. Mir scheint, daß — jedenfalls für die hier besprochenen Praktika — zehn Teilnehmer keine Schwierigkeiten mit sich bringen.

wird uns in unserer täglichen Arbeit fast ganz vorenthalten und damit auch die Möglichkeit einer Korrektur.

Weiter erfahren wir in einem derartigen Praktikum, was es bedeutet, „auf dem anderen Stuhl zu sitzen", auf dem Stuhl des Gesprächspartners, der einem seine Schwierigkeiten vorlegt, der Hilfe erbittet usw. Wir können dann entdecken, daß die Art und Weise, in der ein Pastor, ein Kirchenvorsteher, ein Jugendleiter oder ein Sozialarbeiter das Gespräch mit dem anderen führt, viel helfen oder in eine Sackgasse führen kann. Und wir lernen, woher das kommt.

Vorläufige Ergebnisse

Bis heute können wir folgende Ergebnisse aus unserer Arbeit festhalten:

1. Weitaus die meisten Teilnehmer unserer Praktika und alle Teilnehmer an einer Ausbildung mit praktischem Training haben uns bestätigt, daß sie überraschende Entdeckungen gemacht haben, die sie als Gewinn und Bereicherung für die eigene Arbeit und oft auch für ihr persönliches Leben erfuhren.

2. Zu Beginn eines jeden Praktikums erfolgt eine kurze, theoretische Einführung. Es zeigte sich, daß man das dort Gehörte auch bei gutem Begreifen und möglicherweise auch bei Kenntnis der Literatur über die Psychologie des Gesprächs, auch im Sinne Rogers', im allgemeinen nicht anzuwenden weiß. Das gilt auch für die Punkte, die man bejaht und die man zu realisieren wünscht. Die Schwierigkeit liegt offenbar nicht bei der verstandesmäßigen Zustimmung oder Ablehnung, sondern die Grundhaltung, die „basic attitude" des Einzelnen, die durch Studium und Tradition geformt ist, ist ausschlaggebend.

3. Man wird während der praktischen Übungen mit den Faktoren bekanntgemacht, die Gespräche „hoffnungslos" werden lassen, die die Kluft erweitern usw., und man bekommt Gelegenheit, die Ursachen davon aufzuspüren und neue, oft überraschende Möglichkeiten zu entdecken, die zu guten, unvorhergesehenen Ergebnissen führen.

4. Ein dreitägiges, ja ein einwöchiges Praktikum ersetzt nicht eine praktische Ausbildung und ein Training, wie dies den Autoren dieses Buches vor Augen steht. Aber in der heutigen Situation müssen wir mit dem arbeiten, was uns zur Verfügung steht, und dann sind auch Perioden eines kürzeren Trainings von Wert. Eine Anzahl Teilnehmer ist überrascht und dankbar angesichts der neuen Entdeckungen, weiß aber in

der eigenen Praxis wenig damit anzufangen. Andere erzielen in der eigenen Gesprächsführung deutliche Verbesserungen, teilweise verändern sie sogar ihre pfarramtliche Tätigkeit im Bereich des Unterrichts, der Predigt, der Gruppenarbeit usw. Es gibt auch Kursteilnehmer, bei denen diese ganze Art der Gesprächsführung nicht „ankommt" und die ihr innerlich fremd gegenüberstehen. Es handelt sich dabei vor allem um Charaktere, deren Wesen oft eine tiefe emotionale Unsicherheit verbirgt.

Einzelne Teilnehmer entschließen sich nach einem praktischen Training dazu, persönlich eine Anzahl non-directiver Gespräche mit einem Psychotherapeuten zu führen, sei es, um dadurch besser für ihre Arbeit zugerüstet zu werden, als eine Art Lehrtherapie also, sei es, um in bestimmten persönlichen Schwierigkeiten, deren sie sich während der praktischen Übungen deutlicher bewußt wurden, weiterzukommen, meistens aber aus beiden Gründen. Wer sich einer Lehrtherapie unterzieht, wird auch dankbar die Gelegenheit ergreifen, persönliche Schwierigkeiten zu erhellen und zu verarbeiten. Aus dem oben Gesagten ergibt sich, daß die Teilnehmer in sehr verschiedenem Maße Nutzen aus den kurzen Praktika ziehen. Bei einigen werden sie sogar ein Vakuum schaffen (Fortfallen von früheren Sicherheiten), das eine neue Füllung erfordert. Will man dies letzte nicht, so gibt es in der Tat keinen Rat. Insofern ist die Teilnahme an einem derartigen Praktikum gefährlich, aber m. E. heilsam gefährlich. Den meisten Nutzen werden die Teilnehmer haben, die nach einem ersten Praktikum eine Forsetzung suchen: eine Anzahl Gespräche unter Supervision, ein Lehr-counseling, Teilnahme an Fortsetzungspraktika. Obgleich ich also überzeugt davon bin, daß kurze Praktika sinnvoll sind, stimme ich mit Dr. Faber überein, daß diese Dinge nur dann genügend zu ihrem Recht kommen werden, wenn viel mehr Zeit dafür zur Verfügung steht. Universität und Kirche werden dafür die Möglichkeiten schaffen müssen. Es liegt auf der Hand, daß die Möglichkeiten eines Instituts wie des Pastoralpsychologischen Zentrums in Utrecht in seiner heutigen Gestalt sehr beschränkt sind.

Besprechung eines Falls

Nach diesen allgemeinen Folgerungen wollen wir uns mit einem einzelnen Fall aus einem solchen Praktikum beschäftigen. Wir gehen dabei folgendermaßen vor: die Teilnehmer werden ersucht, aus ihrer Praxis einen Fall vorzulegen, am liebsten einen, zu dem man sich selbst noch allerlei Fragen zu stellen hat: Weshalb verlief das Gespräch nicht gut? Weshalb hat sich der andere verschlossen? Warum wurde er böse? Warum kamen wir nicht von der Stelle? Warum fühlte ich mich selbst so unsicher oder wurde ich aggressiv? Warum schaltete ich plötzlich auf einen Bibeltext oder auf ein Gebet um? War das der richtige Weg oder eine Flucht vor den Schwierigkeiten des Gesprächs? Der hier folgende Fall wurde von einer Gemeindehelferin aus einer unserer Städte vorgebracht. Sie hatte in der Jugendarbeit mit einer 23jährigen Stenotypistin — wir nennen sie Anni — Kontakt bekommen, die aus einer schwierigen Familie kam und selbst verschlossen und schwer zugänglich war. Das Mädchen hatte eine Zeitlang ein sexuelles Verhältnis mit einem älteren, verheirateten Mann gehabt, der in demselben Büro arbeitete wie sie. Sie sagt, sie liebe ihn nicht und möchte ihn nicht heiraten, fühle sich aber aus ihrer Einsamkeit heraus zu ihm hingezogen. Eines Tages brach sie das Verhältnis ab, nahm an einem Katechumenenunterricht teil und ließ sich konfirmieren. Ein halbes Jahr lang hörte die Gemeindehelferin nichts von ihr. Dann rief Anni, die inzwischen umgezogen war, eines Tages, als sie in der Stadt war, an und kam dann abends zu Besuch. Sie hatte Angst davor, hoffte aber, „über ihre Schwierigkeiten sprechen zu können". Die Gemeindehelferin, die auf Schwierigkeiten gefaßt war, stellte sich ihrerseits ein, ihr möglichst viel Gelegenheit zu geben, sich auszusprechen. Aber das Gespräch verlief sehr unglücklich. Wir spielten es mit verteilten Rollen, wobei die Gemeindehelferin „Anni" war. Einige Teilnehmer des Praktikums versuchten als „Seelsorger" ein Gespräch mit ihr zu führen, worin sie die Freiheit finden sollte, über ihr erneutes Straucheln zu sprechen. Wir beginnen mitten im Gespräch und nummerieren als Hilfe für die folgende Besprechung die direkten Reden.

Anni (1): . . . Ja, es gab einmal eine Zeit, da fand ich es schön, zur Kirche zu gehen, aber im Augenblick habe ich dazu manchmal große Hemmungen.

Seelsorger (1): Das kennen wir alle, daß man in einer Kirche sitzt, und in einem Augenblick erlebt man es ganz echt, und dann denkt man plötzlich an andere Dinge, und es ist einem, als ob das erste Gefühl nicht echt war. Meinst du das?

A. (2): Ja . . . ja . . . (sehr zögernd) Man hat manchmal das Gefühl, daß einem der Boden unter den Füßen zu heiß wird und daß man weglaufen möchte.

S. (2): Du hast da mal in Schwierigkeiten gesessen — das ist doch jetzt wohl vorbei?

A. (3): ... Ach, wenn ich Ihnen darüber erzähle, dann werfen Sie mich, glaube ich, gleich hinaus.

S. (3): Nun, du weißt, daß meine Tür immer offensteht, und was das andere betrifft: wer selbst weiß, daß er sein Sünder ist, der wird nie einen anderen verurteilen wollen ... Du weißt, wir haben schon öfter über deine Schwierigkeiten gesprochen, und das ist absolut geheim. Und wir sind schließlich auch Diener des Herrn Jesus und dürfen auf ihn hinweisen.

A. (4): ... Müssen Sie noch immer zweimal am Sonntag predigen?

S. (4): Ja ... ja ... Damals, als ich dich in der Kirche sah, da habe ich gedacht: Diesmal hat Anni es wohl wirklich geschafft. Ich dachte an das Gespräch, wo du mir über dein Verhältnis mit Jan erzählt hast, und meinte dann so: nun, Anni kommt jetzt allmählich in ein Alter, in dem sie wirklich sieht, wie sie ihren Weg weitergehen muß. (Lange Pause) Du findest es noch etwas schwierig, jetzt darüber zu sprechen. Das ist auch gar nicht nötig. Du weißt, ich bin nie neugierig und brauche nicht zu wissen, was ist. Aber ich hatte so gedacht, eben, als du sagtest: Ich möchte weglaufen, daß da noch etwas mehr hintersteckte ... Ja, Kind, wenn du Schwierigkeiten hast und sie gern erzählen möchtest ...

A. (5): ... Ach, wenn ich es erzähle, dann darf ich nie mehr wiederkommen.

S. (5): Wie kommst du denn darauf? Natürlich darfst du immer kommen, jeden Tag ... Du mußt nicht denken, daß alle Probleme und Sünden der Welt nur in deinem Leben vorkommen. Wir kommen mit mehr Dingen in Berührung. Aber überdies würde das überhaupt nicht zu dem Auftrag, den wir haben, passen. Jesus ist für die Sünder gekommen. Wir können ihm darin nur nachfolgen.

A. (6): ... Werden wirklich ... nein, nein, daß einem alle Dinge vergeben werden, das glaube ich nicht.

S. (6): Warum nicht?

A. (7): Nein ... für einmal ist das gut, aber ... nein ...

S. (7): Hast du das Gefühl, daß es dir nicht vergeben wird?

A. (8): Nein, das kann nicht vergeben werden.

S. (8): ... Aber warum denkst du, daß es dir nicht vergeben ist?

A. (9): Dafür ist es zu schlimm.

S. (9): Ist es denn so schlimm?

A. (10): ... Ja ... nein, ich kann nicht darüber reden. Nein, fragen Sie bitte nicht weiter.

S. (10): Nein ... Weißt du was, schreibe es doch einmal auf. Vielleicht ist es doch einfacher, als wenn Du sprichst ... Oder möchtest du es nicht doch lieber erzählen?

A. (11): Nein, nein ... ich werde schon sehen.

Dieses Gesprächsfragment wollen wir jetzt ein wenig kommentieren.

S. (1): Ausgehend von Annis persönlichem Erleben generalisiert der Seelsorger. Er beabsichtigt damit, ihr helfend entgegenzukommen: Mach dir keine unnötigen Sorgen, das ist eine allgemein vorkommende Schwierigkeit ... In Wirklichkeit gibt er Anni das Gefühl, daß er sie nicht gut versteht. Sie empfindet, daß eine allgemein bekannte Schwierigkeit doch etwas anderes ist als ihr besonders gelagertes Erlebnis. Daher das sehr zögernd ausgesprochene: Ja ... ja ..., aus dem wir hören: Nun ja, du hast wohl nicht völlig daneben geschossen, aber du begreifst es doch nicht recht. Darum hat sie auch das Bedürfnis, ihre Erfahrung zu verdeutlichen: (A. 2) „Man hat manchmal das Gefühl, daß einem der Boden unter den Füßen zu heiß wird und daß man weglaufen möchte." Was für eine schöne Gelegenheit bietet Anni hier ihrem Seelsorger, auf die Gefühle einzugehen, die sie im Gottesdienst erfüllen! Aber er läßt die Chance ungenutzt; er verläßt Anni an dieser Stelle und versucht, einen anderen Anknüpfungspunkt zu schaffen: (S. 2) „Du hast da mal in Schwierigkeiten gesessen — das ist doch jetzt wohl vorbei?" — Abgesehen davon, daß dieser Dreh nicht nötig war und überdies eine Gefahr für den Verlauf des Gesprächs bildet, klingt auch die Frage: „Das ist doch wohl jetzt vorbei?" ziemlich drohend. Wer das so fragt, gibt damit zu erkennen, daß er eigentlich erwartet, daß der andere antwortet: „Ja, Gott sei Dank, das liegt hinter mir!" Es wird sehr schwierig, jetzt noch zu bekennen: „Nein, es ist wieder schief gegangen." Aber offenbar ist die Vertrauensbeziehung zwischen Seelsorger und Anni stark genug, daß sie — trotz dieses Fehlers — die Fortsetzung des Gesprächs ermöglicht. Anni antwortet mit einem Satz, der das Bekenntnis impliziert, daß sie erneut gestrauchelt ist: (A. 3) „Ach, wenn ich Ihnen darüber erzähle, dann werfen Sie mich, glaube ich, gleich hinaus." Wieder eine gute Gelegenheit für den Seelsorger — wenn er *zugehört* hat —, eine „Einladung", zu verstehen und sich erneut zu Anni hinzuwenden, sich in ihre „Erlebniswelt" hineinzuversetzen. Statt dessen begibt er sich noch weiter von ihr fort und besteigt die Kanzel, eine gut orthodoxe Kanzel: (S. 3) „Nun, du weißt, daß meine Tür immer offen steht, und was das andere betrifft: wer selbst weiß, daß er ein Sünder ist, der wird nie einen anderen verurteilen wollen ... Du weißt, wir haben schon öfter deine Schwierigkeiten besprochen, und das ist absolut geheim. Und wir sind schließlich auch Diener des Herrn Jesus und dürfen auf ihn hinweisen." — Jetzt ist es genug. Annis Visier klappt herunter. Es ist, als ob sie denkt: Wenn du schon predigen willst, dann wollen wir darüber sprechen: (A. 4) „Müssen Sie noch immer zweimal am Sonntag predigen?" Wir beenden an dieser Stelle die detaillierte Besprechung des Gesprächs. Man achte beim Lesen genau auf den weiteren Verlauf, vor allem darauf, wie die unmittelbare Verkündigung hier nicht funktioniert, und frage sich, woher das kommt. Schließlich endet das Gespräch mit einer deutlichen Weigerung Annis, es fortzusetzen. Wenn Anni sich hinterher Rechenschaft von dem gibt, was während des Gesprächs in ihr geschah, so läßt sich das vielleicht so zusammenfassen: „Der Pastor war nett und freundlich zu mir, aber doch hatte ich das Gefühl, daß er mich oft nicht begriff. Er reagierte nicht auf das, was in mir umging. Er hörte nicht richtig zu. Er irritierte mich durch sein Fragen und sein ‚Predigen'. Wo ich ihn wirklich nötig hatte, dort ließ er mich allein. Ich konnte einfach nicht mehr mit ihm über meine Schwierigkeiten reden."

Es folgt nun ein Gespräch, das ein anderer „Seelsorger" mit „Anni" zu führen versuchte. Nach einer kurzen Begrüßung, bei der er fragt, ob der Sonntag ihrer Konfirmation nicht das letzte Mal war, daß sie sich gesehen haben, verläuft das Gespräch wie folgt:

A. (1): Ja ... Nein, weiter haben wir uns nicht gesehen.

S. (1): Ja, und wie ist es dir seither ergangen? Ich erinnere mich noch gut, daß die Konfirmation damals für dich ziemlich problematisch war. Wie stehst du jetzt dazu?

A. (2): Ja ... einerseits denke ich, worauf habe ich mich da eingelassen, wie habe ich es gewagt?! Und andererseits, ja, dann denke ich doch, daß es mit Ihm gemeinsam wohl gehen wird.

S. (2): Ja ... du stehst also manchmal mit etwas gemischten Gefühlen davor. Auf der einen Seite wohl positiv, auf der anderen Seite denkst du manchmal: Ja, was habe ich eigentlich getan?!

A. (3): Ja, ja, (nachdenklich) ja.

S. (3): ... Du bist dir offenbar selbst nicht immer ganz im klaren darüber.

A. (4): Nun, ich bin ... ja doch, ich glaube wohl, daß es gut ist, bestimmt, daß ich es getan habe. Es gibt einem doch auch, ja, das Gefühl,
daß man dazugehört.

S. (4): Ja ...

A. (5): ... Aber ... ja (langes Schweigen).

S. (5): Ja, von dieser Seite besehen, findest du es also wohl gut, daß du
wirklich dazugehörst.

A. (6): Ja ...

S. (6): Hm (lange Stille). Wenn ich dich gut verstehe, dann hindert
dich etwas, das immer so rundheraus zu sagen. Habe ich das eben gut
von dir begriffen?

A. (7): Ja ... ja ..., man sitzt nicht immer — eh — immer so glücklich
in der Kirche.

S. (7): Ja, manchmal kann man das schwierig finden. Es gibt dir offenbar
manchmal das Gefühl von: ich fühle mich hier absolut nicht glücklich.

A. (8): ... Nun, man möchte manchmal wohl daraus fortlaufen.

S. (8): ... Ja, manchmal solch ein Gefühl von: ich gehöre hier eigentlich nicht her ... meinst du es so?

A. (9): Ja ... ja ... (lange Stille).

S. (9): Es gibt offenbar Dinge, ... die dir solch ein Gefühl geben von:
hier sitze ich nun wohl, aber zugleich kann ich nichts damit anfangen,
und ich möchte eigentlich nicht hier sitzen.

A. (10): Ja, man hat das Gefühl, als ob man hier nicht hingehört, in
die Kirche.

S. (10): Ja, man hat dann das Gefühl, als ob man doch eigentlich kein
Kind Gottes ist. Meinst du das?

A. (11): Ja, (zögernd) ja, so etwa ...

S. (11): Ja, ein Gefühl von: es gibt offenbar Dinge, ... die mir eigentlich den Mut nehmen, um hier in der Kirche zu sein ... um zu sagen:
ich bin ein Kind Gottes.

A. (12): Hm . . .

S. (12): Offenbar weißt du selber nicht gut, wie du damit nun weiter-kommen mußt.

A. (13): . . . Hm . . . Sind Ihre Kinder zu Hause?

S. (13): Du findest es schwer, weiter darüber zu sprechen . . .?

A. (14): Ja, ja . . . ja.

S. (14): . . . Auf der einen Seite möchtest du offenbar gerne darüber sprechen, aber auf der anderen Seite findest du . . . es offenbar doch —

A. (15) (fällt S. in die Rede): Ach . . . Sie haben schon so viel um die Ohren, und immer kommen Menschen zu Ihnen mit ihren Schwierig-keiten . . . Sie haben schon genug . . .

S. (15): Ja, einerseits möchtest du gerne reden, und andererseits hast du Angst, daß du mich zuviel beanspruchst?

A. (16): Ja natürlich . . . ich gehöre nicht einmal mehr zu Ihrer Ge-meinde . . .

S. (16): Ja . . . du weißt dir da offenbar keinen Rat. Du möchtest gern reden, aber du hast Angst zu sagen, was dir eigentlich so zu schaffen macht.

A. (17): Ach, wenn ich es sagen würde, dann würden Sie mich hinaus-werfen . . .

S. (17): Ja, du hast das Gefühl, daß es so schlimm ist, daß dies ein Bruch in unserem Kontakt bedeuten würde. Davor hast du eigentlich Angst.

A. (18): Ja natürlich . . . Sie würden mich nicht mehr empfangen wollen.

S. (18): Ja . . . eigentlich möchtest du gern reden, aber du hast Angst, wenn du sagen würdest, was du auf dem Herzen hast, würde das un-angenehme Folgen haben.

A. (19): . . . Ja, dann würde mich jeder verachten. Ich würde . . . ich dürfte nicht einmal mehr in die Kirche kommen.

S. (19): . . . Du hast offenbar so ein Gefühl von . . . ja, Scham über Dinge, die dir zu schaffen machen, daß du Angst hast, daß sich jeder von dir abkehren würde.

A. (20): Ja . . . und damit würden Sie sogar Recht haben.

S. (20): Du findest selbst die Dinge, die dich bedrücken, sehr schlimm, und du kannst es von dir auch nicht akzeptieren, daß es passiert ist.

A. (21) (erregt): Nein, nein, dann hat man sein Bekenntnis abgelegt, und doch denkt man, jetzt, jetzt habe ich endlich, jetzt muß ich es doch überwinden, und dann doch, doch . . .

S. (21): Du hattest gehofft, du könntest stärker darin sein, wenn du einmal öffentlich Bekenntnis abgelegt hättest. Und nun bist du von dir selbst enttäuscht.

A. (22): Ja . . .

S. (22): Und nun weißt du eigentlich nicht, wie es weitergehen soll . . .

A. (23): Nein, nein, ich kann wohl gute Vorsätze haben und es mir selber geloben, aber . . . aber . . . naja . . . man weiß . . . man weiß doch nicht, ob man . . . ob man dann doch nicht wieder fällt.

S. (23): Hm . . . ja . . . Mit dem Verstand weißt du es eigentlich wohl, und du willst es auch fest . . .

A. (24) (in die Rede fallend): Ich bin auch so schrecklich einsam immer . . .

S. (24): Ja, du hast das Gefühl, weil du dich oft so einsam fühlst, kommst du zu Dingen, die du eigentlich nicht willst.

A. (25): Man kann sich auch so danach sehnen, daß jemand bei einem ist, und dann . . . nun ja . . . nun ja . . . Nun, mit Jan ist es wieder passiert. So, jetzt können Sie mich hinauswerfen.

S. (25): Du hast das Gefühl, daß die Schwierigkeiten und die Einsamkeit manchmal so stark sind, daß du dem nicht gewachsen bist. Und wo es jetzt wieder schiefgegangen ist, hast du Angst, daß du nicht wiederkommen darfst.

A. (26): Es ist so hoffnungslos . . .

S. (26): Du weißt nicht, wie du es bewältigen sollst, und das kann dich so entmutigen.

A. (27): Ja, wie muß ich nun da rauskommen . . . Es ist mir oft einfach zu stark.

S. (27): Ja, du möchtest gerne anders wollen . . . aber es ist, als ob es in dir selbst zu stark wird, und dann bist du dem nicht mehr gewachsen. Du *willst* eigentlich wohl, aber du kannst oft nicht. Meinst du es so?

A. (28): Ja . . .

Hier unterbrechen wir das Gespräch.

Dieses Mal nimmt das Gespräch einen ganz anderen Verlauf. Nach einer kurzen Begrüßung und Einleitung ist es dem Seelsorger deutlich, daß Anni irgend etwas bedrückt, und er schaltet sofort auf non-directive Gesprächsführung um, in der Erwartung, daß er ihr damit Möglichkeiten bietet, weiterzukommen. Der Verlauf des Gesprächs ist überraschend. Man gebe sich Rechenschaft davon, was geschieht: Bei diesem sehr gehemmten Mädchen, das sich schwer äußern kann, kommt allmählich die innere Dynamik in Gang. Sie findet die Freiheit, Widerstände zu überwinden und ihre Schwierigkeiten auszusprechen. Darum haben die technischen Fehler, die man auch hier nachweisen kann, die aber von wesentlich anderer Art sind als im ersten Gespräch, die Fortsetzung des Gesprächs nicht verhindert. Das Gespräch als ganzes darf — trotz seiner Mängel — als ein Beispiel der non-directiven Gesprächsführung, hier als „pastoral counseling", gelten. Was die schwachen Momente betrifft, die darin vorkommen, so weise ich z. B. auf folgendes hin: Nach Annis zögerndem „Ja, ja . . . ja" (A. 3) ergreift der Seelsorger zu schnell wieder das Wort und sagt: (S. 3) „Du bist dir offenbar selbst nicht immer ganz im klaren darüber." Damit sagt er, verglichen mit seiner vorigen Antwort (S. 2), eigentlich nichts Neues, und eine solche wiederholte Reflexion wäre hier nicht nötig gewesen: Anni ist dabei, auf dem Weg ihrer Selbsterkenntnis weiterzugehen. Als man den „Seelsorger" nach dem Grund seiner Antwort fragte, zeigte es sich, daß bei ihm eine plötzliche Unsicherheit vorlag, so daß er schnell die Stille unterbrach. Anni reagierte auch verwirrt, wovon ihre unbeholfen tastende Antwort (A. 4) zeugt: „Nun, ich bin . . . ja doch, ich glaube wohl, daß es gut ist, bestimmt . . ." usw. Eine weitere kritische Bemerkung: Der Seelsorger gebraucht einige Male Wendungen wie: Meinst du es so? Verstehe ich dich richtig? Du fühlst es *offenbar* so . . . Solche Wendungen sind am Platz, wenn der Counselor es nötig findet, herauszubekommen, ob er den anderen gut begreift, weil er Grund hat, damit rechnen zu müssen, daß er sonst die Erlebniswelt des anderen verläßt. Gebraucht man derartige Wendungen überflüssigerweise, so können sie störend wirken. Sie veranlassen den anderen, bei sich selbst nachzuprüfen, ob die Reflexion des Counselor mit dem eigenen Gefühl übereinstimmt. Das bedeutet aber eine Ablenkung. Es kann auch sein, daß die Störung ohne Bedeutung bleibt. Dieser „Seelsorger" hat zuviel davon Gebrauch gemacht. Trotzdem bekommt man nicht den Eindruck, daß es störend gewirkt hat.

Ein anderer kritischer Punkt: In seiner 10. Antwort geht der Seelsorger weiter als Anni selbst, indem er sagt: „Ja, solch ein Gefühl, als ob man doch kein Kind Gottes ist. Meinst du das?"

Damit geht der Seelsorger einen Schritt weiter als Anni selbst, er interpretiert, er versucht, eine Linie durchzuziehen. Es ist nicht zufällig, daß Anni *zögernd* sagt (A. 11): „Ja, so etwa."

Der Seelsorger fährt dann fort mit einer Reflexion, die er mit demselben Gedanken abschließt, und wieder reagiert Anni mit einem zögernden: „Hm." Zugleich kommen wir jetzt an den kritischsten Teil des Gesprächs: Anni muß nun zu einem Sichaussprechen kommen, oder das Gespräch wird stranden. Vielleicht zögert sie auch deshalb. Es entsteht eine lange Stille, die unterbrochen wird, indem der Seelsorger das, was in Anni umgeht, mit den Worten reflektiert: „Offenbar weißt du selbst nicht genau, wie du damit nun weiterkommen mußt." Wieder ein zögerndes „Hm" (A. 13). Lange Stille. Dann unternimmt sie einen Versuch, zu entkommen: „Sind Ihre Kinder zu Hause?" Die Gefahr ist groß, daß der Seelsorger jetzt aus der Fassung gerät — eventuell auf diese Frage eingeht —, also irgendwie mit Anni mitflieht. Aber er bleibt ruhig stehen, wo sie eben stand. Er folgt ihr weiter auf dem Weg, den sie eigentlich am liebsten gehen möchte, indem er reflektiert, was in ihr geschieht: (S. 13) „Du findest es schwer, weiter darüber zu sprechen...?"

Mit anderen Worten: Verstehe ich recht, so hast du im Augenblick nicht die Absicht, über meine Kinder zu sprechen, sondern findest es schwer, weiterzugehen? — Und mehr oder weniger zugreifend und dankbar für diese Erkenntnis ihrer tieferen Gefühle sagt Anni: (A. 14) „Ja, ja... ja." Anni wird nun erregt: das Gespräch steuert seinem Höhepunkt zu.

Wir überschlagen nun ein wichtiges Stück. Es wird über Annis guten Willen einerseits und ihre Ohnmacht andererseits gesprochen, bis sie plötzlich, dem Seelsorger heftig in die Rede fallend, über ihre Einsamkeit spricht. Der Seelsorger gibt zu erkennen, daß er mit ihr mitfühlt, wie sie aus ihrer Einsamkeit heraus zu Dingen kommt, die sie in ihrem Herzen nicht will (S. 24). Dann fühlt Anni sich imstande, es endlich auszusprechen (A. 25): „Man kann sich auch so danach sehnen, daß jemand bei einem ist, und dann... nun ja... nun ja... Nun, mit Jan ist es wieder passiert. So, jetzt können Sie mich hinauswerfen."

Der Seelsorger reflektiert ihre Gefühle der Ohnmacht, Schuld und Furcht: (S. 25) „Du hast das Gefühl, daß die Schwierigkeiten und die Einsamkeit manchmal zu stark sind, daß du dem nicht gewachsen bist.

Und wo es jetzt wieder schiefgegangen ist, hast du Angst, daß du nicht wiederkommen darfst."

Therapie oder Seelsorge?

Den letzten Teil des Gesprächs (A. 25 bis S. 25) machten wir in unserem Praktikum zum Gegenstand einer ausführlichen Nachbesprechung. Einige Pastoren vertraten die Ansicht, Anni habe jetzt eine Beichte abgelegt (A. 25). Wäre damit nicht der Augenblick gewesen, um ausdrücklich die Vergebung der Sünden zu verkünden, über Jesus Christus zu sprechen usw.? Im ersten Gespräch hatte der „Seelsorger" versagt, weil er offensichtlich die Situation nicht genau erkannt und deshalb im falschen Moment eine unmittelbare Verkündigung gebracht hatte, die nicht „ankam". Aber mußte er nicht hier seine Chance wahrnehmen? Kurz: Wo blieb hier die Absolution, der Freispruch Gottes? „Anni" erklärte, darüber befragt, daß sie in der Antwort (S. 25) etwas von Absolution und Freispruch erfahren habe. Nachdem sie ihr Scheitern schließlich ausgesprochen, ihre „Beichte" endlich abgelegt hatte, mit der Angst in ihrem Herzen: Hierfür gibt es keine Vergebung, erfuhr sie die annehmenden Worte des Seelsorgers, in denen er ihr zu erkennen gab, daß er in ihrer Ohnmacht, Schuld und Furcht neben ihr stand. Darin, daß kein Wort des Verweisens, des Abweisens usw. fiel, vollzog sich die Absolution. Hätte „Anni" in diesem Augenblick lieber eine explizite Predigt des Heils gehört? Das verneinte sie selbst. — Aber blieben wir auf diese Weise nicht auf der rein-menschlichen Ebene? War dies nicht nur *Therapie* und keine *Seelsorge*? Ich würde das nicht ohne weiteres sagen, denn die Worte wurden gesprochen durch einen Pastor bzw. einen Vertreter der Kirche. Wir dürfen hier an das erinnern, was wir oben über die symbolische Bedeutung des Pastors gesagt haben.

Der Pastor, der hier mit ihr spricht, ist derselbe, aus dessen Mund sie in der Gemeinschaft und als einzelne das Wort Gottes mehrfach gehört hat. Der Pastor bedeutet hier für den Gesprächspartner durch das, was er repräsentiert, durch seinen Auftrag also, etwas anderes als ein neutraler Counselor, den man religiös eventuell als indifferent erlebt. Mit anderen Worten: Die scheinbar rein-menschlich klingenden Worte des Pastors werden hier vor einem bestimmten Hintergrund gehört — dem Hintergrund des Evangeliums — und haben dadurch eine bestimmte Klangfarbe. Darum klingt in diesen Worten für Anni der Freispruch Gottes hindurch. Wir finden hier illustriert, was wir bereits bei der Besprechung der Beichte gesagt hatten: Beichte und Absolution können sich außerhalb jeder formalen liturgischen Form vollziehen, und sie können in bestimmten, besonders gelagerten Fällen durchklingen, ohne in dem Augenblick explizit verkündigt zu werden. Wenn „Anni" auf dieses Gespräch zurückblickt, so hat sie das Gefühl, daß sie sich in erster Linie so akzeptiert fühlte, wie sie war, und daß ihr Raum und Freiheit geboten wurde, ihre Gefühle kennenzulernen und auch auszusprechen, was in ihr umging. Das ließ sie schließlich auf eine psychisch befreiende und zugleich glaubensstärkende Weise zum entscheidenen Punkt kommen.

Diese Erwägungen wollen nicht verneinen, daß ein solches Gespräch als Ganzes seine Erfüllung und Vollendung erst dann findet, wenn auch explizit über die Dinge im Licht des Glaubens gesprochen werden kann. Wir hatten es ja mit einem Fragment zu tun, wobei es uns vor allem darum ging, zu untersuchen, ob wir mit Anni zu einem Kontakt kommen konnten, in dem sie ihre Schwierigkeiten zur Sprache bringen konnte. Es würde aber eine Verkümmerung und Aushöhlung des seelsorgerlichen Gesprächs bedeuten, wenn es im counseling steckenbliebe. Wir wollen auf diese Weise lediglich einen Weg öffnen, um das Evangelium auch explizit aussprechen und hören zu können und um eventuell Schwierigkeiten im Gebet vor Gott bringen zu können, und zwar so, daß Pastor und Gemeindeglied es wirklich *gemeinsam* tun, ohne daß der Gesprächspartner das Gefühl hat, daß ihm Gewalt angetan oder zumindest etwas auferlegt wird, was er innerlich nicht mitvollziehen kann.

Das seelsorgerliche Gespräch kann von zwei Seiten her bedroht werden: einerseits dadurch, daß man direkte Verkündigung sucht, die nicht auf die Situation des anderen eingeht. Andererseits dadurch, daß man auf der nur-psychologischen Ebene stehenbleibt, erhellend oder durch „counseling". Damit erweist man dem andern wohl einen Dienst, läßt aber die Seelsorge zu kurz kommen bzw. berücksichtigt sie überhaupt nicht. Obwohl counseling, das durch einen Pastor geschieht, eine andere Bedeutung hat als im Kontakt mit einem ‚neutralen' counselor, müssen wir feststellen, daß die Seelsorge zu kurz kommt, wenn es dabei bleibt[20].

---

[20] Eine Frage anderer Art ist, ob es zu verantworten ist, an der besprochenen Stelle (A. 25—S. 25) die psychologische Erhellung bereits zu verlassen und unmittelbar seelsorgerlich (theologisch) über Annis „Sünde" zu sprechen. M. E. ist dafür der „Sitz im Leben" des Verhältnisses mit Jan noch nicht klar genug, und es besteht die Gefahr, daß wir Anni der Möglichkeit berauben, noch mehr Einsicht in ihre Schuldgefühle zu erhalten. Wissen wir bereits, was hier theologisch gesagt werden kann, wenn die menschliche Situation psychologisch noch so wenig aufgehellt ist?

Stille im Gespräch?

In dem oben wiedergegebenen Gespräch gab es viele und oft lange Pausen. Es ist deutlich, daß deren Bedeutung immer groß ist. Es gibt ein negatives, aggressives, abwehrendes Schweigen des anderen. Manche Pastoren haben mir erzählt, daß sie dies bei unaufgeforderten Routinebesuchen manchmal erleben, etwa beim Rundgang im Krankenhaus. Der Besuchte hat dann offenbar das Gefühl: Ich kann mich dem zwar nicht entziehen, aber ich werde ihm schon zeigen, daß ich ihn nicht hergebeten habe. Ich halte meinen Mund. — Was soll man dann tun, fragt sich der Pastor seufzend. Es wird oft möglich sein, diese Stille zu unterbrechen, indem man einfach die Gefühle und Gedanken des anderen ruhig reflektiert und sagt: Offenbar sind Sie nicht ganz glücklich darüber, daß ich Sie so unaufgefordert besuche? Oder: Sie finden es ärgerlich, daß Sie so einfach von mir besucht werden? In vielen Fällen tritt sogleich eine Entspannung ein. Übers Wetter usw. zu reden, hat meistens die entgegengesetzte Wirkung; die Gründe dafür werden dem Leser dieses Buches wohl deutlich sein. Es wird aber Menschen geben, die in ihrer Haltung verharren. Dann konstatiert man am besten ruhig: Sie sind offenbar nicht bereit, ein Gespräch mit mir zu führen, und Sie wollen auch nicht über Ihre Gründe dafür sprechen. Es scheint mir das Beste zu sein, daß ich mich wieder verabschiede. Wenn Sie noch einmal Kontakt mit mir aufnehmen wollen, dann ist dies meine Adresse. —
Kommt dieses negative Schweigen in einer Gesprächssituation vor, die vom Hilfesuchenden herbeigeführt wurde, dann wird der Pastor, wenn er die in diesem Buch erarbeiteten Einsichten berücksichtigt, dem anderen zu helfen versuchen, aus dem Engpaß herauszukommen. Der andere will in diesem Fall offensichtlich, daß ihm geholfen wird, aber er hat mit Widerständen zu kämpfen, mit Gefühlen, die er selbst ungenügend überblicken kann.
In der Stille kann sich auch einfach eine gewisse Ohnmacht verbergen. Es will dem anderen nicht glücken, aus sich selbst herauszutreten und zu einem Sichaussprechen zu kommen. Solch ein Schweigen kann eine schwere Belastung für den anderen werden, und dann soll man das „Gespräch" zeitig beenden. Und doch kann in einem solch „ohnmächtigen Schweigen" viel in einem umgehen. Ich erinnere mich an jemanden, der diese Schwierigkeit in starkem Maße kannte, mir aber mehrfach nach einem solchen schweigenden Gespräch auf langen Seiten seine Gedanken schrieb, die er in dem Augenblick nicht hatte aussprechen können. Man

rechne auch damit, daß dieses machtlose, langwährende Schweigen ein Symptom für ernste Störungen sein kann.

Schließlich gibt es die fruchtbaren Pausen im Gespräch, denen aller Raum gegeben werden muß. Gespräche mit sehr langen Pausen können zu den besten gehören. Es kann dann vieles in jemandem geschehen. Diese Stille darf man nicht zur Unzeit unterbrechen. Es ist sehr wichtig, daß der Pastor selbst nicht unruhig oder unsicher wird von längeren Pausen. Er muß selbst die Stille im Gespräch ertragen können und ihre Bedeutung für den andern nachempfinden.

Liebe ist nicht genug — „Technik" ist nicht genug

„Anni" erfuhr in dem zweiten Gespräch, daß die „wirkliche Aufmerksamkeit und Wärme" (so ihre eigenen Worte), die sie beim Seelsorger empfand, eine entscheidende Bedeutung hatten. Aber auch der Seelsorger im ersten Gespräch hatte die Absicht, ihr in wahrhaft seelsorgerlicher Haltung, also auch mit Aufmerksamkeit und Wärme, entgegenzutreten. Und doch mißglückte sein Gespräch. Aber hätte der zweite Seelsorger in seiner Gesprächsführung *ernsthafte* Fehler gemacht, so wäre auch sein Gespräch festgelaufen. Daraus dürfen wir folgern, daß die Liebe, die dem anderen in wirklicher Aufmerksamkeit und Wärme entgegengebracht wird, notwendig ist, aber in der Regel nicht genügt. Wir müssen für unsere Arbeit auch „fachkundig" sein, durch Studium und Übung. Entsprechend gilt umgekehrt: eine fehlerlos gehandhabte nondirective Gesprächsführung führt zu nichts, ist ein unfruchtbares und schädliches Handwerk ohne Liebe. Wir geraten dann in ein kaltes, frostiges, eintöniges Reflektieren, das nicht nur sinnlos ist, sondern auch dem anderen das Gefühl gibt, im Stich gelassen zu werden.

Die Bedeutung des Rollenspiels für das Gesprächstraining

Unsere Gesprächsanalyse an Hand eines Rollenspiels, in dem ein „ursprünglicher" Fall zu neuem Leben gebracht wurde, mag bei vielen den Einwand erwecken, das Gespräch sei nicht „echt", und darum besage unsere Analyse nichts. Dazu einige Bemerkungen:

1. Die Erfahrung lehrt, daß viele, die von vornherein negativ dem Rollenspiel gegenüberstanden und oft auch gleich sagten, sie könnten es selber nicht, zu ihrer Verwunderung entdeckten, daß sie es sehr wohl konnten, aber auch, wie echt es wird, wie man sich einlebt!

Ausbildung

2. Der „gespielte Fall" hatte genügend Berührungspunkte mit dem echten Fall, um psychologische Faktoren, Möglichkeiten und Schwierigkeiten erkennen zu lassen, die im Spiel waren, trotz der anderen „Umrahmung", in dem er jetzt stand. Wir wollen das Gesagte mit Hilfe folgender Erwägung verdeutlichen:
Im Rollenspiel, wie in jedem anderen organisierten Spiel, haben die Spieler eine reale Aufgabe. Deren Ausführung wird u. a. gefärbt durch die affektive Beziehung zum Spielleiter und zu den anderen Gliedern der Gruppe. Vergleichen wir dies mit der Aufgabe, die das „wirkliche" seelsorgerliche Gespräch stellt, dann sehen wir weitgehende Parallelen: „Wirklicher Klient" und „spielender Klient" müssen versuchen — wenn auch unter verschiedenen Motiven — zu einer optimalen Beziehung zum „Spielleiter" zu kommen, damit ihnen eine möglichst fruchtbare Besprechung des Problems gelingt.

3. Häufig begegnet der Einwand, in einem Rollenspiel kämen nicht mehr die ursprünglich betroffenen Personen zur Sprache, sondern man spiele sich selbst. Das ist in dieser Form nicht richtig. Natürlich spiele *ich* die Rolle des anderen, aber ich tue das aufgrund meines Versuchs, mich in *seine* Situation hineinzuleben, teilzuhaben an *seiner* Erlebniswelt. Daher spiele ich mich selber, wie ich mich als der andere erfahre. Ich kann auch sagen: ich spiele den anderen — auf meine Weise. Ich muß aber noch mehr sagen: Ich spiele auch das Problem, wie es als ein allgemein menschliches besteht, und wie es jeder auf seine Weise kennt.
Wenn man dies alles berücksichtigt, dann ist das Rollenspiel zwar nur ein *Hilfsmittel*, aber ein brauchbares Hilfsmittel für die Gesprächsanalyse. Es ist kein „echtes Gespräch", aber es steht dem doch genügend nahe, um uns beim Training für das echte Gespräch zu helfen. Natürlich darf man im Rollenspiel nicht eine Art Rezept für das Führen eines *bestimmten* Gesprächs mit einem *bestimmten* Mitmenschen sehen wollen!

4. Noch eine letzte Bemerkung: Liegen im Rollenspiel nicht auch Gefahren? Droht nicht in einigen Fällen die Gefahr einer zu großen emotionalen Identifikation? Was wird dabei eventuell aufgewühlt, und kann der Spieler das dann noch handhaben? Gibt man sich nicht zu sehr preis, ohne es selbst zu wissen? Angesichts dieser und ähnlicher Einwände können wir nur sagen: diese Gefahren bestehen wohl, aber bei guter Leistung der Gruppe werden sie erkannt und aufgefangen. Sicher liegt hier kein Grund, auf dieses wertvolle Hilfsmittel zu verzichten.

Zwei weitere Beispiele aus dem Gesprächstraining

Ich möchte dem ersten Fall aus dem Gesprächstraining noch zwei andere hinzufügen. Um ein möglichst deutliches Bild von den Dingen zu geben, um die es geht, beschränke ich mich aber hauptsächlich auf eine referierende Wiedergabe.

Ein Pastor erzählte folgenden Fall: Zu seiner Gemeinde gehörte ein Arzt, der wohl (noch) Glied der Kirche war, aber nicht mehr zum Gottesdienst ging. Er redete gern etwas sarkastisch und zynisch über das kirchliche Leben, die Theologie und die Pfarrer. Er fand, daß die Kirche im Glaubensleben an allen möglichen unhaltbaren Thesen festzuhalten versuche, hoffnungslos veraltet sei, was Lehre und Lebensstil angeht, jungen Menschen sich immer mehr entfremde und die Spannungen zwischen Glaube und Wissenschaft nicht redlich erkenne. Als vor einigen Jahren seine erste Frau gestorben war — er war inzwischen wieder verheiratet — hatte das ein kurzes, stark emotional gefärbtes religiöses Wiederaufleben bei ihm bewirkt. Aber später vertrat er wieder seine frühere Einstellung. Dieser Fall ist um so instruktiver, als es viele Mediziner und andere Akademiker gibt, die die Einstellung dieses Arztes teilen. Der betreffende Pastor hatte versucht, den Arzt, den er als Mensch sehr schätzte, noch einmal zu besuchen, hatte aber das seelsorgerliche Gespräch sehr unbefriedigend gefunden. Wie konnte er eine Gesprächssituation herbeiführen, in der eine Atmosphäre von gegenseitigem Vertrauen und Entspannung entstehen würde, so daß einem seelsorgerlichen Gespräch Perspektiven eröffnet würden?

Drei Teilnehmer des Gesprächspraktikums haben versucht, dieses Gespräch zu führen. Die ersten beiden liefen fest, weil sie sich in Diskussionen verwickeln ließen, die der Arzt herbeiführte, um seine Ärgernisse und Beschwerden loszuwerden. Durch die Art und Weise, wie sie darauf eingingen, indem sie argumentierten, dem anderen Einseitigkeiten nachzuweisen versuchten, Apologie betrieben usw., wurde die Kluft eher größer als kleiner. Man könnte nach einem solchen Gespräch den definitiven Austritt des Arztes aus der Kirche erwarten. Der dritte Teilnehmer hatte ein kurzes Gespräch, in dem es schnell zu einer Entspannung kam, und es endigte mit der Bereitschaft des Arztes, in der kirchlichen Arbeit aktiv zu werden. Nun war das freilich nur ein Rollenspiel. Kommt so etwas in der Praxis nicht vor? Nach der Überzeugung der beiden Verfasser dieses Buches und nach der gemeinsamen Ansicht der Praktikumsteilnehmer kann man erwarten, daß sich ein solches Ge-

spräch in der seelsorgerlichen Praxis nach denselben Regeln entwickelt.
Die Entscheidung fällt bereits mit der Art und Weise, in der der Pastor
eine Begegnung mit dem Gemeindeglied sucht. Noch ein anderes lehr-
reiches Beispiel wollen wir hier zur Sprache bringen. Es geht um eine
junge jüdische Frau, die im Krieg die grauenhaften Schrecken eines Kon-
zentrationslagers mitgemacht hat, einen großen Teil ihrer Familie verloren hat und nach dem Kriege nur von einem Gedanken beseelt ist:
nach allem, was ich an Vernichtung und Tod mitgemacht habe, will ich
selbst einem Kind das Leben schenken. — Bald ist sie schwanger von
einem Mann, den sie nicht heiraten will. Sie denkt auch nicht daran,
einen anderen Mann zu heiraten. Sie will nur ein Kind, neues Leben,
aus ihr geboren, nachdem sie jahrelang in der Welt der Vernichtung ge-
lebt hat. Sie hat nun das Kind bekommen und liegt noch in der Klinik.
Da sie zu Anfang des Krieges Glied einer evangelischen Kirche geworden
war, stößt die Gemeindehelferin auf ihren Namen. Sie besucht sie in
ihrem Einzelzimmer. Die Gemeindehelferin weiß nur, daß die Frau unverheiratet und jüdisch ist. Die junge Mutter ist ein Mensch, der sich
nur schwer äußert und ziemlich gehemmt ist. —
Einige Teilnehmer des Gesprächspraktikums verwirklichten den Besuch im Rollenspiel. Die Gemeindehelferin, die mit dem Fall in Berührung gekommen war, spielte die junge Frau. Die ersten Versuche stran-
deten, weil die besuchenden „Pastoren" schnell versuchten, auf das Problem der unverheirateten Mütter zu sprechen zu kommen. Sie versuchten,
sie auf das Unmögliche hinzuweisen, zugleich Vater und Mutter zu sein,
und besprachen eine Möglichkeit der Heirat mit dem Vater des Kindes.
Alles geschah freundlich, aber diagnostizierend. Die „Seelsorger" kon-
frontierten die „junge Mutter" mit den schwierigen Seiten ihrer Situation
und bemühten sich, ihr eine bestimmte Sicht oder Lösung in die Hand
zu geben, stießen aber auf ein kategorisches „Nein". Es zeigte sich als
ein Fehler, bei dieser empfindlichen, verletzbaren jungen Frau, die auf
eine so merkwürdige Weise ihre eigenen Konsequenzen aus den Kriegs-
erfahrungen gezogen hatte, unmittelbar auf Dinge einzugehen, die im
Augenblick noch nicht spruchreif waren, wobei mit berücksichtigt werden
muß, daß der „Pastor" als Unbekannter das Zimmer betrat. Schließlich
kam ein Teilnehmer zu einem befriedigenden Gespräch. Auf die Be-
grüßungsworte folgte eine Stille. Dem „Seelsorger" war inzwischen deutlich geworden, daß die junge Frau — nennen wir sie Fräulein G. —
gehemmt war und Schwierigkeiten haben würde, über ihre Situation zu

sprechen. Der „Pastor" reflektierte die Stille nach einiger Zeit auf folgende Weise:

P.: Es ist immer etwas merkwürdig, wenn man sich so als Pastor und Gemeindeglied zum ersten Male auf einer Entbindungsstation begegnet.

G.: Ja, in der Tat. Aber ich finde es schön, daß Sie gekommen sind.

P.: Ich finde es auch schön, daß ich Sie besuchen darf. — Ich weiß aufgrund Ihrer Angaben in der Verwaltung, daß Sie unverheiratet sind. Aber nähere Einzelheiten sind mir unbekannt.

Die junge Frau mußte aus diesen Worten spüren, daß der Pastor diesen Besuch „mit dem Herzen" machte. Es war gut, daß er die Frau wissen ließ, wieweit er über ihre Situation informiert war. So nahm er ihr in diesem Punkt jede Unsicherheit. Auch sagte er es so, daß sie selbst entscheiden konnte, was sie damit beginnen wollte.

G.: Ja, ich stehe allein als Mutter mit dem Kind. Aber ich bin sehr glücklich über das Kind. Und meine Eltern sind auch schon hier gewesen; meine Mutter schon ein paar Mal.

Es entsteht jetzt ein kurzes Gespräch über ihre Eltern, ihre Arbeit, ihre Wohnung, über dieses Baby, über das sie so glücklich ist. Sie spricht auch über ihr Vertrauen auf Gott. Dann kommt es wieder zu einem längeren Schweigen, das der Pastor unterbricht.

P.: Vielleicht möchten Sie mir einmal mehr über sich erzählen. Bei Ihnen liegen die Dinge anders als in einer durchschnittlichen Familie. Es kann aber sein, daß Sie im Augenblick lieber nicht weiter darauf eingehen wollen. Das könnte ich mir auch gut vorstellen.

Es ist richtig, daß er sie selbst entscheiden läßt, was sie tun möchte.

G.: Wenn Sie . . . im Augenblick . . . mein Schweigen darüber akzeptieren können, dann habe ich das lieber . . . Es hilft mir schon, daß Sie da sind.

P.: Natürlich. — Jedenfalls möchte ich Sie, wenn es Ihnen recht ist, in Kürze noch einmal aufsuchen, wenn Sie wieder zu Hause sind.

G.: Darum mochte ich nicht bitten, aber ich erhoffte es.

Formal ist dieses Fragment natürlich nicht ein Beispiel für non-directive Gesprächsführung. Derartiges ist bei einem solchen Besuch, den man unaufgefordert als Pastor macht, um Kontakt herzustellen, auch kaum möglich. — Man steht zunächst lediglich vor der Aufgabe, die Gesprächssituation zu strukturieren. Es kamen aber formal auch non-directive Stellen vor, u. a. als die Frau auf ihr Verhältnis zu den Eltern und deren Reaktion auf das Enkelkind etwas einging. Und der Atmosphäre nach ist das Fragment von dem Geist durchzogen, den wir in diesem Buch vertreten haben. Es ging um die Frage, ob es möglich sein würde, zu dieser empfindlichen, gehemmten jüdischen Frau eine Vertrauensbeziehung herzustellen, die eine seelsorgerliche Weiterarbeit ermöglichte. Es zeigte sich, daß alles Nachfragen und Forschen, alles diagnostizierende und mehr oder weniger moralisierende Auftreten das Zustandekommen eines derartigen Kontaktes verhinderte und daß der Frau am meisten durch einen Seelsorger geholfen war, der „bei ihr" sein wollte — daher ihre Worte: es hilft schon, daß Sie da sind. Das war *für den Augenblick* genug.

Schlußfolgerungen von Teilnehmern an dem Gesprächstraining

Zum Schluß mögen unsere Praktikumsteilnehmer in einigen Äußerungen zu Wort kommen, wie sie nach Kursen immer wiederkehren:

1. Wir haben in unserer beruflichen Ausbildung nicht gelernt, uns auf die psychologische Seite der Gesprächsführung zu besinnen, geschweige denn, uns über unsere Methode Rechenschaft abzulegen. Wir entdecken jetzt, wie notwendig dies ist. Wir entdecken auch, daß wir uns meistens eine eigene Methode angeeignet haben, mehr oder weniger direktiv, autoritativ, suggestiv, persuasiv, analysierend oder in anderer ähnlicher Weise ein Gespräch zu führen. Dabei suchten wir unsere ‚Methode' meistens nicht nach dem Gesichtspunkt: Womit dienen wir dem anderen am besten? Sondern: Auf welche Weise kann *ich* mit dieser Gesprächssituation am besten fertigwerden — wie finde *ich* hier einen Weg. Kurz, wir waren meistens nicht „client-centered", wenn wir auch die Intention hatten.

2. Es beeindruckte uns, daß wir im allgemeinen so schlecht zuhören konnten und daß wir immer wieder direktiv zu werden drohten und versuchten, zum anderen zu sprechen, ohne wirklich „bei ihm" zu sein. Das Reflektieren, das Zurückgeben der „emotionalen Essenz" dessen, was der andere soeben gesagt hatte, das u. a. eine Art Ermutigung bedeutet, noch einmal darüber nachzudenken, schien den meisten sehr schwerzufallen. Und es ist deutlich, daß dies mit schlechtem Zuhörenkönnen zusammenhing.

3. Wir wurden uns des Unvermögens bewußt, den anderen wirklich zu akzeptieren, uns in ihn hineinzuversetzen, seine Erlebniswelt kennenzulernen — obgleich wir natürlich schon immer zugaben, daß das für das Gespräch nötig ist. Das hing offensichtlich mit unserem „Habitus" zusammen, mit unserer tiefsten persönlichen Einstellung.

Ein Teilnehmer schrieb einmal nach einiger Zeit: „Wird hier nicht sichtbar, daß wir mit uns selbst noch nicht fertig sind, daß wir uns selbst nicht voll akzeptiert wissen und daß wir daher nicht frei sind, den anderen zu akzeptieren? Hängt die Mühe, die wir haben, um uns dem anderen anzupassen, nicht damit zusammen, daß wir selbst es noch nicht akzeptiert haben, daß Jesus sich für uns hingegeben hat und daß der Mensch dadurch von der Gebundenheit an sich selbst befreit werden kann?

Bliebe das Selbst der Teilnehmer in den Kursen außerhalb des Gesichtskreises, so fehlte der reale Anknüpfungspunkt an die wertvollen Gesichtspunkte von Rogers. Er setzte ja voraus, daß die Person, die die Gespräche führt, selbst „verändert" ist. Andernfalls wird sich counseling nur als ein Trick handhaben lassen, und man wird dem anderen nur sehr bruchstückhaft, jedenfalls nicht in Wirklichkeit und auf keinen Fall seelsorgerlich helfen."

4. Wir waren uns vor dem Praktikum nicht bewußt, wie unsicher wir unsere Gesprächsführung handhaben. Daß wir darüber nun Klarheit haben, ist ein Gewinn, weil niemandem geholfen ist, wenn er an seinen Schwächen und Fehlern vorbeilebt, vor allem dann nicht, wenn sie uns im Kontakt mit anderen schaden.

5. In unserer Gesprächsführung zeigt sich, wer wir sind. Unser Glaube, unsere Hoffnung, unsere Liebe schlagen sich in der Weise nieder, in der wir mit dem anderen umgehen, auch im seelsorgerlichen Gespräch. So ist die Rechenschaft, die wir uns von unserer Gesprächsführung geben, auch eine Rechenschaft über die Hoffnung, die wir haben.

6. Wir kommen zu dem Schluß, daß neben theoretischer Besinnung und praktischem Training auch die psychische und geistliche Reife des Seelsorgers in der Schulung bedacht werden muß.

7. Wir sind im Gesprächstraining zu der Einsicht gekommen, daß es wichtig ist, daß der Pastor selbst Seelsorge sucht, wo das nötig ist. Jemand, der meint, er habe nie Hilfe nötig, oder der nicht bereit ist, sie zu akzeptieren, also jemand, der nie „auf dem anderen Stuhl" sitzt, ist besonders wenig geeignet, seelsorgerliche Gespräche zu führen. Bei

ernsthaften Schwierigkeiten oder psychischen Konflikten kann jemand durch die Erfahrungen im Gesprächstraining dazu gebracht werden, für sich selbst psychotherapeutische Hilfe zu suchen. Geschähe dies häufiger, könnte vielen Pastoren und ihren Familien geholfen werden und die Gemeinde und Kirche bliebe vor vielen kleinen „Päpsten", autoritativen Kirchenführern, ungeschickten Seelsorgern, fruchtlosen kirchlichen Konferenzen und hoffnungslosen „kirchlichen Gesprächen" bewahrt.

Mißverständnisse

Es liegt nahe, daß dieses Buch Mißverständnisse erregt oder verstärkt. Ich denke dabei nicht so sehr an das Mißverständnis, wir wollten Gesprächsführung nach einer Art „seelsorgerlichem Kochbuch" lernen. Eher erwarte ich den Vorwurf, wir sähen die Rettung aus vielen Sackgassen, in die wir mit der Kirche geraten sind, bei der (Pastoral-)Psychologie und meinten, der Seelsorger könne seine Aufgabe in der heutigen Gesellschaft nur erfüllen, wenn er ein halber (oder ganzer) Psychologe würde. A. A. van Ruler sagte vor einigen Jahren dazu: „Es gibt eine wunderliche Flucht in die Psychologie und die Soziologie. Diesen jungen Wissenschaften möchte ich kein böses Wort nachsagen. Aber es ist ein merkwürdiger Stand der Dinge, wenn Herolde des Königreichs Gottes von der Psychologie und der Soziologie die Lösung für die Schwierigkeiten ihrer Lage erwarten und über Dogmengeschichte und Dogmatik nur noch die Nase rümpfen."[21] Van Ruler hat vollkommen recht. Natürlich wäre das eine Torheit. Aber derartige Mißverständnisse sollen uns nicht hindern, einzusehen, daß die Pastoralpsychologie der Seelsorge große Dienste leisten kann. Der Pastoralpsychologe betreibt nicht Seelsorge als eine Form der angewandten Psychologie. Er will auch nicht alle Seelsorger zu Pastoralpsychologen machen.

Neue Akzente in der Pfarrerausbildung

Aus der vorliegenden pastoralpsychologischen Studie ergibt sich als Konsequenz die Forderung nach einer Wandlung in der Pfarrerausbildung und nach einer besonderen Pfarrer-Schulung während des Pfarramts. Auf die bisherige Weise werden Diener für eine Kirche ausgebildet, die in

---

[21] A. A. van Ruler: De prediker zij zich bewust van de ernst van zijn taak, in: Hoe vindt u, dat er gepreekt moet worden? Zwolle 1959, S. 144.

einer völlig anderen Welt als der unsrigen wurzelt. Im Vergleich zu anderen praktischen Berufsausbildungen kommt die Ausbildung für das praktische Pfarramt, die „Nachschulung", schlecht weg. Was dazu nötig ist, wird nicht aufgefangen durch eine (fakultative) Vorlesung über Pastoralpsychologie und auch nicht dadurch, daß man dem Fach einige Aufmerksamkeit auf dem Predigerseminar schenkt. Derartige Ansätze sind begrüßenswert, aber völlig unzureichend.

Was die Verwirklichung der pastoralpsychologischen Ausbildung in den Niederlanden betrifft, so entstand 1957 als erster Versuch in dieser Richtung das Pastoralpsychologische Zentrum in Utrecht, in dem auch ich tätig bin. Von den Mitgliedern der „beratenden Kommission" des Instituts wurde in Deutschland bisher wohl Professor van den Berg am bekanntesten.

Als eine nächste Stufe in der Entwicklung entstand das „clinical training", das Dr. Faber im Auftrag der theologischen Fakultät Leiden durchführt und über das er im ersten Teil dieses Buches ausführlich berichtet hat. Ein Institut mit anderer Zielsetzung auf diesem Gebiet ist das 1961 errichtete Zentrum für kirchlich-soziologische und pastoralpsychologische Forschung (Centrum voor kerkelijk-sociologisch en pastoraalpsychologisch onderzoek), dessen Direktor für die Pastoralpsychologie ebenfalls Dr. Faber ist.

Schließlich sei hier noch der zweijährige pastoralpsychologische Kurs für Pastoren erwähnt, der von der theologischen Fakultät Utrecht ausgeht. Der erste fand von September 1960 bis zum Sommer 1962 statt, wobei die Teilnehmer während des Semesters alle zwei Wochen für zwei Tage nach Utrecht kamen. Dieser Kurs ist ein wichtiges Beispiel für eine ausführliche Weiterbildung von Pastoren nach ihrem Studium. Eine erfreuliche Begleiterscheinung bei allen erwähnten Experimenten ist die Tatsache, daß Pastoren der verschiedenen Kirchen sich hier begegnen und zusammen arbeiten lernen. Auch die ökumenische Bedeutung dieser gemeinsamen Besinnung auf die Seelsorge darf daher nicht unterschätzt werden.

Übrigens ist uns deutlich, daß wir noch an keiner Stelle über das Anfangsstadium hinausgelangt sind.

Daß sich immer mehr Augen für die große Bedeutung der Dinge öffnen, die in diesem Buch besprochen werden, zeigt sich in der wachsenden Zahl von Publikationen auf diesem Gebiet und im wachsenden Interesse bei Pfarrern, kirchlichen Mitarbeitern und Gemeindegliedern. Es wird von größter Wichtigkeit sein, daß Universität und Kirche dieser Entwicklung genügend Raum geben und sie fördern. Die Besinnung auf die Zu-

rüstung für das seelsorgerliche Gespräch wird einen zentralen Platz behalten müssen, weil ja im seelsorgerlichen Gespräch „Christus sein Gespräch mit der Welt fortsetzt bis zum Ende der Zeiten. Als Christus
Mitleid mit den Menschen hatte, die wie Schafe sind, die keinen Hirten
haben (Matth. 9, 36), wollte er seinen Jüngern das Bewußtsein der tra-
gischen Verlassenheit übermitteln, in der so zahllos viele Menschen
umherirren, ohne Richtschnur und Leitung. Und es ist, als ob Er selber
uns alle fragt: gibt es noch Jünger, die in verantwortlicher Weise mitten
unter diese Menschen gehen wollen, um mit ihnen über die Wahrheit
zu sprechen, Seine Wahrheit, die aletheia, das Offenliegen des Seins"
(Leon).

1. Die Phasen des seelsorgerlichen Gesprächs

In einer Reihe von Tagungen und Kursen, die als „Praktikum des seelsorgerlichen Gesprächs" gehalten wurden, wurde übereinstimmend der Wunsch nach Beispielen laut, in denen ein seelsorgerliches Gespräch die Tiefe erreicht, auf die hin es angelegt ist, in denen es also abgerundet erscheint, in denen „alles" gesagt ist, was zu sagen war. Es ist deutlich, daß diese Abrundung in den seltensten Fällen in einem einzelnen Gespräch erreicht wird. Daher machen auch die in diesem Buch angeführten Gespräche oft einen fragmentarischen Eindruck. Wir bringen deshalb als Ergänzung ein Beispiel, in dem die verschiedenen Phasen, die ein Gespräch durchlaufen kann, deutlich erkennbar sind. Es handelt sich um den Besuch eines Seelsorgers im Krankenhaus bei einer 60jährigen Frau, die er noch nicht kennt. Die Patientin liegt in einem Zimmer mit mehreren Betten. Der Pfarrer spricht mit allen Kranken, kommt auch ans Bett dieser Frau und eröffnet das Gespräch:

P(astor) 1: Wie lange sind Sie schon hier?

F(rau) 1: Sechs Wochen. Ich bin an der Galle operiert worden. Zwei große Steine.

P. 2: Dürfen Sie schon bald nach Hause gehen?

F. 2: Das weiß ich noch nicht. Ich hab schon mal gefragt. Man macht sich doch Sorgen.

P. 3: Sie sorgen sich um Ihre Familie?

F. 3: Ja. (Sie erzählt von ihren Familienverhältnissen. Ihr Mann ist Invalide.)

P. 4: Sie machen sich Sorgen wegen des Haushalts?

F. 4: Ja. (Schildert, wie die übrige Familie sich selbst helfen muß. Nach kurzer Pause erzählt sie ihre Krankengeschichte. Sie hatte einen Herzanfall gehabt und war zunächst in die Innere Abteilung des

Krankenhauses eingeliefert worden. Als sie entlassen werden sollte, bat sie darum, sie wegen eines Drucks in der Magengegend zu röntgen. Man stellte Gallensteine fest. Sie entschloß sich zur Operation, ohne erst nach Hause zu gehen. Sie fühlte, daß sie, erst einmal nach Hause entlassen, nicht so schnell wieder den Entschluß fassen würde, sich operieren zu lassen. Sie erläutert das mit dem Hinweis, daß „man sich doch so allerhand Sorgen mache".)

P. 5: Sie hatten Angst.

F. 5: Ja, vor allem der letzte Tag vor der Operation war schrecklich. Wir haben eine gute Ehe. Das wäre doch schlimm, wenn mein Mann dann unversorgt bliebe.

P. 6: Wir dürfen uns mit unserem Leben Gott anvertrauen.

F. 6: Ja, ich bin am Samstag vor der Operation auch in den Gottesdienst hier im Krankenhaus gegangen.

P. 7: Jetzt fühlen Sie sich wohler?

F. 7: Ja, morgen kommt mein Mann wieder, und dann sagt er, daß ich mir um ihn keine Gedanken zu machen brauche; daß zu Hause alles gut geht und daß die Hauptsache ist, daß ich gesund wieder nach Hause komme.

Sehen wir uns dies Gespräch etwas näher an. Der Pfarrer eröffnet das Gespräch, indem er sich nach ihrer Situation erkundigt. Ein sehr wesentliches Moment der Situation eines Patienten im Krankenhaus ist die Dauer seines Aufenthaltes dort. Das wird in F 2 deutlich, wo die Frau auf die Frage, ob sie bald entlassen würde, antwortet, daß sie das nicht wisse, und im Zusammenhang damit zu erkennen gibt, daß sie sich sorgt. Der Pfarrer fragt empathisch nach: „Sie sorgen sich um Ihre Familie?" und etwas später: „Sie machen sich Sorgen wegen des Haushalts?" Er läßt der Frau alle Zeit und gibt ihr alle Gelegenheit, sich darüber auszusprechen. Offensichtlich hat die Patientin den Eindruck, daß man diesem Pastor gegenüber von seinen Sorgen berichten kann. Sie erzählt nämlich (nach einer kurzen Pause, in der sie Zeit zum Nachdenken hat und in der ihr der Pastor alle Freiheit läßt, das Gespräch in ihrem Sinne fortzuführen) von ihrer Krankheit. Dieser Gesprächsabschnitt läuft auf die Bemerkung hinaus, „daß man sich doch so allerhand Sorgen mache". Obgleich dies eine sehr vage Bemerkung ist, kann man vermuten, daß die Sorgen, die sie hier angedeutet, sehr viel persönlicher, bedrängender sind als die Gedanken, die sie sich um Familie und Haushalt macht. Sie wagt es also (nach der kurzen Pause), auf eine tiefere Ebene des Gesprächs hinabzusteigen, auf eine Ebene, die (wie der Fortgang des Gesprächs beweist) sehr emotionsgeladen ist. Deutlich erkennbar hebt sich dieser erste Teil des Gesprächs von dem, was folgt, ab. Wir dürfen deshalb annehmen, daß damit die erste Phase des Gesprächs abgeschlossen ist. Sie ist dadurch gekennzeichnet, daß sich der andere *aussprechen* darf. Der Pastor sucht die Frau auf, versucht, ihre Situation zu erkennen und sich in sie hineinzuversetzen. Er fragt nach und hört ruhig zu, als die Kranke ihm von ihren Sorgen erzählt. Er versucht nicht etwa, ihre Sorgen um die Familie und den Haushalt zu beschwichtigen (etwa: „Sie dürfen sich nicht so viele Gedanken machen, Ihr Mann wird sicher auch einmal für ein paar Wochen ohne Sie auskommen . . .“), oder ihr die Sorgen abzunehmen („Ich werde für Sie eine Familienpflegerin besorgen . . .“) — in diesen Fällen wäre das Gespräch an dieser Stelle bereits zu Ende gewesen. Eine Familienpflegerin häte sie wahrscheinlich abgelehnt, und nach dem Abschied des Pastors hätte sie sich weiter ihre Gedanken gemacht. Eines ist aber sicher: über die „allerhand Sorgen“, die sie sich *auch* noch macht, hätte sie kein Wort verloren! Der Pastor hätte sie nicht aussprechen lassen! Nachdem sie aber ihre Krankengeschichte erzählt hat, hat der Pastor den Eindruck, daß sie jetzt, zwar nur andeutungsweise, etwas sehr Wesentliches von sich gesagt hat, vielleicht sogar *das* Wesentliche, was sie im Augenblick beschäftigt. Das Gespräch tritt in eine neue Phase ein. Sie umfaßt in unserem Gespräch nur zwei Sätze:

P. 5: Sie hatten Angst.

Wie gut der Pastor hier zugehört hat, wie sehr er auf den emotionalen Hintergrund dessen geachtet hat, was die Frau ihm erzählt, beweist die Reaktion der Frau: sie bejaht dies nicht nur, sondern spricht ihre Angst aus. Es ist die Angst, sterben zu müssen:

F. 5: Ja, vor allem der letzte Tag vor der Operation war schrecklich. Wir haben eine gute Ehe. Das wäre doch schlimm, wenn mein Mann dann unversorgt bliebe.

Hier wird auch deutlich, daß die Gedanken, die sie am Anfang des Gesprächs äußerte, nämlich wie ihr Mann und ihre Familie wohl ohne sie fertig würden, einen sehr viel tieferen Hintergrund hatten, als der Pastor ahnen konnte (und als der Frau vielleicht selber ganz deutlich war!).

Was für eine Funktion hat diese zweite Phase im Verlauf des ganzen

Gesprächs? Der Pastor hat der Frau zu einer *Erhellung* ihrer Gefühle verholfen. Er hat so gut zugehört, daß er etwas von den Gefühlen dieser Patientin spürte, daß er hörte, was sie *eigentlich* und doch verhüllt aussprach, und der Kontakt war so gut, daß er es wagte, einfühlend und verstehend den so gewichtigen Satz zu sagen: „Sie hatten Angst." Er eröffnet der Frau damit die Möglichkeit, nun auch „das Letzte" auszusprechen.

Wenn man dieser Frau einfühlend zuhört, dann hat man den Eindruck, daß sie diese Angst noch nicht ganz hinter sich gelassen hat. Sie spricht deutlich nicht über etwas, was der Vergangenheit angehört: „Man *macht* sich doch so allerhand Sorgen ... Das wäre doch schlimm, wenn mein Mann dann unversorgt *bliebe*." So hat es jedenfalls der Pastor empfunden. Mit dem nächsten Satz wird wieder eine neue, die dritte Phase im Lauf des Gesprächs erreicht:

P. 6: Wir dürfen uns mit unserem Leben Gott anvertrauen.

Hier ist der Augenblick der *Konfrontation* erreicht. Der Pastor sagt in diesem einen Satz etwas von dem, was sein Auftrag ist, er spricht ein Stück seiner Botschaft aus. Aber es ist beachtenswert, *wie* er das tut. Man hat nicht den Eindruck, daß er „etwas los wird", keine Spur von autoritativem Auftreten, kein „jetzt kommt die Lösung"; sondern vorsichtig („wir dürfen"), solidarisch („wir"), also gemeinsam mit ihr versucht der Pastor den Weg des Vertrauens zu gehen, ihr diese Möglichkeit aufzuzeigen. Die Frau akzeptiert dies, sie macht sich diesen Weg zu eigen, so sehr, daß sie zum Ausdruck bringt, daß sie diesen Weg bereits selber beschritten hat:

F. 6: Ja, ich bin am Samstag vor der Operation auch in den Gottesdienst hier im Krankenhaus gegangen.

Damit ist das Ziel eines seelsorgerlichen Gesprächs erreicht. Es lohnt aber, nun den Blick noch auf den Schluß des Gesprächs zu richten. Der Pastor fragt:

P. 7: Jetzt fühlen Sie sich wohler?

In der Analyse des Gesprächs wurde der Pastor gefragt, welchen Gefühlswert für ihn dieser Satz gehabt habe. Er antwortete, daß diese Frage sich durchaus nicht auf die geglückte Operation und die Befreiung von ihren Beschwerden bezogen hätte. Sie sei umfassender gemeint gewesen. Irgendwie hätte er das Gefühl gehabt, es sei in diesem Gespräch etwas geschehen. Was, das sei ihm im Augenblick des Gesprächs nicht bewußt gewesen. Aber irgendwie hatte er den Eindruck, daß sich etwas Positives ereignet

habe. So sei ihm wie von selbst diese Frage über die Lippen gekommen.

Die Antwort der Frau bestätigt das Gefühl des Pastors:

F. 7: Ja, morgen kommt mein Mann wieder und dann sagt er, daß ich mir
um ihn keine Gedanken zu machen brauche; daß zu Hause alles gut geht
und daß die Hauptsache ist, daß ich gesund wieder nach Hause
komme.

In der Tat ist hier etwas geschehen. Es ist ein Weg zurückgelegt worden.
Vergleicht man den Anfang des Gesprächs mit diesem Satz, dann wird
deutlich, daß hier *anders* über die Sorgen gesprochen wird. Die Frau legt
ihre Gefühle ihrem Mann in den Mund (noch kann sie es nicht *ganz* von
sich selbst und aus sich selbst sagen, und doch sagt *sie* es — und nicht etwa
der Pastor!): Ich brauche mir keine Gedanken um ihn zu machen, es geht
zu Hause alles gut. Zugleich öffnet sich ein Stück Zukunft: die Frau freut
sich auf den Besuch des Mannes, sie sieht sich gesund wieder nach Hause
zurückkehren.

Die Aufgabe des Seelsorgers ist beendet. Hier braucht er nichts mehr zu
sagen. Dies war die vierte Phase des Gesprächs, die Paul Johnson die
„Integration" nennt[1]. Die Frau ist etwas getroster zurückgeblieben. Sie
hat ihre Angst aussprechen können, sie hat sie „integriert", so daß sie nicht
mehr so bedroht davon ist; ihre Gefühle haben sich ein wenig geklärt,
so daß sie etwas mehr Vertrauen gewonnen hat.

Uns scheint, daß dies Gespräch exemplarisch die vier Phasen des seelsorgerlichen Gesprächs erkennen läßt: das Aussprechenlassen, die Erhellung der Gefühle, die Konfrontation mit dem, in dessen Auftrag sich der
Seelsorger dem andern zur Verfügung stellt, und die „Integration", so
daß der andere nun freier in die Zukunft sehen und gehen kann.

Es ist zugleich deutlich geworden, daß dies Gespräch nur deshalb zu Ende
(d. h. durch alle vier Phasen hindurch) geführt werden konnte, weil der
Pastor nicht vorzeitig am Ziel zu sein meinte, sondern empathisch und
solidarisch ein Stück Weg mit dem andern gegangen ist.

---

[1] Paul Johnson, Psychologie der pastoralen Beratung, Wien, Freiburg, Basel 1969,
S. 126 ff.

2. Die Haltung gegenüber ambivalenten Gefühlen

Das Gespräch mit einem Menschen, der von einander widerstreitenden Gefühlen hin- und hergeworfen wird, bereitet in der Praxis immer wieder große Schwierigkeiten. Wir versuchen, die Problematik solcher Gespräche an Hand zweier Protokolle aufzuzeigen: eines aus der Erinnerung wiedergegebenen Gesprächs und eines Rollenspiels, das den gleichen Fall zum Gegenstand hat.

Es handelt sich um einen 59jährigen Herzpatienten in einem Krankenhaus, der ursprünglich Facharbeiter ist, aber infolge von Rationalisierungsmaßnahmen in seinem Betrieb einen Platz bekommen hat, an dem er seine Fähigkeiten nicht mehr zur Geltung bringen kann. Wir steigen mitten in das Gespräch ein.

M(ann) 1: ... Also, was ich sagen wollte, wir haben da eben von Berufen gesprochen. Ich bin von Beruf ... (es folgt jetzt eine ausführliche Beschreibung der mit der Umstellung im Betrieb für ihn verbundenen Schwierigkeiten und Streitigkeiten) ... Und dann konnte ich auf einmal nicht mehr weiter. Ich mußte bei jedem Schritt anhalten und Luft holen. Mir wurde so eng. Ich hatte keine Kraft mehr.

P(astor) 1: Es gab für Sie in Ihrem Beruf keinen Weg mehr — und da konnten Sie nicht mehr gehen. Meinen Sie nicht, daß da vielleicht ein Zusammenhang besteht? Das geht an einem Menschen nicht spurlos vorüber.

M. 2: Sehen Sie, Sie haben es gemerkt. Sie haben mich verstanden. Das bleibt einem nicht in der Wäsche hängen, sagt man bei uns. Das geht tiefer.

(Wir unterbrechen für einen Augenblick. Sehr scharf hat der Seelsorger Zusammenhänge zwischen der Krankheit des Mannes und seinen beruflichen Konflikten erkannt. Er hat keine Scheu, diesen Zusammenhang ziemlich direkt beim Namen zu nennen. Damit trifft er ins Zentrum, wie die Antwort des Patienten beweist. Wie geht das Gespräch jetzt weiter? Der Seelsorger fühlt sich aufgerufen, das Problem zu lösen. So fährt er fort:)

P. 2: Darüber braucht man sich gar nicht zu wundern. Sehen Sie einmal: das ist schon unter normalen Bedingungen schwer, seinen Beruf aufgeben, wenn man pensioniert wird. Es gibt viele, die wissen dann nichts mehr mit sich anzufangen, wenn sie aus der Ordnung herausgelöst werden, die ihr Leben jahrzehntelang bestimmt hat. Es gibt viele, die sterben kurz nach ihrer Pensionierung, weil sie mit diesem Problem nicht fertig werden. Und auf Sie kommt das jetzt schon zu. Und Sie müssen irgendwie damit fertig werden. Das ist nicht leicht.

(Die Absicht des Pastors ist unverkennbar. Er möchte dem Mann weiterhelfen. Er stellt sein Problem in einen größeren Zusammenhang, d.h. er verallgemeinert [„schon unter normalen Bedingungen ... es gibt viele"], um ihm sein Los akzeptabler zu machen, er ermuntert ihn, sich nicht mehr dagegen aufzulehnen — hat diese Auflehnung ihn nicht gerade ins Krankenhaus gebracht? Auffallend ist der Stil, in den der Pastor verfällt: er belehrt [„Sehen Sie mal"!]. Die Reaktion des Patienten darauf kommt prompt:)

M. 3: Ich bin ja erst 59 Jahre alt. Und habe noch ziemlichen Schwung. Ich muß noch kleben wegen der Rente. Damit bin ich noch nicht fertig. Aber ich habe ja auch noch viel zuviel Schwung. Ich werde es schon schaffen. Sie werden sehen: Ich habe mich schon wieder in der Hand.

(Die Ausführungen des Seelsorgers haben offenbar das Gefühl der Unsicherheit und des Bedrohtseins bei dem Patienten verstärkt. Sie haben ihn sehr unmittelbar mit Pensionierung und Pensionierungstod konfrontiert, haben seine Angst in einer für ihn unerträglichen Weise angesprochen. Die Folge ist, daß er sich sofort abschirmt und den Gegenpol seiner Angst betont: Ich habe mich schon wieder in der Hand! Ich werde es schon schaffen. Der Pastor spürt sofort, daß er genau das Gegenteil von dem erreicht hat, was sein Ziel war. Er ahnt auch, daß er zu direktiv vorgegangen ist, denn er schaltet jetzt unvermittelt auf das „Spiegeln" um:)

P. 3: Sie haben sich gefangen.

M. 4: Es geht schon wieder aufwärts.

P. 4: Sie haben die Enttäuschung überwunden.

M. 5: Ich habe mich wieder in der Hand. Der Strukturwandel, das muß ja sein. Wenn eine Fabrik den nicht mitmachen wollte, dann wäre sie bald am Ende.

(Oberflächlich gesehen könnte man meinen, das Ziel des Gesprächs sei nun dennoch erreicht, der Mann habe seine Situation innerlich verarbeitet und sei so ein Stück weitergekommen. Der Pastor aber spürt, daß diese „Erkenntnis" nicht aus innerer Freiheit, sondern vielmehr aus einer Defensivhaltung heraus gesprochen ist: die Abwehr richtet sich dabei sowohl gegen die eigene unverarbeitete Problematik als auch gegen den Seelsorger, der einen Druck auf diese Problematik ausgeübt hatte. So geht der Pastor mit einem Satz noch auf das von ihm Gesagte ein, um dann, eingeleitet durch ein verräterisches „aber" noch einmal zu versuchen, seinem Ziel näherzukommen:)

P. 5: Ich finde es gut, daß Sie nicht verbittert sind. *Aber* ich habe den Eindruck, Sie trauern Ihrem alten Beruf noch zu sehr nach und verkrampfen sich dabei. Sie müßten es schaffen, mit etwas mehr Gelassenheit daran zurückzudenken. Ich glaube, davon hängt auch mit ab, ob es mit Ihrer Krankheit besser wird. Sie wollen zuviel.

M. 6: Glauben Sie mir, ich habe mich jetzt wieder in der Hand. Früher, da meinte ich überhaupt, ich könnte alles mit Kraft machen ... Aber ich rede viel zu lange und beanspruche ihre Zeit. Ich dränge mich zu sehr in den Vordergrund.

(Der Patient bittet den Pastor förmlich [„glauben Sie mir"], es genug sein zu lassen. Er setzt noch einmal an, um auf seine Problematik einzugehen, läßt dann aber den Pastor unmißverständlich wissen, daß er nicht mehr bereit ist, das Gespräch fortzusetzen. Bezeichnend für die Haltung des Pastors ist übrigens sein wiederholter gesetzlicher Appell: [„Sie müssen damit fertig werden ... Sie müßten es schaffen"] und sein vorwurfsvoller Ton [„Sie trauern Ihrem alten Beruf noch zu sehr nach ... Sie wollen zuviel"] — hier berühren sich die Fragen psychologisch verantworteter Gesprächsführung mit der theologischen Grundproblematik von Gesetz und Evangelium[2]).
In einem Rollenspiel (s. dazu S. 223), in dem der Pastor, der das oben aufgezeichnete Gespräch geführt hatte, die Rolle des Gesprächspartners übernahm, versuchte ein anderer Kursteilnehmer, die Sackgasse, in die das Gespräch geraten war, zu vermeiden. Wir setzen bei P. 2 ein.

P. 2: Ja, das kann ich gut verstehen. Ich kann mir das gut vorstellen, wenn man, so wie Sie das jetzt eben gesagt haben, sich in seinem Beruf plötzlich so eingeengt fühlt, wenn man so wenig das Gefühl hat, an der richtigen Stelle zu stehen, daß es nicht mehr weitergeht. Wenn ich Sie richtig verstanden habe, sehen Sie diese Dinge irgendwie in einem Zusammenhang.

---

[2] Was M. Josuttis (Gesetzlichkeit in der Predigt der Gegenwart, München [2]1969) für die Predigt aufgezeigt hat, müßte gleichermaßen für die Seelsorge fruchtbar gemacht werden.

M. 3: Ja, ich glaub' schon, daß da ein Zusammenhang besteht. Wie Sie das jetzt so sagen — das geht halt an einem Menschen nicht spurlos vorüber ... ich hab *so* 'ne Stelle gehabt im Betrieb ... und jetzt auf einmal, diese Umstellung ... natürlich, das ist ja notwendig, den jungen Leuten macht das auch gar nichts aus ...

P. 3: Aber für Sie ist das ...

M. 4: Ja, bei mir, im Alter kann man sich nicht mehr umstellen. Und umgekehrt: mit 59 Jahren kann ich ja auch noch nicht aufhören, ich habe ja noch Schwung, ich habe noch nicht einmal zu Ende geklebt, ich muß noch mal ran, und ich will auch ... und das schaffe ich auch — Sie werden sehen, kommen Sie mal in vierzehn Tagen wieder, da bin ich hier raus.

P. 4: Wenn ich Sie richtig verstanden habe, dann ist auf der einen Seite die Situation so furchtbar aussichtslos für Sie gewesen ...

(An dieser Stelle müssen wir unterbrechen, denn der Ausdruck „so furchtbar aussichtslos" ist nicht empathisch genug, er ist zu scharf, und für einen Augenblick besteht dann auch die Gefahr, daß der Patient in die Defensive geht:)

M. 5: Ach, aussichtslos, das will ich nicht sagen ... aussichtslos ... ich mein, es ist halt eins zum anderen gekommen, man hätte erst einmal abwarten müssen, wie das weitergehen würde ... die Schlacht war noch nicht verloren. Aber da kam halt diese Krankheit. Vielleicht ... wenn ich jetzt wieder in den Betrieb zurückkomme, da kann man ja mal sehen. Ich hab die Sache noch nicht aufgegeben. Ich werde ihnen schon zeigen, wer ich bin!

P. 5: Auf der einen Seite sehen Sie die Schwierigkeiten, die mit dieser Umstellung verbunden sind, auf der anderen Seite sagen Sie sich aber: es geht wieder weiter, die Schlacht ist noch nicht verloren.

(Der Pastor vermeidet es, den Patienten in eine bestimmte Richtung zu dirigieren. Er spürt das Schwanken zwischen Mutlosigkeit und Mut, zwischen Resignation und Aufbegehren und gibt zu erkennen, daß er das eine wie das andere versteht.)

M. 6: Eben. Und passen Sie mal auf, *die* werden ja jetzt gesehen haben, was sie an mir hatten, die werden froh sein, wenn ich wieder dahinkomme.

P. 6: Sie hoffen, daß Sie trotz all der Schwierigkeiten doch wieder Ihren Platz finden werden.

M. 7: Doch, da bin ich sicher. Das muß ja auch. Nach dreißig Jahren im Betrieb setzen die mich nicht vor die Tür. Gibt's ja gar nicht.

P. 7: Die Schwierigkeiten, die Sie gefühlt haben, meinen Sie, haben sich dann wieder gegeben. Es geht dann wieder weiter.

M. 8: Ja ... will mal sehen ... ich habe ja auch was dazugelernt. Vielleicht ist's wirklich so, ich hab' ein bißchen mit dem Kopf durch die Wand gewollt, damals, ich wollte eine Kraftprobe riskieren, und das war vielleicht nicht ganz gut ... aber das müssen Sie auch wieder verstehen, wenn man so jahrelang in einer Abteilung der erste Mann gewesen ist, und man kriegt da plötzlich so einen vor die Nase gesetzt, der lange nicht so viel Erfahrung hat — da rotiert man zunächst, nicht? Ganz klar! Aber (Pause!) ... so tragisch ist das ja eigentlich gar nicht.

P. 8: Auf der einen Seite kann einen das also auf die Barrikaden treiben, wenn man in seinem Beruf plötzlich einen vor die Nase gesetzt bekommt. Auf der anderen Seite haben Sie nun das Gefühl — Sie haben etwas dazugelernt, Sie wollen nicht mehr mit dem Kopf durch die Wand —, daß Sie mit dieser Situation wohl fertig werden.

M . 9: Ja, ich meine, alles hat ja immer seine zwei Seiten, auch das, daß ich jetzt hier im Krankenhaus bin, diese drei Monate. Man kriegt doch ein bißchen Abstand, und außerdem, es ist ja ganz klar, wenn ich in den Betrieb zurückkomme, daß ich ein bißchen kürzer treten muß als vorher ... und die anderen, ich hoffe ja doch, daß die das auch begreifen.

Dies Gespräch hat einen ganz anderen Verlauf genommen als das erste. Deutlich ist, daß der Patient auch hier in der Gefahr stand, seine Angst und Unsicherheit forsch zu überspielen (M 4, M 5, M 6, M 7). Wäre der Pastor der Versuchung erlegen, einen Gegenakzent zu setzen, so hätte er die unfruchtbare Haltung des Patienten nur noch verstärkt. Das Gespräch hätte wiederum in einer Sackgasse geendet. Statt dessen „will" der Pastor gar nichts. Er hört aufmerksam zu, spürt den Widerstreit der Gefühle und nimmt nun nicht etwa an einer der beiden Seiten Aufstellung, sondern versucht, dem Patienten hier wie dort gleich nahe zu sein. Das Ergebnis ist überraschend (M 8 und 9): der Gesprächspartner gewinnt ein wenig Abstand von sich selbst und seiner Situation, er sieht seine Haltung kritischer als bisher und sagt sich selbst, daß er sich in Zukunft ändern muß. Das Gespräch hat ein positives Ergebnis. Es kam zustande durch die nicht-direktive Haltung des Seelsorgers; er belehrt nicht, dirigiert nicht, es erklingt kein „Sie müssen" oder „Sie müßten"; vielmehr begleitet er seinen Gesprächspartner ein Stück seines Wegs und läßt ihm Raum und Freiheit, sich auszusprechen. Der Patient erfährt dies als Geborgenheit, in der er selber Abstand von sich nehmen kann und etwas mehr Klarheit über sich gewinnt. Hatten wir in dem ersten Gespräch den Eindruck einer gesetzlichen Haltung des Seelsorgers, dann können wir hier den Raum und die Freiheit, die der Seelsorger seinem Gesprächspartner im Gespräch bietet, in einer engen Verbindung zur Freiheit des Evangeliums verstehen.

3. Bericht über ein „Praktikum des seelsorgerlichen Gesprächs" (Clinical Pastoral Training)*

Vom 16. 7. bis 22. 8. 1969 wurde in Herborn ein „Praktikum des seelsorgerlichen Gesprächs" durchgeführt. Es war der Versuch, das in Amerika entwickelte und in Holland modifiziert aufgenommene Modell des Clinical Pastoral Training (CPT) auf deutsche Verhältnisse zu übertragen. Die Anregung zu einem solchen Kursus geht auf die Konferenz der Predigerseminardirektoren im Frühjahr 1967 zurück, auf der die Holländer H. Faber und W. Zijlstra eine kurze Einführung in diese Form seelsorgerlicher Ausbildung gaben. Die Leitung (Supervision) hatte Dr. W. Zijlstra (vom Zentrum für CPT am Psychiatrischen Krankenhaus „Zon en Schild" in Amersfoort). Außer dem Supervisor und dem Ko-Supervisor (Dr. H.-C. Piper aus Hellern bei Osnabrück) nahmen sechs Predigerseminardirektoren und -dozenten, ein Krankenhauspfarrer und eine Vikarin teil.

I. Zielsetzung

In einem solchen Praktikum sollen dem Seelsorger vermittelt werden:

1. Pastorale Identität (Klarheit über die spezifische Rolle des Pastors in Kirche und Gesellschaft).
2. Vertiefte Selbsterkenntnis (Einsicht in die eigenen Möglichkeiten und Grenzen; Wahrnehmung der in ihm selbst liegenden Kommunikationshindernisse, z. B. unverarbeitete emotionale Probleme).

---

* In etwas veränderter Form auch erschienen in: Evangelische Kommentare 10/1969, S. 591—593.

3. Vertiefte Menschenkenntnis (Verständnis für psychische Mechanismen, besonders für die Fluchtwege, die eingeschlagen werden, um der Kommunikation aus dem Wege zu gehen).

4. Größere Sensitivität, die besseres Zuhören ermöglicht.

5. Verständnis für die Dynamik in einer Gruppe.

6. Verarbeiten der theologischen Aspekte des seelsorgerlichen Gesprächs in einem Team.

Bereits hieraus ist zu erkennen, daß es sich um eine allgemeine Seelsorge-Ausbildung handelt, die keineswegs den Krankenhauspfarrern vorbehalten ist. Die Verbindung der Ausbildungs-Institution mit einem Krankenhaus empfiehlt sich einmal, weil es den Kursus-Teilnehmern (in räumlicher und zeitlicher Hinsicht) erleichtert, seelsorgerliche Besuche zu machen, und zum anderen, weil die gesellschaftliche Desintegration (auch die vorübergehende) und das Erleben einer Krisensituation die Gesprächsbereitschaft bei den Gemeindegliedern im allgemeinen stark erhöhen.

II. Aufbau

1. Gesprächsanalyse

An drei Tagen in der Woche haben die Teilnehmer, teils in einer psychiatrischen Klinik, teils in einem allgemeinen Krankenhaus, seelsorgerliche Gespräche geführt. Diese Gespräche wurden anschließend aus dem Gedächtnis möglichst wörtlich protokolliert und in der Gruppe analysiert. Hierbei fanden die Gefühlsäußerung des Patienten, die Sensitivität des Pfarrers und der dadurch bedingte Gang des Gesprächs besondere Beachtung. Die Antworten des Patienten waren der Maßstab dafür, wieweit der Pastor zugehört und mit seinen Gesprächsbeiträgen einen Raum des Vertrauens eröffnet hatte. Diese Konfrontation mit seiner eigenen Praxis erschwerte es dem Teilnehmer, sich mit theoretischem Wissen zu begnügen.

2. Gruppengespräch

Ein gleich großes Gewicht hatten die sogenannten „Gruppengespräche", die — ohne Beteiligung des beobachtend zuhörenden Supervisors — über ein von der Gruppe jeweils selbst gewähltes Thema geführt wurden. Während sie in der ersten Woche noch in Form von Diskussionen über Sachfragen auf der kognitiven Ebene kreisten, wandten sie sich in den folgenden Wochen mehr und mehr zunächst den persönlichen Fragen der Teilnehmer, dann ihrer Rolle und ihrem Verhalten in der Gruppe zu.

Dabei gewannen die emotionale und die existentielle Ebene des Gesprächs immer mehr an Bedeutung. Ein vom Supervisor im Anschluß an die Gespräche gehaltenes Feedback gab Aufschluß über den Grad der erreichten Kommunikation und über nicht überwundene Diskrepanzen.

3. Predigtbesprechung

In Ergänzung dazu und unter ähnlichen Gesichtspunkten unterzogen die Kursusteilnehmer einige ihrer Predigten, die sie gemeinsam in Gottesdiensten oder vom Tonband gehört hatten, einer „Rückkoppelung". Was als Botschaft vernommen und was durch die Predigt an Empfindungen hervorgerufen worden war, verglichen sie unter Anleitung des Supervisors mit der vom Prediger selbst interpretierten Intention. Die dabei hervortretenden Divergenzen wurden näher untersucht.

III. Erfahrungen und Erkenntnisse

1. Der Lernprozeß

Ein Gespräch ist nicht nur ein Austausch von Wortinhalten, sondern ein Vorgang, der wesentlich durch Gefühle bestimmt wird. Deshalb setzt die Führung eines Gespräches die Fähigkeit voraus, den andern mit Hilfe sowohl der Sprache wie auch der Intuition zu verstehen. Diese Erkenntnis vermittelt das Praktikum des seelsorgerlichen Gesprächs nicht im theoretischen Vortrag, sondern im praktischen Vollzug als immer wiederholte und kontrollierte Erfahrung.
Die Teilnehmer dieses Praktikums erlebten es an sich selbst, daß die Integration des Gelernten prozeßhaft verlief und durch die Gemeinschaft der Gruppe gefördert wurde. Sie erkannten aber auch, daß der Prozeß (Gewinnung einer verfeinerten Sensitivität) Zeit braucht. Soll ein gewisser Grad erreicht werden, sind sechs Wochen das Minimum.

2. Der Gruppenprozeß

Die Teilnehmer wuchsen erst allmählich in einer Gruppe zusammen. Über die anfängliche Höflichkeit hinaus und durch alle späteren Widerstände hindurch suchten sie den Weg zu einer immer tieferen Ebene der Kommunikation.
Es war für die Teilnehmer eindrucksvoll, daß sich einer solchen Kommunikation mancherlei Hindernisse entgegenstellten. Sie wurden nur überwunden, wenn sich die einzelnen im Zuhören übten und wenn wenigstens

einer der Gesprächspartner bereit war, seine Wertmaßstäbe und sich selbst in Frage zu stellen. Dies gelang in dem Maße, wie in der Gruppe eine Atmosphäre der Geborgenheit und gegenseitigen Annahme entstand.

3. Seelsorge als Kommunikation

Voraussetzung und Ziel einer fruchtbaren Seelsorge ist die unverstellte Kommunikation. Diese schafft den Raum, in dem der Ratsuchende den Weg zu sich selbst findet, seine Situation der Verkündigung des Evangeliums konfrontiert und u. U. sein Problem selbständig einer Lösung entgegenführt. Darum strebt Seelsorge die Kommunikation nicht nur auf der kognitiven, sondern auch auf der emotionalen und auf der existentiellen Ebene an.

4. Die Person des Seelsorgers

Die so verstandene Kommunikation ist eine Frage an die pastorale Identität des Seelsorgers. Die Teilnehmer machten die Erfahrung, daß theologische Ratlosigkeit für den Pastor auch ein emotionales Problem darstellt, das durch Abwehrmechanismen (z. B. Intellektualisierung, Diskutierfreudigkeit) verdrängt statt bewältigt wird. Diese unbewältigten Probleme werden in der Seelsorge aktualisiert und verhindern die Kommunikation.

Die Gruppe stellte hier ein experimentelles Übungsfeld dar; sie schaffte Raum, so daß der einzelne seine (vor allem negativen) Gefühle offen aussprechen und Ratlosigkeit zugeben konnte. In solcher Kommunikation erkannte die Gruppe, daß der einzelne es wagen kann, 'in fellowship of the weak' selbst leer und schwach zu sein und darauf zu vertrauen, daß auf diesem Wege das Wort geboren wird, das die Wirklichkeit Gottes erfahren läßt.

Damit wurde von den Teilnehmern persönlich erlebt, daß in der Seelsorge Wahrheit nicht durch eine Gesprächstechnik übermittelt wird, daß Wahrheit vielmehr personbezogen ist und sich in der Begegnung ereignet.

IV. Anwendungsbereiche des Seelsorgepraktikums

In der Verknüpfung von Gesprächsanalyse und Gruppengespräch vermittelt der Gruppenprozeß des Seelsorgepraktikums Erfahrungen, die entscheidend zur Bewältigung zentraler kirchlicher Aufgaben beitragen können.

1. Einzelseelsorge

Die auf das Einzelgespräch konzentrierte Gesprächsanalyse dient als methodisch kontrollierte Vorbereitung für die verschiedensten Formen der Einzelseelsorge, sei es beim Haus- oder Krankenbesuch, beim Kasualgespräch, in der Gefangenenseelsorge, der Ehe- und Familienberatung oder der Telefonseelsorge.

Wer etwas davon weiß, wie groß die Zahl der Ratsuchenden und der auf Hilfe Wartenden ist, und wer es kennt, wie stark gleichzeitig die Tendenz zur Flucht aus der seelsorgerlichen Verantwortung ist, der wird ermessen können, wie befreiend die Erkenntnis wirkt, daß Hilflosigkeit und Resignation auf seiten des Pfarrers abgebaut werden können.

2. Gruppenarbeit

Die Erfahrungen des Gruppenprozesses können in allen Bereichen pfarramtlichen Handelns den Umgang mit der Gemeinde verändern. Sie werden sich vor allem in der Gruppenarbeit des Pfarrers positiv auswirken, also bei Hauskreisen, Akademieveranstaltungen und Gesprächsgruppen, in der Jugendarbeit sowie im Religions- und Konfirmandenunterricht.

Die Kenntnis des Gruppenprozesses gewinnt besondere Bedeutung, wo eine Gruppe verantwortlich zu arbeiten hat, in Mitarbeiterkreisen, bei Pfarrkonventen, in den Leitungsgremien kirchlicher Einrichtungen und bei der Teamarbeit von Gemeindepfarrern. Daran scheitert Teamarbeit häufig, daß der Gruppenprozeß nicht bewußt erlebt und kontrolliert wird; denn Teamarbeit ist nicht nur eine Frage der Organisation, sondern in erster Linie eine der Kommunikation.

3. Predigt

Die Rückfrage nach den Gefühlen der Predigthörer hat zur Erkenntnis genötigt, daß die Verantwortung des Predigers sich nicht nur auf den kognitiven Inhalt, sondern auch auf die möglichen Emotionen der Hörer erstreckt. Gleichzeitig wurde ein Modell für Predigtbesprechungen entwickelt, das eine ‚Rückkoppelung' auf dieser Ebene ermöglicht.

V. Das Seelsorgepratikum als Element kirchlicher Ausbildung und Fortbildung

Die Teilnehmer des Kurses sind auf Grund ihrer persönlichen Erfahrungen und angesichts der genannten breiten Skala kirchlicher Anwendungs-

möglichkeiten der Meinung, daß auf verschiedenen kirchlichen Ebenen
Anstrengungen gemacht werden sollten, auch in Deutschland das „Praktikum des seelsorgerlichen Gesprächs" zu einem Bestandteil der Ausbildung und Weiterbildung von Pfarrern zu machen.

1. Universitätsstudium

Das Seelsorgepraktikum könnte für die Vermittlung von Theologie und
kirchlicher Praxis modellhafte Bedeutung bekommen, denn einmal ist
hier der Praxisbezug verwirklicht, zum andern eine wissenschaftliche
Kontrolle erreicht, und endlich ist es bereits viele Jahre hindurch erprobt
und zu ein-, sechs- und zwölfwöchigen Kursen standardisiert. In den USA
ist eine bestimmte Form des Seelsorgepraktikums (CPT) für viele Studenten seit Jahren Bestandteil ihrer theologischen Ausbildung.
Innerhalb unseres Universitätsstudiums würde die Arbeit in der klinischen
Situation von Anfang an das Interesse am Menschen und die Konfrontation mit seinen Bedürfnissen wachhalten. Die Gruppenerfahrungen
könnten helfen, Kommunikationsschwäche abzubauen und Verhaltens-
störungen zu erkennen.

2. Predigerseminar

Gegenwärtig scheint uns die Durchführung eines solchen Praktikums vor
allem Aufgabe der kirchlichen Ausbildungsstätten zu sein.
Gesprächsanalysen sind schon jetzt in einigen Predigerseminaren Bestandteil des Kursprogramms. Die Erfahrungen mit dem Seelsorgepraktikum
haben gezeigt, daß die Haltung des Seelsorgers am intensivsten durch das
Gruppengespräch beeinflußt wird. Darum müßten in den Seminaren Fach-
kräfte tätig sein, die im Seelsorgepraktikum so weit ausgebildet sind, daß
sie einen Gruppenprozeß steuern können (Supervisoren).

3. Pfarrerfortbildung

Die dreimonatigen Kurse in Holland setzen mehrere Jahre Gemeinde-
tätigkeit voraus, sind also für die Pfarrerfortbildung konzipiert. Es sollten auch bei uns Möglichkeiten geschaffen werden, um regelmäßig — zunächst sechswöchige, später auch zwölfwöchige — Kurse für Pfarrer in
den Landeskirchen durchzuführen.

VI. Voraussetzungen für die Durchführung dieses Programms

Da ein Seelsorgepraktikum nach amerikanischen und holländischen Erfahrungen nur unter Leitung eines ausgebildeten Supervisors ablaufen kann, müssen bei uns zunächst die personellen Voraussetzungen für eine Verbreitung des Praktikums geschaffen werden.

1. Die Teilnehmer des Herborner Kurses haben beschlossen, ihre Ausbildung fortzusetzen, um vorläufig wenigstens an einigen Predigerseminaren ein Gesprächspraktikum anbieten zu können.

2. Die vordringlichste Aufgabe ist jedoch die Ausbildung von Supervisoren, wozu bis heute in Deutschland jede Möglichkeit fehlt. Für sie ist ein Institut wünschenswert, das seine Wirksamkeit im gesamten Bereich der EKD anbieten kann.
   Für seine Einrichtung ist die Verbindung mit einer Krankenhauspfarrstelle empfehlenswert. Im übrigen ist dazu nicht mehr erforderlich als ein Gruppenraum und die Möglichkeit, zehn Personen unterzubringen.

3. An jedem Praktikum können nur acht Gruppenmitglieder teilnehmen. Deshalb ist die Einrichtung solcher Kurse zur Pfarrerfortbildung in den Landeskirchen wünschenswert.
   Dies könnte ebenfalls an Kliniken geschehen, an denen ausgebildete Supervisoren als Krankenhausseelsorger eingesetzt sind.

Heinz Köllermann, Ingo Neumann, Alfred Burgsmüller

4. Deutschsprachige Informationen über die klinische Seelsorgeausbildung

W. *Becher*, Das amerikanische Clinical Pastoral Training als Beitrag zur Aus- und Fortbildung europäischer Theologen, in: DtPfrBl 1969, 730 f.

Ders. (Hg.), Klinische Seelsorgeausbildung / Clinical Pastoral Education. Schriften der evangelischen Akademie in Hessen und Nassau, Heft 98, Frankfurt/M. 1972.

Ders. (Hg.), Klinische Seelsorgeausbildung. Themaheft der Zeitschrift Wissenschaft und Praxis in Kirche und Gesellschaft, 62. Jahrgang, Heft 4, April 1973.

H. *Faber*, Klinische Semester für Theologen, Bern und Stuttgart 1965.

E. Hertzsch, Methodische Seelsorge, in: Zeichen der Zeit 1963, 204 f.

H.-Chr. Piper, Pastoral-Klinikum. Bericht aus dem ersten europäischen Zentrum für klinische Seelsorge-Ausbildung in den Niederlanden, in: WzM 1968, 492 f.; wieder abgedruckt in: H.-E. Hess und H. E. Tödt (Hg.), Reform der theologischen Ausbildung III, Stuttgart-Berlin 1969, 68 f.

Ders., Ein Zentrum für Clinical Pastoral Training in Hannover, in: WPKG 1970, 418 f.

Ders., Seelsorge klinisch erlernen. Erfolgreiche Versuche mit CPT auch in Deutschland, in: Lutherische Monatshefte 1971, 75 f.

Ders., Clinical Pastoral Training. Grundlagen und Methoden einer intensiven Form der Seelsorge, in: Sozialpädagogik 1972, 65 f.

Ders., Theologische Perspektiven und Erfahrungen im Clinical Pastoral Training, in: WzM 1972, 93 f.

Ders., Klinische Seelsorgeausbildung. Berliner Hefte für Evang. Krankenseelsorge, hg. v. Ev. Konsistorium Berlin-Brandenburg, Heft 30, 1972.

Ders., Gesprächsanalysen, Göttingen 1973.

R. Riess, Analyse der poimenischen Ausbildung und zur Aufnahme des Clinical Pastoral Training, in: DtPfrBl 1971, 277 f.

R. Roessler, Seminar für therapeutische Seelsorge. Ein Zentrum für Clinical Pastoral Training/Clinical Pastoral Education in Frankfurt am Main, in: WzM 1972, 104 f.

E. Rosenboom, Clinical Pastoral Training als Form theologischer Ausbildung in den Niederlanden, in: WzM 1969, 468 f.

E. Schering, Zurüstung zum seelsorgerischen Dienst, in: WzM 1964, 275 f.

Y. Spiegel, Clinical Pastoral Education in den USA, PTh 1967, 228 f.

D. Stollberg, Therapeutische Seelsorge, München ³1972.

Ders., Selbsterkenntnis für andere. Durch Gruppendynamik für die Seelsorgepraxis lernen, in: Lutherische Monatshefte 1973, 17 f.

W. Zijlstra, Seelsorge-Training, München-Mainz 1972.

Die Zeitschrift „Wege zum Menschen" bringt seit Januar 1972 als Organ der Deutschen Gesellschaft für Pastoralpsychologie e. V. fortlaufende Informationen und Beiträge über dies Gebiet.

Alastair V. Campbell
Nächstenliebe mit Maß
Helferberufe – christlich gesehen. Aus dem Englischen von Paul-Gerhard Nohl.
1986. 162 Seiten, kartoniert

Welche Art von Beziehung zwischen Helfer und Patient bzw. Klient ist sachlich notwendig, um angemessen zu helfen? Ist nicht Nächstenliebe geradezu Strukturelement der »Helferberufe«? Der Verfasser bejaht dieses religiöse Moment. Die Praxis von Mitarbeitern in Beratungsstellen, Krankenpflegepersonal und Medizinern wird auf diese Fragestellung hin untersucht. Dabei kommen die Motive für die Berufswahl ebenso zur Sprache wie die finanziellen Rahmenbedingungen der Helferberufe.

Ein umsichtiger Versuch der Neuorientierung!

Paul-Gerhard Nohl
Mit seelischer Krankheit leben
Hilfen für Betroffene und Mitbetroffene. 2., durchgesehene Auflage 1983.
209 Seiten, kartoniert

»Nicht nur den Menschen mit seelischen Krankheiten, sondern auch deren Freunden, Bekannten, Kollegen und Familienangehörigen ist dieses vorzügliche Buch zugedacht, das die Fragen, Probleme und Nöte aus der Sicht und Erlebnisweise der Betroffenen behandelt. Vor allem überzeugt die klare Sprache, mit der die Informationen über seelische Krankheiten, Therapieverfahren u. a. gegeben werden. Das Buch weckt Verständnis für die Betroffenen und vermittelt ermutigende Impulse für ein sinnvolles Gespräch mit dem Kranken und für die Möglichkeiten des christlichen Glaubens.«   *das neue buch – buchprofile*

Paul-Gerhard Nohl
Nachdenken über mich
Chancen im Kranksein. 1984. 145 Seiten, kartoniert

»Der Autor wendet sich an Menschen, die Leidenserfahrungen gemacht haben und nachdenklich geworden sind. Er hat drei Schwerpunkte gesetzt: Nachdenken über meine Situation, meine mitmenschlichen Beziehungen, meinen Glauben.

In einundzwanzig kurzen Betrachtungen, die auch gut einzeln zu lesen sind, versucht Paul-Gerhard Nohl mit klaren Worten und sehr viel Einfühlungsvermögen, dem Leser dabei zu helfen, dem Leiden einen positiven Sinn abzugewinnen. Die persönlichen Erfahrungen des Autors sind seinen Worten abzuspüren. Er gibt keine Rezepte, aber er zeigt Möglichkeiten auf, Leid und Konflikte auszuhalten und anzunehmen.«   *Die Diakonie-Schwester*

Vandenhoeck & Ruprecht in Göttingen und Zürich

sehen – verstehen – helfen
Gemeinsam mit dem Verlag Herder, Wien

---

1 Joachim Scharfenberg (Hrsg.) · Freiheit und Methode
Wege christlicher Einzelseelsorge. 1979. 153 Seiten, kartoniert

»Dieser Band will die geschichtliche Entwicklung der Einzelseelsorge beleuchten, an Beispielen zur Bewältigung von Lebenssituationen befähigen und praktische Hilfen für den Seelsorger geben.« *Die Zeit im Buch*

2 Klaus-Peter Jörns · Nicht leben und nicht sterben können
Suizidgefährdung – Suche nach dem Leben. 2. Aufl. 1986. 156 Seiten, kartoniert

Der Verfasser informiert gründlich über die Motive sogenannter Selbstmörder und geht den tieferen Ursachen nach. Konkrete Möglichkeiten der Vorsorge und Hilfe sieht er besonders für die christliche Gemeinde.

3 Waldemar Molinski (Hrsg.) · Versöhnen durch Strafen?
Perspektiven für die Straffälligenhilfe. 1979. 175 Seiten, kartoniert

»Eine kurz gefaßte Übersicht über die Probleme des Strafvollzugs. Alle Beiträge sind dem Gedanken des Behandlungsvollzugs verpflichtet, ohne die praktischen, aber auch straftheoretischen Schwierigkeiten zu verschweigen.« *Amtsblatt der Evangelischen Kirche in Hessen und Nassau*

4 Joseph Mayer-Scheu / Rudolf Kautzky (Hrsg.) Vom Behandeln zum Heilen
Die vergessene Dimension im Krankenhaus. 2., unveränderte Auflage 1982. 180 Seiten, kartoniert

Ausgehend von der Situation und den Bedürfnissen der Patienten in den Krankenhäusern, versucht dieses Buch einen Brückenschlag zwischen den therapeutischen und den seelsorgerlichen Berufen zugunsten eines ganzheitlichen Ansatzes im heilenden Handeln aller im modernen Krankenhaus.

5 Joachim Scharfenberg (Hrsg.) · Glaube und Gruppe
Probleme der Gruppendynamik in einem religiösen Kontext. 1980. 147 Seiten, kartoniert

Der Streit um die Anwendung gruppendynamischer Methoden in der Aus- und Fortbildung kirchlicher Mitarbeiter wird in der evangelischen wie in der katholischen Kirche geführt. Die Autoren informieren sachlich fundiert und engagiert über – religiöse Dimensionen der Gruppenarbeit in unserer Gesellschaft;
– historische Wurzeln der Gruppendynamik in Beziehung zur christlichen Überlieferung;
– theologische Kriterien für die Gruppenarbeit.

Vandenhoeck & Ruprecht in Göttingen und Zürich